PARTENARIAT ECONOMIQUE EURO-MAROCAIN

Une intégration régionale stratégique

Collection Logiques Juridiques
dirigée par Gérard MARCOU

Le droit n'est pas seulement un savoir, il est d'abord un ensemble de rapports et pratiques que l'on rencontre dans presque toutes les formes de sociétés. C'est pourquoi il a toujours donné lieu à la fois à une littérature de juristes professionnels, produisant le savoir juridique, et à une littérature sur le droit, produite par des philosophes, des sociologues ou des économistes notamment.
Parce que le domaine du droit s'étend sans cesse et rend de plus en plus souvent nécessaire le recours au savoir juridique spécialisé, même dans des matières où il n'avait jadis qu'une importance secondaire, les ouvrages juridiques à caractère professionnel ou pédagogique dominent l'édition, et ils tendent à réduire la recherche en droit à sa seule dimension positive. A l'inverse de cette tendance, la collection « Logiques juridiques » des Éditions L'Harmattan est ouverte à toutes les approches du droit. Tout en publiant aussi des ouvrages à vocation professionnelle ou pédagogique, elle se fixe avant tout pour but de contribuer à la publication et à la diffusion des recherches en droit, ainsi qu'au dialogue scientifique sur le droit. Comme son nom l'indique, elle se veut plurielle.

ISBN : 2-7384-9443-9

Adam Mekaoui

PARTENARIAT ÉCONOMIQUE EURO-MAROCAIN

Une intégration régionale stratégique

L'Harmattan
5-7, rue de l'Ecole-Polytechnique
75005 Paris - FRANCE

L'Harmattan Inc
55, rue Saint-Jacques
Montréal (Qc) – Canada H2Y 1K9

Collection Logiques Juridiques
dirigée par Gérard MARCOU

Dernières parutions

GAROT Marie José, *La citoyenneté de l'Union européenne*, 1999.
SATCHIVI Francis Amakoué A., *Les sujets de droit*, 1999.
LEVIS Danièle, *Terre des hommes du grand Océan*, 1999.
LASCOMBE Michel, *Droit constitutionnel de la Ve République*, 1999.
BERGUIN Francis, *Le fonctionnaire expatrié*, 1999.
HOURQUEBIE Fabrice, *Les organes spécialisés dans les affaires communautaires des parlements nationaux. Les cas français et allemands*, 1999.
LAURENT Marie-Line, *Les emplois-jeunes : nouveaux contractuels de l'administration*, 1999.
Alette HEYMANN-DOAT, *Génétique et droits de l'homme*, 1999.
Vigile PACE, *L'organisation mondiale du commerce et le renforcement de la réglementation juridique des échanges commerciaux internationaux*, 1999.
Raymond COULON, *Des droits de l'homme en peau de chagrin*, 2000.
Armand MBARGA, *L'indemnisation publique des victimes d'infractions*, 1999.
M.-C. DJIENA WEMBOU et D. FALL, *Droit international humanitaire*, 2000.
Brigitte LHERBIER-MALBRANQUE, *La protection de l'enfant maltraité*, 2000.
Yaya BOIRO, Cheikh Yérim SECK, *La justice en Guinée*, 2000.
Adam MEKAOUI, *Partenariat économique euro-marocain. Une intégration régionale stratégique*, 2000.

REMERCIEMENTS

Je tiens à exprimer ma profonde gratitude à M. le Professeur Dominique CARREAU, mon directeur de recherches, ainsi qu'à Mme le Professeur Isabelle PINGEL-LENUZZA (membre du Jury) pour leurs enseignements et leurs précieux conseils ;

Je voudrai aussi exprimer ma reconnaissance aux personnes suivantes :

Mlle Juliette MINOT pour son soutien et ses encouragements ;

M. Jean-Pierre KOFFEL pour ses recommandations auprès de nombreuses personnes en charge du dossier européen ainsi que son investissement personnel dans ce projet ;

M. le Professeur Olivier AUDEOUD (Paris X), M. Abdeljalil SAUBRY (Conseiller à la Représentation marocaine auprès de l'Union européenne), et M. Alain SERVANTIE (Chef d'Unité à la Commission européenne) pour leur disponibilité ainsi que leur participation au Jury de thèse;

Mme Annick BOUNOURE (I.N.R.P.), M. le Professeur Jean-Michel CHASSERIAUX (Paris VI), et M. le Professeur Christian MINOT (Paris VI) pour leurs lectures et conseils;

Les fonctionnaires et agents publics des Communautés européennes (siège et représentation à Rabat), du Royaume du Maroc (ministères et représentation auprès des Communautés) et de la République Française (représentation auprès des Communautés) pour leur précieuse collaboration (voir liste des entretiens en bibliographie). J'ai trouvé auprès d'eux de très nombreuses réponses, ainsi que des encouragements appuyés pour aller au bout de ce travail;

J'ai pu travailler sur ce thème grâce au soutien financier du Ministère français des Affaires étrangères.

A mes parents,

A mes frères Reda,
Amine
& Nabil.

« Les conflits culturels les plus dangereux sont ceux qui ont lieu aux lignes de partage entre civilisations ».

Samuel P. HUNTINGTON, Le choc des civilisations, Editions Odile Jacob, Paris, 1997, 402 pp.

PREFACE

Adam MEKAOUI fut un brillant étudiant en droit à l'Université de Paris-I (Panthéon-Sorbonne) où il effectua l'ensemble de son cursus jusqu'à l'obtention de son doctorat en droit, en juillet 1999, sous la direction du soussigné. Il présente aujourd'hui à un plus large public le résultat de ses recherches sous une forme, sans doute modifiée et allégée pour tenir compte d'une part de sa nouvelle audience et d'autre part de l'actualité la plus récente (ainsi les longs développements initiaux sur le régime de la pêche ont disparu car dépassés). Le lecteur ne manquera pas d'apprécier à la fois le sérieux et la clarté de l'analyse, l'auteur sachant l'intéresser sans lui imposer un jargon ô combien inutile et pédant.

Au demeurant, on ne manquera pas d'apprécier la pluridisciplinarité de la recherche, les aspects juridiques étant - le sujet y poussait - replacés dans leur contexte économique et politique - ou plus exactement géopolitique.

Sur ce dernier point, sans doute celui qui intéressera le plus largement, l'accord de libre-échange qui est à la base du partenariat euro-marocain montre bien ses limites en dépit de son intérêt certain. D'une part, il se trouve lui-même concurrencé par les autres régimes préférentiels mis sur pied par la Communauté avec nombre de pays du Sud, ce qui est compréhensible et pourrait avoir l'effet bénéfique de relancer des intégrations régionales telles que le Maghreb. D'autre part, il se trouve amoindri par la présence de certaines exclusions (ainsi en matière agricole) ou clauses de sauvegarde permettant à la Communauté de protéger son propre "sud" en même temps que de ménager les futurs entrants de "l'est", ce qui implique une nouvelle restructuration de l'aide au profit des pays méditerranéens via le programme MEDA. Sur ce dernier point et courageusement, Adam MEKAOUI n'a pas hésité à étudier la clause dite "démocratique", c'est-à-dire celle liant l'aide communautaire au respect des droits de l'homme, qui avait causé une grave crise en 1992 dans les relations euro-marocaines. Or, le récent changement de Monarque au Maroc et les premières décisions du nouveau Roi Mohammed VI en la matière semblent bien montrer que l'"ajustement démocratique" pour reprendre une expression du Parlement Européen datant de 1991 est en bonne voie dans ce pays de sorte que les conflits antérieurs ne devraient plus réapparaître.

En bref et on l'aura compris, la lecture du savant mais point ennuyeux ouvrage d'Adam MEKAOUI apporte beaucoup; elle permet de comprendre le cadre juridique global des échanges économiques, du partenariat entre la Communauté Européenne et le Maroc et aussi ses limites, comme l'absence d'instruments de financement adéquats (manque d'une banque de développement spécialisée ou d'un régime incitatif des investissements étrangers directs) et surtout celles concernant la circulation des personnes, sujet ô combien explosif.

L'auteur souhaite ainsi - et justement - un approfondissement d'un partenariat euro-marocain pour arriver éventuellement à une union douanière dans un cadre géo-politique plus large. N'est-ce pas là une manière habile de reposer le problème de l'impossible candidature du Maroc à la Communauté Européenne soulevé depuis déjà de longues années ?

Avril 2000

Professeur Dominique Carreau
Faculté de Droit de l'Université de Paris I
(Panthéon-Sorbonne)
Ancien doyen de la Faculté de Droit de Paris X
Ancien directeur du Département d'Etudes
Internationales de l'Université de Paris I

SOMMAIRE

(plan détaillé à la fin de l'ouvrage)

PARTENARIAT ECONOMIQUE EURO-MAROCAIN
Une intégration régionale stratégique

SIGLES ET ABREVIATIONS

ACP :	Afrique Caraïbes Pacifique.
AFDI :	Annuaire français de droit international.
ALENA :	Accord de libre-échange nord américain (voir NAFTA).
AMF :	Accord Multifibre.
ANASE :	Association des nations asiatiques du sud est.
BEI :	Banque Européenne d'Investissement.
BIRD :	Banque International pour la Reconstruction et le Développement.
Bull :	Bulletin de la CE.
CECA :	Communauté européenne du charbon et de l'acier.
CEDH :	Convention européenne des droits de l'homme et des libertés fondamentales.
CEEA :	Communauté européenne de l'énergie atomique.
CEE :	Communauté économique européenne.
CE :	Communauté européenne.
CES :	Comité économique et social.
CSCE :	Conférence sur la sécurité et la coopération en Europe.
CNPF :	Clause de la nation la plus favorisée.
CNUCED :	Conférence des Nations Unies pour le commerce et le développement.
COREPER :	Comité des Représentants Permanents.
DG :	Direction générale de la Commission européenne.
DNO :	Dépense non obligatoire (voir DO).
DO :	Dépense obligatoire (voir DNO).
ECU :	European currency unit (voir MECU).
EEE :	Espace économique européen.
EURO :	Monnaie unique européenne depuis le 01.01.1999.
FEDER :	Fonds européen de développement régional.
FEOGA :	Fonds européen d'orientation et de garantie agricole.
FMI :	Fonds monétaire international.
GATS :	General Agreement on Trade on Services (Accord général sur le commerce des services).
GATT :	General Agreement on Tariffs and Trade (Accord général sur les tarifs douaniers et le commerce). Voir OMC.

IDE :	Investissement direct étranger.
JDI :	Journal du Droit international.
JOCE :	Journal Officiel des Communautés Européennes.
LE :	Liberté d'établissement.
LPS :	Liberté de prestation de services.
MECU :	Million d'écus. Voir MEURO.
MEDA :	Programme européen relatif à des mesures d'accompagnement financières et techniques à la réforme des structures économiques et sociales dans les PTM.
MED :	Programme européen expérimental de coopération décentralisée.
MEERQ :	Mesure d'effet équivalent à une restriction quantitative.
MSP :	Mesures sanitaires et phytosanitaires.
NAFTA :	North american free trade agreement (voir ALENA).
OCDE :	Organisation de coopération et de développement économique.
OMC :	Organisation mondiale du commerce. Remplace le GATT depuis 1994 (voir GATT).
ONU :	Organisation des Nations Unies
OST :	Organe de surveillance des textiles.
PAC :	Politique agricole commune.
PAS :	Programme d'ajustement structurel.
PE :	Parlement européen.
PECO :	Pays d'Europe centrale et orientale.
PESC :	Politique étrangère et de sécurité commune.
PGM :	Politique globale méditerranéenne.
PHARE :	Programme européen d'aide économique en faveur des PECO.
PMA :	Pays les moins avancés.
PMR :	Politique méditerranéenne rénovée.
PTOM :	Pays et territoires d'outre-mer.
PTM :	Pays tiers méditerranéens.
UE :	Union européenne.
UD :	Union douanière.
UMA :	Union du Maghreb arabe.
RAE :	Revue des Affaires européennes.
RMC :	Revue du Marché commun et de l'Union européenne.
RTDE :	Revue trimestrielle de droit européen.
SPG :	Système de préférences généralisées.
TDC :	Tarif douanier commun.
TPI :	Tribunal de première instance des Communautés européennes.
ZLE :	Zone de libre-échange.

INTRODUCTION

1. Historique des relations entre la Communauté et le Maroc

L'intérêt porté par la Communauté à la Méditerranée remonte au début des années 60. En offrant le libre accès commercial à son marché, ainsi que de l'aide financière, la Communauté avait un objectif géopolitique : maintenir la Grèce (traité d'Athènes de 1961)[1] et la Turquie (traité d'Ankara de 1963)[2] dans le bloc de l'Ouest[3]. La mise en œuvre d'une politique globalisante, qui concerne le Maghreb, le Mashrek et Israël, ne vient qu'en 1972 avec la Politique Globale Méditerranéenne.

La première génération d'accords passés par la Communauté avec les pays méditerranéens reflète donc les courants d'échange traditionnels entre la métropole, intégrée dès 1957 à la toute jeune Communauté économique européenne (CEE), et le Maroc. C'est dans une déclaration d'intention annexée au traité de Rome de 1957 que les six membres fondateurs[4] prévoient la possibilité « d'une association des pays indépendants de la zone franc à la CEE ». En 1963 (après l'accès à l'indépendance de l'Algérie), le Maroc milite pour l'ouverture des négociations dans le but de donner une application concrète à la déclaration d'intention des Six[5]. Un premier accord commercial est signé le 31 mars 1969 à Rabat, entre la CEE et le Maroc[6]. Sa structure est relativement simple, puisqu'il comporte un premier titre relatif au commerce (9 articles) et un second regroupant

---

[1] JOCE, no. L 26 du 18.02.1963.

[2] JOCE, no. L 217 du 29.12.1964.

[3] Eberhard RHEIN, « The New Euro-Mediterranean Partnership », Trans-Atlantic Workshop on Regionalism, Ebenhausen, ER/cs-articles\eumedp, July 4-6, 1996, 15 p.

[4] Il s'agit de la France, des Pays Bas, de la Belgique, de l'Allemagne, du Luxembourg, et de l'Italie. Aux six membres fondateurs de la CEE se sont successivement ajoutés la Grande Bretagne, l'Irlande et le Danemark (1972), la Grèce (1981), l'Espagne et le Portugal (1986) et l'Autriche, la Suède et la Finlande (1995). Depuis le Sommet européen de Luxembourg (1998), un nouveau train d'adhésions est programmé dans son principe pour Chypre et cinq PECO que sont la Hongrie, la Pologne, l'Estonie, la Slovénie et la République Tchèque.

[5] Les relations entre la CEE et la Tunisie s'insèrent dans le même calendrier tandis que l'Algérie, encore territoire français en 1958, attendra 1976 pour nouer des liens institutionnels avec la CEE, voir « Les pays du grand Maghreb et la Communauté européenne », Commission des Communautés européennes, Direction Générales Information, Communication et Culture, Bruxelles, Janvier 1991, pp. 11-13, DE 68.

[6] Règlement CEE no. 1462/69 du Conseil du 23 juillet 1969, JOCE, no. L 197 du 08.08.1969.

les dispositions générales et finales (10 articles). Cet accord commercial est conclu pour une durée de cinq ans (article 14§1) sur la base de l'article 238 CEE qui stipule que « la Communauté peut conclure avec un Etat tiers, une union d'Etats ou une organisation internationale, des accords créant une association caractérisée par des droits et obligations réciproques, des actions en commun et des procédures particulières ».
Le régime commercial mis en place[7] prévoit deux types de dispositions, selon la nature industrielle ou agricole des produits marocains, sans réciproque pour les produits communautaires. Les droits de douane et les restrictions quantitatives sont éliminés pour les produits industriels (à l'exception du liège et produits pétroliers raffinés) tandis que des concessions tarifaires sont accordées à certains produits agricoles (notamment huile d'olives, dattes et agrumes). Il n'existe pas à ce moment-là de politique méditerranéenne, mais une volonté de maintenir des relations commerciales entre partenaires, désormais souverains. Dans le premier considérant de l'accord de 1969, la référence au « respect des principes de la Charte des Nations-Unies » est à cet égard significative. En fait, lors de l'ouverture des négociations (1963), la CEE avait six ans d'âge et la Politique agricole commune (PAC) n'est pas mise en place, ce qui limitait la capacité de négociation des européens. De plus, certains pays membres étaient réticents à l'idée de développer une coopération dans les domaines de l'aide au développement et de la main-d'œuvre avec le Maroc.

La seconde étape est inaugurée lors du Sommet européen de Paris (1972). A cette occasion, une première vision d'ensemble de la Rive sud méditerranéenne de la Communauté est adoptée par les Chefs d'Etat et de Gouvernement des Neuf. Ce sont les premiers pas de la politique méditerranéenne de la Communauté. Cette première mouture est intitulée politique globale méditerranéenne (PGM) et s'adresse aux pays du Maghreb central (Algérie, Maroc, Tunisie), du Machrek (l'Egypte, la Jordanie, la Syrie et le Liban) ainsi qu'à Israël.

C'est dans cette nouvelle perspective globale, dépassant la simple relation commerciale au profit d'autres aspects du développement (aide technologique et financière au développement, immigration), que des négociations s'engagent entre la CEE et le Maroc en 1973[8]. Elles aboutissent à la signature d'un accord de coopération entre les deux partenaires à Rabat le 27 avril 1976[9] sur la base de l'article 238 CEE. Cet accord de coopération entre en vigueur le 1er novembre

---

[7] A la suite de l'adhésion de la Grande Bretagne de l'Irlande et du Danemark à la CEE (1972), le régime commercial de l'accord de 1969 a été adapté par un protocole additionnel en 1973.

[8] A noter que l'article 14§2 de l'accord de 1969 prévoyait l'ouverture de négociations dès la fin de la troisième année au plus tard, en vue de la conclusion « d'un nouvel accord sur des bases élargies ».

[9] Règlement (CEE) no 2211/78 du Conseil du 26 septembre 1978 au JOCE, no L 264 du 27.09.78.

1978 après l'accomplissement des procédures de ratification par les Parlements des neuf Etats membres, du Maroc et de la Communauté.

L'accord de coopération dont l'objectif est de promouvoir une coopération globale entre les parties contractantes en vue de contribuer au développement économique et social du Maroc, instaure une coopération commerciale, financière et dans le domaine de la main d'œuvre. La structure de cet accord est plus étoffée. Il comporte quatre titres traitant successivement de la coopération économique technique et financière, la coopération commerciale, la coopération dans le domaine de la main d'œuvre[10] et des dispositions générales et finales. Cet accord institue un cadre préférentiel en vertu duquel la Communauté octroie un accès en franchise des produits industriels marocains sur son marché - à l'exception des pantalons pour lesquels sont introduites des restrictions sous formes d'accords d'autolimitation à partir de 1978 - et des réductions préférentielles pour certains produits agricoles (certains produits sensibles telles les tomates et les agrumes doivent cependant respecter des restrictions au niveau des quantités ainsi que des prix d'entrée). En contrepartie, le Maroc, qui n'accède au statut de membre du GATT (General Agreement on Tariffs and Trade) qu'en 1987[11], accorde la clause de la nation la plus favorisée à la Communauté. Concrètement, cela signifie que si le Maroc accorde un avantage commercial à un pays donné, il est obligé de l'étendre à la Communauté. Cette clause fondamentale dans le système commercial multilatéral institué par le GATT (art. I), puis par l'OMC (Organisation mondiale du commerce) depuis 1994, possède un redoutable effet égalisateur.

Par ailleurs, une aide financière au développement, composée de ressources budgétaires communautaires ainsi que de prêts émanant de la Banque européenne d'investissement (BEI), transite par le biais de protocoles financiers quinquennaux conclus, dès 1978, entre la Communauté et le Maroc. Les trois premiers protocoles couvrant la période 1978-1991 se sont élevés à 653 MECU et ont été affectés en priorité à l'agriculture ainsi qu'à l'infrastructure. La période 1992-1996 a connu une intensification quantitative et qualitative de la coopération financière. Tout d'abord, le quatrième protocole s'est élevé à 438 MECU auquel s'ajoutent des prêts émanant de la BEI pour un total de 598 MECU hors protocole. L'éventail des domaines financés s'est élargi : aux thèmes traditionnels telle l'agriculture ou l'infrastructure, se greffent de nouvelles dimensions : l'appui aux réformes économiques, la coopération décentralisée, la planification familiale ou la santé. Les montants affectés à la coopération financière, bien qu'en

---

[10] Ce volet présenté comme une innovation est resté lettre morte depuis l'entrée en vigueur de l'accord de coopération.

[11] Pour l'approbation communautaire de l'adhésion du Maroc au GATT, voir la Décision du 15 juin 1987, JOCE, no. L 10 du 14.01.1988.

augmentation constante, ont été absorbés en priorité par les infrastructures, ce qui n'a pas permis d'assurer une relève par les capitaux privés.

La « PGM » va connaître une première retouche suite à l'adhésion de l'Espagne et du Portugal à la Communauté (1986). A noter que l'élargissement de la Communauté à la Grèce (1981) « dont les effets se firent sentir vers le milieu des années 1980 »[12], n'a donné lieu a aucune rectification préalable de la « PGM ».

Concrètement, l'adhésion de l'Espagne et du Portugal a deux conséquences pour le Maroc : 1) une adaptation du régime commercial de 1976 combiné à une augmentation de l'aide financière et 2) la communautarisation des accords de pêche qui le liaient aux deux pays de la péninsule ibérique.

Les protocoles additionnels et le nouvel accord de pêche sont signés à Rabat le 26 mai 1988[13]. En vue de permettre « le maintien des courants traditionnels d'exportation du Maroc vers la Communauté »[14], le protocole commercial[15] met en œuvre le principe de la suppression progressive des droits de douane « au cours des même périodes et aux même rythmes que ceux prévus dans l'Acte d'adhésion de l'Espagne et du Portugal pour les mêmes produits »[16]. Ces nouvelles dispositions n'empêcheront pas un détournement de trafic au bénéfice de l'Espagne, du fait notamment de l'application *de facto* de la préférence communautaire aux produits de l'Europe du Sud au préjudice des productions similaires d'origine marocaine.

Le deuxième point fondamental est la signature d'un accord de pêche[17] résultant de la communautarisation des accords bilatéraux entre le Maroc, d'une part, et l'Espagne et le Portugal, d'autre part. Nous touchons là, à une importante spécificité marocaine de la politique méditerranéenne de l'Union. Désormais, le Maroc bénéficie d'un atout supplémentaire dans ses négociations avec l'Europe :

---

[12] Alfred TOVIAS, « Les tribulations de la politique méditerranéenne de l'Union européenne », in L'Europe et la Méditerranée : Intégration économique et libre-échange, Coll. Emploi, Industrie et Territoire, l'Harmattan, Paris, 1997, pp. 21-39.

[13] La signature de l'accord de pêche, ainsi que des protocoles additionnels à l'accord de coopération de 1976 et du 3ème protocole financier, a eu lieu à Rabat le 26 mai 1988 entre le Ministre des Affaires et Etrangères du Gouvernement Marocain, M. A. FILALI et une délégation de la Communauté composée du Président de la Commission, M. J. DELORS, du Président en exercice du Conseil des Communautés européennes et des Commissaires en charge de la pêche (M. CARDOSO E CUNHA) et des relations avec les pays méditerranéens (M. CHEYSON), voir document no. MEMO/88/79, édition RAPIDE, base de données interne à l'Union européenne accessible via EUROPA *http://europa.eu.int/rapid/start/welcome.htm*

[14] Voir le 3ème considérant du protocole additionnel.

[15] JOCE, no. L 224 du 13.08.88.

[16] Article premier du protocole additionnel à l'accord de coopération entre la Communauté économique européenne et le Maroc.

[17] JOCE, no. L 181 du 12.07.88.

l'accord de pêche qui fait vivre directement plusieurs régions du sud de l'Union (Les Canaries, la Galice, l'Andalousie...). Côté européen, outre la position géopolitique exceptionnelle du Maroc, cet accord de pêche représente désormais un volet extérieur vital de la politique commune des pêches (PCP) élaborée et mise en œuvre au sein de l'Union européenne. Cet accord sectoriel[18] s'intègre parfaitement dans la relation plus large de la coopération entre les deux partenaires. A ce propos, l'article 3 du premier accord de pêche pose le principe de la globalisation des négociations sur la pêche et la coopération. Il dispose en effet que « les parties encouragent la coopération économique, commerciale, scientifique et technique dans le domaine de la pêche. Elles se concertent en vue de coordonner et d'intégrer de façon durable les différentes actions susceptibles d'être engagées au titre du présent accord et de l'accord de coopération, signé à Rabat le 27 avril 1976, ainsi que ses révisions ultérieures, afin d'en renforcer les effets respectifs ». Toujours dans le même ordre d'idée, le préambule de l'accord de pêche renvoie « aux relations étroites et privilégiées » entre les deux partenaires. A partir de 1988, ces deux accords vont désormais constituer le creuset juridique des relations économiques et financières entre les deux partenaires[19].

Dès 1989, l'accélération de l'Histoire impose une prise de conscience de la part de l'Union. L'effondrement de l'ancien système soviétique place la problématique des pays de l'Est au sommet de l'agenda communautaire. Parallèlement, l'Union amorce une troisième étape dans sa politique méditerranéenne. Dans un document intitulé « Vers une Politique Méditerranéenne Rénovée »[20], la Commission expose l'évolution de la situation depuis la décennie 70, pour conclure à l'inévitable adaptation de la politique méditerranéenne.

Au plan interne, la Communauté s'est élargie de 9 à 12 Etats membres avec les adhésions de la Grèce (1981), puis de l'Espagne et du Portugal (1986). Elle a par ailleurs atteint l'objectif initial du traité de Rome, c'est-à-dire « l'abolition, entre Etats membres, des obstacles à la libre circulation des

---

[18] La Communauté a recours à la technique des accords sectoriels dans deux cas : étoffer un secteur particulier d'une relation plus large (l'accord de pêche en est un bon exemple) ou, au contraire, limiter un secteur particulier (c'est le cas par exemple des accords restrictifs dans le domaine du commerce des textiles), voir Catherine FLAESCH-MOUGIN, « Les accords externes de la CEE », RTDE, no. 26 janv-mars 1990, pp. 85-126.

[19] L'étude des relations en matière de pêches halieutiques entre l'Union européenne et le Maroc a été exclue de cet ouvrage.

[20] « Vers une politique méditerranéenne rénovée », Bruxelles, le 17 novembre 1989, SEC (89) 1961 final. Voir également « Vers une politique méditerranéenne rénovée : propositions pour la période 1992-1996 », Bruxelles, le 01.06.90, SEC (90) 812 final.

personnes, des services et des capitaux »[21] : l'Acte unique (1986) constitue une étape fondamentale dans la construction européenne puisqu'il n'existe plus d'entraves à la libre circulation effective des facteurs de production au sein du marché unique[22]. Cette « Europe forteresse » suscite de nombreuses appréhensions chez tous ses partenaires traditionnels.

Au plan externe, la situation économique des PTM ne s'améliore guère, bien au contraire. Depuis les années 70, la situation économique et sociale des PTM s'est franchement dégradée : forte croissance démographique, taux de chômage élevé (environ 20% en moyenne pour les pays de la zone), poids de la dette excessif (en 1987, le service de la dette par rapport aux exportations représente 33% des exportations marocaine), fragilité des balances des paiements alimentées en priorité par les transferts des travailleurs immigrés et le tourisme, une croissance économique insuffisante par rapport au nombre d'inactifs. Par ailleurs, depuis 1983 le Maroc est sous ajustement structurel des institutions financières de Washington, et les mesures d'atténuation des coûts sociaux des programmes d'ajustement sont inexistantes. Ceci nous amène à évoquer l'instabilité politique potentielle, qui trouve notamment ses origines dans les différentes raisons évoquées : la situation sociale dans les PTM est une poudrière et aucun conflit qui mine la région n'a été résolu en l'espace de vingt années de coopération (conflit israélo-arabe notamment).

On est effectivement loin de l'objectif de « promotion du développement » prôné par l'accord de coopération de 1976. Les écarts de développement entre les deux rives de la Méditerranée sont devenus trop criants (de 1 à 5). L'inadaptation des instruments de coopération des années 70 et la dégradation de la situation est reconnue par la Commission elle-même [23] qui en tire les conclusions : « proximité géographique et intensité des échanges » font de la stabilité et de la prospérité méditerranéenne « des éléments-clés de la prospérité et de la stabilité de la Communauté ».

La mise en œuvre de la politique méditerranéenne rénovée va se concrétiser par des innovations dans le domaine de la coopération financière (appui au processus de réformes économiques, coopération intéressant l'ensemble des PTM, augmentation des ressources financières), l'amélioration relative des

---

[21] Voir l'article 3 c) du traité de Rome de 1957.

[22] Voir à ce propos, GAILLARD, CARREAU, LEE, Le marché unique européen, Pédone, Paris, 1989, 286 p.

[23] Voir le point 2.2 de la Communication : « Toutefois, ce dispositif, instauré dans les années 70, ne s'est pas vu doter des instruments et modes de faire nouveau qui permettraient de répondre aux besoins des années 90 ».

concessions commerciales agricoles[24], l'introduction d'une coopération décentralisée, et la prise en compte de la dimension régionale. Prudente, la Communauté n'a pas jugé utile à ce stade de « rénover » le cadre institutionnel de base que sont les accords de coopération signés en 1976. Un second accord est conclu en 1992 dans le domaine de la pêche[25].

2. Vers la définition du concept de partenariat

Dès 1992, un travail d'approfondissement de la « PMR » est à l'œuvre, car l'instabilité des PTM a des incidences sécuritaires sur la Communauté. En témoigne la Commission dans son document « De l'Acte unique à l'après-Maastricht » [26]: « ces problèmes, et en particulier ceux du Maghreb, sont aussi les nôtres, tant est grande leur influence sur la sécurité de la région et les pressions migratoires qui en découlent pour la Communauté »[27]. La géopolitique et l'immigration sont deux données fondamentales prises en compte par la Communauté européenne dans ses relations avec le Maghreb et, au-delà avec l'ensemble de la zone méditerranéenne. La prise de conscience officielle de cette interdépendance amène l'Union européenne à chercher à définir, dans un document intitulé « L'avenir des relations entre la Communauté et le Maghreb »[28], une « politique de voisinage » et non plus une simple politique commerciale et de développement « rénovée » ou « globale »... Faute de pouvoir éloigner les PTM, la Communauté va s'atteler à gérer au mieux, et, en commun, les problèmes les plus sensibles tels que le blocage du processus de paix au Proche Orient, le problème de l'endettement, l'augmentation de la pression migratoire, la dégradation de la situation sociale et la violence politique en Algérie.

Sur un plan économique, la conclusion du cycle d'Uruguay (1994), va progressivement transformer le paysage commercial international. Outre la création de l'OMC en remplacement du GATT, les accords de Marrakech donnent naissance à deux nouveaux accords sectoriels dans le domaine des marchandises : l'un dans le domaine de l'agriculture, l'autre dans celui des textiles. Ces deux accords ont pour objet la réintégration progressive de ces deux produits dans le libre-échange sous les auspices de l'OMC. Cette nouvelle donne, intéresse au

---

[24] Voir la Communication de la Commission au Conseil sur la mise en œuvre des mesures relatives aux échanges commerciaux dans le cadre de la politique rénovée, Bruxelles, le 22 mai 1991, COM (91) 179 final.
[25] JOCE, no. L 407 du 31.12.92.
[26] « De l'Acte unique à l'après-Maastricht », Bruxelles le 11.02.1992, COM (92) 2000.
[27] COM (92) 2000, p. 17, cit. *supra*.
[28] Bruxelles, le 30.04.1992, SEC (92) 401 final.

premier lieu le Maroc, grand exportateur de produits agricoles et textiles sur le marché communautaire. Par ailleurs, le GATS (General Agreement on trade on services) prévoit la libéralisation progressive du commerce des services[29]. Au niveau bilatéral entre la Communauté et le Maroc, les résultats du cycle d'Uruguay ont notamment abouti à une érosion des marges préférentielles marocaines sur le marché de l'Union européenne[30]. Les baisses tarifaires *erga omnes* ont rendu obsolète le volet commercial de l'accord de coopération de 1976 et son protocole additionnel d'adaptation de 1988. D'où, la conclusion, en décembre 1994, d'un « compromis GATT »[31] entre l'Union et le Maroc. Cet accord avait pour objet le maintien d'un régime avantageux pour certains produits agricoles marocains, à la suite des modifications découlant des résultats du cycle d'Uruguay.

L'Union ne pouvait pas rester insensible à tous ces changements d'ordre géopolitiques, économiques et institutionnels. D'où la naissance d'un nouveau concept, basé dorénavant sur des engagements mutuels et une responsabilité commune. Il s'agit de dépasser le concept d'aide au développement pour aboutir à une relation plus équilibrée qualifiée de partenariat. S'agit-il d'un meilleur équilibre au niveau commercial ? Pas nécessairement ! Dans sa première définition, la Commission propose un contrat synallagmatique par lequel « la Communauté s'engagerait d'une manière ferme et convaincante dans la relation économique du Maghreb, marquant ainsi sa confiance dans l'avenir de la région ». En contrepartie, « les pays du Maghreb répondraient à cette volonté de partenariat par un engagement à poursuivre les réformes et à prendre des mesures concrètes menant à leur intégration »[32]. Le « partenariat » serait, selon les termes de la Commission, une sorte de caution morale et politique apportée par l'Union aux PTM contre un engagement de ces derniers à réformer en profondeur les structures économiques et sociales.

Telle serait aujourd'hui la seule et unique solution pour atteindre les objectifs de développement. C'est reconnaître l'échec des politiques de développement antérieures, ou du moins leur inadaptation à l'évolution de la situation économique, sociale et géopolitique. Ainsi, « la Communauté n'aurait-elle pas dû faire plus et mieux ? A-t-elle été totalement à la hauteur des défis, lorsque la situation économique de plusieurs pays de la zone s'est sérieusement dégradée au cours des années 80, notamment en ce qui concerne l'évolution des

---

[29] Voir Thiébaut FLORY, « Remarques à propos du nouveau système commercial mondial issu des Accords du cycle d'Uruguay », JDI 4, 1995, pp. 877-891.

[30] L. FONTAGNE, N. PERIDY, « Uruguay Round et PVD, le cas de l'Afrique du Nord », Revue Economique, Vol. 46 no. 3 mars 1995.

[31] Décision du Conseil relative à la conclusion de l'accord sous forme d'échange de lettres entre la Communauté et le Royaume du Maroc concernant le régime à l'importation dans la Communauté de tomates et courgettes originaires et en provenance du Maroc, JOCE, no. L 48 du 03.03.95.

[32] Voir la Communication SEC (92) 401 final, p. 11, cit. *supra*.

balances des paiements et les conséquences découlant de la croissance démographique très rapide ? N'aurait-elle pas dû développer une stratégie à long terme pour ses rapports avec la zone méditerranéenne ? »[33].

Ce nouveau contrat ne peut être exécuté dans le cadre institutionnel posé par les accords de seconde génération. A ce propos, « les premiers contacts, en particulier avec le Maroc, ont montré que ces accords euro-maghrébins pourraient reposer sur quatre éléments principaux »[34] :

1. un dialogue politique ;
2. une coopération économique ;
3. le libre-échange économique ;
4. une coopération financière.

La rénovation engagée par la Communauté est officiellement adoptée dans les conclusions du Conseil européen de Lisbonne de 1992 qui déclare que « les rives méridionales et Orientales de la Méditerranée ainsi que le Moyen-Orient sont des zones géographiques qui présentent un grand intérêt pour la Communauté en ce qui concerne tant la sécurité que la stabilité sociale ». Lors du Sommet de Corfou de juin 1994, l'Union européenne a donné l'impulsion politique au « partenariat euro-méditerranéen ». Se basant sur les conclusions du Sommet de Lisbonne, le Conseil a invité la Commission à lui soumettre des orientations en vue de renforcer la politique méditerranéenne de l'Union dans les domaines de la paix, de la stabilité, de la sécurité et du développement socio-économique.

Dans sa première communication intitulée « Renforcement de la Politique Méditerranéenne de l'Union européenne »[35], la Commission, tout en faisant un bilan très critique de sa « PMR », propose une stratégie à long terme devant aboutir à une vaste zone de paix et de prospérité partagée. De quoi s'agit-il exactement ? De créer au Sud de l'Union une zone de stabilité par le biais de la création progressive d'un espace économique euro-méditerranéen « essentiellement caractérisé par le libre-échange et une intégration économique plus étroite, assorti d'un soutien approprié de la part de la Communauté aux ajustements économiques et sociaux qu'un tel processus entraînera et d'une coopération plus étroite dans les domaines de la politique et de la sécurité »[36].

---

[33] Voir la Communication de la Commission « Bilan de la politique méditerranéenne de la Communauté », SEC (89) 1958.
[34] Voir SEC (92) 401 final, p. 18., cit. *supra*.
[35] COM (94) 427 final, Bruxelles le 19.10.94.
[36] Voir le point 7 de COM (94) 427 final, cit. *supra*.

La communication propose deux idées centrales. La première est la création d'une zone euro-méditerranéenne de stabilité politique et de sécurité. La seconde est la création d'un espace économique euro-méditerranéen.

La première idée-force de la Commission répond avant tout à un impératif sécuritaire. Ainsi, au point 9 de sa communication, elle souligne le fait que « la situation politique, économique et sociale actuelle d'un grand nombre de ces pays est un facteur d'instabilité et, partant, de migrations massives, d'extrémisme fondamentaliste, de terrorisme de trafic de drogue et de crime organisé dont la région et la Communauté subissent les effets dommageables ». Et la Commission de poursuivre au point suivant qu'elle « a intérêt à coopérer avec ces pays pour remédier à ces causes d'instabilité ». Cette coopération devrait se faire par l'instauration d'un « dialogue politique » entre l'UE et les PTM. Ce nouveau pilier politique, basé sur les valeurs de l'Etat de droit, des droits de l'homme et des principes démocratiques, doit être étendu aux problèmes de sécurité tels que la prévention des conflits (élaboration d'un code de règlement des différends, mécanisme de détection des sources d'instabilité et de conflits potentiels...). Mais cette première idée ne peut recevoir un début d'application sans la mise en ouvre de la seconde, qui en constitue en fait la condition nécessaire. Pour arriver à sécuriser sa frontière Sud, l'Union européenne doit « s'impliquer beaucoup plus largement et activement dans le développement socio-économique des pays partenaires »[37].

Cette seconde branche du raisonnement de la Commission, la création d'un espace économique euro-méditerranéen, devrait se concrétiser par le biais du libre-échange et de l'assistance financière à la coopération.

Soulignant une situation interne méditerranéenne caractérisée par un niveau général de développement « notoirement faible », une croissance démographique rapide qui aggrave le sous-emploi et renchérit les coûts sociaux, une main d'œuvre peu qualifiée et « des traditions culturelles et sociales qui rendent les changements plus difficiles », la Commission estime qu'il est « naturel que la Communauté et ses voisins méditerranéens recherchent des politiques appropriées pour affronter leurs problèmes de réformes politiques et économiques »[38]. La démarche consiste donc à intégrer les PTM dans un processus de libre-échange en vue d'accélérer leur développement économique et social. Dans cette optique de réformes, l'instrument de l'aide financière doit jouer un rôle de première importance. Il doit pour cela « augmenter très fortement ».

La Commission européenne souligne le lien entre l'insertion des PTM dans le libre-échange et les réformes des structures économiques et sociales. Dans

[37] Voir le point 14, COM (94) 427 final, cit. *supra*.
[38] Voir le point 15, COM (94) 427 final, cit. *supra*.

sa seconde communication sur « le renforcement de la politique méditerranéenne de l'Union européenne » datée du 8 mars 1995[39], la Commission a posé trois thèmes d'orientation prioritaires en Méditerranée : l'économique, le social, et le régional.

1. l'appui à la transition économique : ce premier thème d'orientation doit permettre la réalisation d'une zone de libre-échange. Il s'agit en fait de financer toutes les actions en relation avec la réalisation progressive d'une ZLE (dynamisation du secteur privé, mise à niveau des infrastructures, appui à l'ajustement structurel...) ;

2. l'appui à un meilleur équilibre socio-économique : ce second thème est d'une importance capitale car il doit permettre le financement d'actions et de projets dans le domaine social. Il s'agit concrètement d'accompagner la création de la ZLE en agissant au niveau des secteurs qui ont le plus souffert de la mise en œuvre des programmes d'ajustement structurel (services sociaux, monde rural, l'engagement des sociétés civiles..) ;

3. l'appui à l'intégration régionale doit agir comme un catalyseur et faire prendre conscience aux partenaires qu'ils appartiennent à une même région. Cet appui doit permettre la mise en place de structures de coopération ainsi que le financement d'infrastructures économiques indispensables aux échanges régionaux.

Lors des Conseils Européens d'Essen (décembre 1994) et de Cannes (juin 1995), les propositions de la Commission européenne ont été adoptées au niveau politique. A Cannes, l'Union européenne a fixé les montants d'aide publique pour la Méditerranée à 4,6 MECU et pour le PECO à 6,7 MECU, ouvrant ainsi la voie à la tenue de la première Conférence euro-méditerranéenne de Barcelone (les 27 et 28 novembre 1995) devant regrouper 27 ministres des Affaires étrangères des Etats membres de l'Union européenne ainsi que des 12 pays tiers méditerranéens.

[39] COM (95) 72 final, « Propositions pour la mise en œuvre d'un partenariat euro-méditerranéen ».

3. La nouvelle architecture institutionnelle : la Conférence de Barcelone et les accords euro-méditerranéens d'association

La conférence de Barcelone a jeté les bases d'un processus multilatéral permanent de négociation entre les partenaires européens et méditerranéens.

A l'issu de cette conférence, une déclaration de principes et un programme de travail[40], véritable Charte constitutive du partenariat euro-méditerranéen, ont été adoptés. Concrètement, il s'agit de mettre en œuvre un dialogue multilatéral permanent couvrant le « partenariat politique et de sécurité », le « partenariat économique et financier », et le « partenariat social, culturel et humain ». Ces trois axes constituent désormais officiellement les trois volets du partenariat euro-méditerranéen.

Le partenariat politique et de sécurité réaffirme la primauté et le respect du droit (Charte des Nations-Unies, Etat de droit, démocratie, droits de l'homme et libertés fondamentales), et met l'accent sur la nécessaire promotion de la sécurité régionale. Ainsi, les parties s'engagent « à oeuvrer, entre autres, en faveur de la non-prolifération nucléaire, chimique et biologique en adhérant et en se conformant à une combinaison de régimes internationaux et régionaux de non-prolifération, et d'accords de limitation des armements de désarmement, tels que le TNP, le CCW, le BWC, le CTBT, et/ou à des arrangements régionaux, comme des zones exemptes d'armes, y compris leurs systèmes de vérification, ainsi qu'en respectant de bonne foi leurs engagements au titre des conventions de limitation des armements, de désarmement et de non-prolifération ». Vaste programme ! Il s'agit ici de *soft law*, c'est-à-dire d'engagements non contraignants de la part des parties signataires en faveur de la stabilisation en Méditerranée et au Moyen Orient.

Cette partie de la déclaration est de loin la plus ambitieuse pour de nombreuses raisons : il existe de nombreux conflits et tensions dans la région méditerranéenne (Turquie/Grèce, Israël/pays Arabes et pays Arabes entre eux), l'Union européenne n'est pas la seule puissance en Méditerranée (la 6ème flotte américaine en Méditerranée, fait des Etats-Unis la première puissance nucléaire *de facto* de la région) et, enfin, les différents participants n'ont pas forcément la même conception des risques ou de la sécurité régionale. Ce volet est aussi le plus ambigu, car il constitue un objectif à atteindre.

---

[40] Voir annexe 10, Conférence euro-méditerranéenne de Barcelone (27-28 novembre 1995) - Déclaration et Programme de travail, Bruxelles, le 04.12.1995, EURO-MED 1/95.

Le second volet de la déclaration concerne le partenariat économique et financier qui doit être basé sur l'établissement d'une zone de libre-échange appuyée par une coopération financière accrue et une intensification de la coopération économique dans différents domaines tels l'industrie, le régional, l'environnement, le rôle de la femme dans le développement, la gestion des ressources en eau, l'énergie, le développement rural intégré, les infrastructures, la science et la technologie, l'aménagement du territoire, et le domaine statistique.

Il s'agit de regrouper tous les PTM et l'Union au sein d'une vaste zone de libre-échange à l'horizon 2010. Cette zone sera constituée par le biais des « nouveaux accords euro-méditerranéens et des accords de libre-échange entre les partenaires de l'Union ». Cet objectif de vaste zone euro-méditerranéenne de libre-échange repose sur l'augmentation de l'aide financière qui doit être « gérée dans le cadre d'une programmation pluriannuelle tenant compte des spécificités de chacun des partenaires ».

Enfin, le troisième volet concerne le partenariat dans le domaine social, culturel et humain. Il met en lumière l'importance du rôle de la société civile dans le renforcement de l'Etat de droit, de la démocratie et des droits de l'homme, donc dans le développement économique et social. Mais ce volet met aussi l'accent sur un aspect social, culturel et humain assez surprenant : l'aspect sécuritaire. L'inquiétude de l'Union européenne est à cet égard perceptible, puisqu'une majorité de dispositions concernent l'immigration clandestine, le terrorisme ou la lutte contre le trafic de drogues, la criminalité internationale et la corruption. Ceux sont, comme chacun sait, des maux spécifiquement méditerranéens ! Ainsi, les partenaires « conscients de leur responsabilité pour la réadmission, conviennent d'adopter par la voie d'accords ou d'arrangements les dispositions et les mesures appropriées pour la réadmission de leurs ressortissants en situation illégale »[41].

La déclaration de Barcelone est complétée par un programme de travail qui reprend les trois axes développés ci-dessus.

Cette conférence a donné naissance au « processus de Barcelone », sorte de suivi périodique annuel au niveau des ministres des Affaires étrangères préparé par le Comité euro-méditerranéen du processus de Barcelone. Ce suivi a donné lieu à la tenue d'une seconde conférence euro-méditerranéenne des ministres des Affaires étrangères à la Valette (Malte) en avril 1997, puis à une troisième Conférence à Stuttgart (Allemagne) en avril 1999. La première année de suivi du

[41] Voir la déclaration de Barcelone, p. 12, *cit. supra*.

processus de Barcelone[42] dans le domaine de la sécurité a donné lieu à trois instruments :

1) l'élaboration d'une liste de mesures de confiance ;
2) la mise à jour régulière d'un plan d'action sur le renforcement de la démocratie, la diplomatie préventive, les mesures de confiance et de sécurité, le désarmement, le terrorisme et le crime organisé ;
3) l'inauguration du projet d'une Charte euro-méditerranéenne pour la paix et la stabilité.

Nous voyons donc que le « partenariat euro-méditerranéen », objet de cette étude, comporte trois corbeilles :

1) la corbeille politique et de sécurité ;
2) la corbeille économique et financière ;
3) la corbeille sociale, culturelle et humaine.

Nous nous attacherons à l'étude de la seconde corbeille, c'est-à-dire le « partenariat économique et financier ». Par ailleurs, la mise en œuvre pratique du partenariat euro-méditerranéen s'effectue selon deux voies distinctes et complémentaires : la voie multilatérale que constitue la Conférence de Barcelone et son processus de suivi, et la voie bilatérale, constituée du réseau d'accords euro-méditerranéens d'associations.

C'est la voie bilatérale de mise en œuvre de la seconde corbeille qui fera l'objet de cette étude, c'est-à-dire l'accord euro-méditerranéen d'association signé entre le Maroc et l'Union européenne le 26 février 1996 à Bruxelles[43]. Il convient de signaler la signature, au même moment, d'un accord de coopération en matière de pêches maritimes conclu sur la base des articles 43 et 228§3 al. 2[44]. Cet accord

---

[42] Voir pour plus de développement, La communication de la Commission au Conseil et au parlement européen, « Etat du partenariat euro-méditerranéen et préparation de la seconde Conférence des ministres des Affaires étrangères », COM (97) 68 final, Bruxelles, le 19.02.97.

[43] Les délégations marocaines et communautaires ont engagé une série de contacts exploratoires entre avril et octobre 1992. Ces contacts ont abouti, le 6 décembre 1993, à l'adoption par le Conseil d'un mandat de négociations pour un accord entre l'Union européenne et le Maroc. Présenté le 16 décembre 1993 au Gouvernement marocain, ledit mandat a fait l'objet de contre-propositions le 14 février 1994, portant notamment sur la partie agricole du projet de zone de libre-échange commerciale ainsi que sur l'étendue de la coopération financière, voir Royaume du Maroc, « Mémorandum Marocain/Nouvel accord Maroc-Union européenne », Rabat le 14 février 1994, 30 pp.

[44] Par Règlement du Conseil no. 150/97, l'accord a été approuvé au nom de la Communauté, voir JOCE, no. L 30 du 31.01.97. Pour plus de détails, on consultera utilement l'avis conforme du

sectoriel complète l'association dans un domaine économique sensible ; il constitue à cet égard un important instrument d'appui financier[45].

L'accord euro-méditerranéen est de nature mixte[46] (Communauté/Etats membres d'une part, Etat tiers d'autre part) ; il a été conclu sur la base des articles 238 et 228§2 deuxième phrase et §3 al. 2[47] CE pour une durée illimitée (art. 93). Dès son entrée en vigueur prévue pour mars 2000 (le volet agricole a fait l'objet d'une entrée en vigueur anticipative), il remplacera l'accord de coopération de 1976 (art 96§2).

Sa structure reprend en fait les trois volets définis à la conférence de Barcelone. Le titre I de l'accord intitulé « dialogue politique » est la transposition bilatérale du « partenariat politique et de sécurité ». Les titres II « libre circulation des marchandises », III « droits d'établissement et services », IV, « paiements, capitaux, concurrence et autres dispositions économiques », V « coopération économique », et VII « coopération financière » correspondent au « partenariat économique et financier » de Barcelone. Enfin, le titre VI « coopération sociale et culturelle » constitue le pendant bilatéral du « partenariat dans le domaine social, culturel, et humain ».

Sur le plan institutionnel, l'accord de libre-échange met en place un Conseil d'association qui se réunit à l'échelon ministériel (art 78). Dans le cadre

---

Parlement européen sur la conclusion de l'accord, JOCE, no. C 141 du 13.05.96, ainsi que les Débats du Parlement européen, no. 4-480/90 du 16.04.96.

45 Cet accord offre des possibilités de pêche moindres à une flotte européenne en diminution. Parallèlement, la contrepartie financière dont bénéficie le Trésor marocain s'accroît de manière substantielle (500 MECU). Le partenariat se traduit par le dépassement du traditionnel échange de droits de pêche contre compensation financière. Le partenariat entre entreprises de la filière pêche est ainsi inauguré. L'application de l'accord de pêche a pris fin le 30 novembre 1999.

46 Dans l'arrêt AETR (CJCE, 31 mars 1971, « Accord européen sur les transports routiers », Aff. 22/70, Rec., p. 263.), la CJCE a étendu les compétences externes de la Communauté, au motif que « la Communauté a la personnalité juridique ; que cette disposition (...) signifie que, dans les relations extérieures, la Communauté jouit de la capacité d'établir des liens contractuels avec les Etats tiers dans toute l'étendue du champ des objectifs définis dans la première partie du traité (...) ; qu'en vue de fixer, dans un cas déterminé, la compétence, pour la Communauté, de conclure des accords internationaux, il convient de prendre en considération le système du traité autant que ses dispositions matérielles ». Toutefois, il semblerait que l'avis 1/94 de la CJCE (CJCE, 18.11.94, avis 1/94, Rec., I 527), qui pose le principe de partage des compétences entre la Communauté et les Etats membres en ce qui concerne les Accords de Marrakech, constitue un frein à cette tendance. Dans cette optique, les accords européens et euro-méditerranéens d'association (sauf pour le cas notable de l'accord intérimaire conclu entre l'Union européenne et l'OLP) constituent un champ de développement de la technique de l'accord mixte (notamment à cause du volet politique qui est de la compétence exclusive des Etats membres).

47 Voir l'avis conforme du Parlement européen, JOCE no. C 181 du 24.06.96. L'accord a été ratifié - non sans difficultés - par tous les parlements des Etats membres.

des réalisations des objectifs tracés par l'accord, le Conseil d'association dispose d'un pouvoir de décisions (celles-ci sont obligatoires pour les parties).

4. Intérêt de l'étude

Pourquoi étudier le « partenariat économique et financier » ? Pourquoi limiter l'étude au partenariat bilatéral entre l'Union européenne et le Maroc ?

Le partenariat est l'intitulé donné à la nouvelle politique méditerranéenne de l'Union européenne. Etudier le « partenariat », revient à analyser le nouvel habillage juridique (décembre 1995) d'une politique de développement qui s'applique à douze pays bénéficiaires.

Le « partenariat économique et financier », apparaît comme la clef de voûte du nouveau système euro-méditerranéen en gestation. Le centre névralgique du projet consiste en la création d'une vaste zone de libre-échange - qui devrait s'étendre par la suite à tous les PTM - accompagnée d'un soutien économique et financier. C'est par le libre-échange que l'Union européenne veut assurer sa sécurité et consolider la paix dans l'ensemble de la région. La libéralisation commerciale et l'aide européenne qui l'accompagne constituent donc un instrument au service d'un dessein géopolitique dont les contours peuvent paraître largement indéterminés aujourd'hui. Le dialogue politique instauré à cet effet par le processus de Barcelone constitue une nouveauté non dénuée d'ambiguïté. Les pays méditerranéens participants croient-ils à ce processus de type politique et sécuritaire ? Ne sont-ils pas intéressés au premier lieu par le développement économique et social ? De plus, la zone de paix et de stabilité euro-méditerranéenne ne pourra se faire que par l'intégration des PTM dans le réseau européen de libre-échange. D'où l'intérêt d'étudier cette pièce maîtresse du dispositif euro-méditerranéen.

La mise en œuvre progressive de la zone libre-échange va nécessiter un important appui financier pour faire face aux incontournables réformes économiques et sociales internes. L'Union européenne a revu à cette occasion tout son système d'aide à la coopération puisqu'il ne s'agit plus réellement d'aide au développement. Dans le domaine de la coopération financière, le partenariat se concrétise par le biais d'un règlement financier unique MEDA d'appui aux réformes des structures économiques et sociales. Cela implique un changement des règles de base de la coopération financière à partir de Barcelone. D'où l'intérêt de l'étude du volet financier du partenariat.

Enfin, l'introduction d'une clause démocratique - dans les accords ainsi que dans le règlement MEDA - élevée au rang « d'élément essentiel » du partenariat, constitue à ne pas en douter un changement qui mérite d'être relevé. C'est la première fois en effet, que l'Union établit aussi clairement - et sans ambiguïté aucune - le lien entre le développement économique et le respect des droits de l'homme par les Etats bénéficiaires.

L'Union européenne a procédé par des accords bilatéraux avec chacun des partenaires méditerranéens, tout en sachant que l'objectif recherché est une intégration intra-maghrébine, puis intra-régionale à l'échelle des PTM. L'accord euro-méditerranéen d'association reste donc le principal instrument de mise en œuvre du partenariat. Le système multilatéral de Barcelone étant en fait complémentaire du réseau bilatéral. Cet état de fait est confirmé par les proportions de financements : 90% des financements au titre du programme MEDA va au bilatéral contre 10% au multilatéral/régional.

Le Maroc entretien d'importants liens économiques, politiques et culturels avec l'Europe. La structure de son commerce extérieur ainsi que l'importante émigration vers l'UE sont des caractéristiques fondamentales de l'équilibre interne de ce pays. L'option économique libérale adoptée au lendemain de l'indépendance a permis à ce pays de bénéficier d'un programme d'ajustement structurel (1983-1993) qui a accéléré la modernisation de l'appareil productif, la libéralisation des activités économiques, l'ouverture de l'économie aux échanges extérieurs ainsi que le rétablissement d'un cadre macro-économique viable. Ces réformes ont ouvert la voie à l'adhésion du Maroc au GATT en 1987 puis, logiquement à l'OMC en 1994[48]. Ces efforts ont demandé de lourds sacrifices. Ils découlent d'une logique de rapprochement toujours plus intense avec la Communauté.

Nous vivons aujourd'hui un moment historique de l'évolution de la région européenne constituée de l'Union européenne et de ses plus proches voisins de l'Est et de la Méditerranée. La globalisation des économies a eu pour conséquence majeure le renforcement des interdépendances culturelles, économiques, financières et politiques. Dans sa relation avec la Méditerranée, l'Union a malheureusement noyé les différences entre PTM dans une « PGM » puis dans une « PMR ». Les pays méditerranéens ont eu une démarche différente face à l'Union en fonction de leur politique étrangère, de leurs liens passés et de leur volonté future. Le Maroc, a toujours eu une démarche active vis-à-vis de l'Europe.

C'est ainsi que le Maroc, notamment par ses choix européens affirmés, mais aussi par des engagements maghrébins jamais reniés, a fait évoluer la politique méditerranéenne de l'Union de manière non négligeable. Pour preuve, ce pays n'a pas hésité à demander son adhésion à la Communauté à l'occasion du

---

[48] Une des conditions d'adhésion à l'OMC, qui a remplacé le GATT en 1994, est l'adhésion préalable à ce dernier.

sommet politique de Fontainebleau en 1984. Maurice FLORY notait à ce propos que « le Maroc a conscience d'avoir accompli une démarche destinée à prendre date pour un objectif dont la réalisation ne pourra être que lente et progressive »[49]. Et de conclure en s'interrogeant : « le Maroc arrivera-t-il à convaincre ses interlocuteurs que la définition de l'Europe relève de la volonté politique et que la géographie doit s'incliner devant une option si clairement exprimée ? ». Loin de tourner le dos à son environnement naturel maghrébin, la demande d'adhésion à la Communauté européenne résumait toute la politique étrangère marocaine : un engagement européen sans faille dans un effort de consolidation régionale maghrébine.

La Communauté ne s'y est d'ailleurs pas trompée. Le Maroc a toujours appelé à un dépassement de la politique prudente adoptée par l'Union. Il a milité le premier pour une libéralisation intégrale des échanges commerciaux avec l'Europe, par le biais de la mise en œuvre d'une zone de libre-échange portant sur les produits industriels et agricoles. Eberhard RHEIN écrit à ce sujet que « la genèse de cette idée (d'une zone de libre-échange) date de fin 1991 ; et elle est d'origine marocaine. A l'époque, le Maroc se souciait d'avantage que l'Europe et d'autre pays méditerranéens des conséquences de l'ouverture des PECO pour ses rapports avec l'Europe. Le concept passait assez lentement et plutôt mal »[50]. De plus, dans sa communication sur « l'avenir des relations entre la Communauté et les pays du Maghreb », la Commission soulignait que « seul le Maroc à jusqu'à présent exprimé clairement son intérêt pour un tel choix. Ce choix s'inscrit résolument dans la logique d'une stratégie à long terme non seulement d'un ancrage à la Communauté mais aussi d'une libéralisation de son commerce et d'une ouverture de son économie »[51].

Par ailleurs, l'engagement discret[52] - mais ô combien soutenu[53]- du Maroc en faveur d'un règlement durable de la situation au Proche-Orient, place ce dernier dans une position avantageuse de médiateur. Ainsi, le Conseil économique et

---

[49] Voir Maurice FLORY, « Note sur la demande d'adhésion du Maroc à la Communauté économique européenne », CRESM, Editions du CNRS, 1986, pp. 705-709.

[50] Voir Eberhard RHEIN, « Le pari euro-méditerranéen/Quelques réflexions sur la mise en place d'une zone de libre-échange (ZLE) euro-méditerranéenne », in Euro-Méditerranée/Une région à construire, PUBLISUD, 1995, pp. 23-36.

[51] SEC (92) 401, p. 21, cit. *supra*.

[52] Pour des développements sur le rôle joué par le Maroc dans la préparation de la visite historique de Anouar EL-SADATE à Jérusalem en 1977, voir Charles ENDERLIN, Paix ou Guerres/Les secrets des négociations israélo-arabes 1917-1997, Stock, Paris, 1997, pp. 390-393.

[53] Organisation à Casablanca de la conférence économique sur le Moyen-Orient à la suite des accords d'Oslo du 13 sept. 1993, Voir A. BENMASSAOUD TREDANO, « De Casablanca à Amman, l'économique au service de la paix », Annuaire de la Méditerranée, GERM-PUBLISUD, Edition 1996, pp. 23-28. Plus récemment, s'est tenu à Marrakech (2 et 3 mai 1999) le congrès constitutif de l'Union mondiale des Juifs du Maroc, voir Marc PERELMAN, « Les Juifs marocains et le parti de la paix », Jeune Afrique, no. 2000, du 11/24 mai 1999, pp. 20-21.

social des Communautés a reconnu que la conclusion d'un accord d'association « traduirait la juste reconnaissance du rôle positif joué par le Maroc dans l'enclenchement du processus de paix au Proche-Orient »[54]. Or, ce processus de paix est justement à la base de la politique méditerranéenne lancée à Barcelone[55].

Enfin, dans le cadre du partenariat, le Maroc poursuit une coopération sectorielle dans le domaine des pêches. Cette particularité marocaine, par rapport aux autres PTM, est soulignée par l'utilisation d'instruments juridiques spécifiques qu'il conviendrait d'analyser afin de prendre l'exacte mesure du « partenariat » entre les deux partenaires. C'est ainsi que la coopération dans le domaine des pêches (depuis l'adhésion de l'Espagne et du Portugal à la Communauté), fait l'objet d'un accord bilatéral sectoriel qui s'insère dans le cadre plus global de l'association scellée en 1996. Cet accord, « le plus important que l'Europe ait conclu avec un pays tiers », constitue un important appui financier. Nous n'étudierons pas le volet pêche et renvoyons le lecteur à la thèse dont est issu cet ouvrage.

5. Problématique et Plan

La politique méditerranéenne adoptée à Barcelone en novembre 1995, propose un nouveau contrat entre l'Union européenne et les PTM. La problématique que soulève l'étude du partenariat économique et financier entre l'Union et le Maroc est la suivante : compte tenu des résultats de la politique méditerranéenne jusqu'à la conférence de Barcelone, le « partenariat » constitue-t-il une innovation ? Est-ce la solution la mieux adaptée aux problèmes de développement ? Sommes-nous face à un réel changement de cap de la politique méditerranéenne de l'Union européenne, qui permettrait d'expurger le partenariat de ses vices constitutifs, ou plus modestement devant un énième « relookage » d'une politique qui a le plus souvent été réactive - face aux évolutions internes de l'Union (marché Unique, élargissements successifs, PAC, lutte des pouvoirs entre le Parlement européen d'une part et le Conseil et la Commission d'autre part) et externes (crises pétrolières de 1973, GATT, implosion de l'URSS, dégradation de la situation macro-économique dans les pays méditerranéens) et non pas anticipative ?

---

[54] Avis sur le « Partenariat euro-méditerranéen », Bruxelles le 14 septembre 1995, CES 974/95 jg, p. 26.

[55] Communication de la Commission sur l'avenir des relations et de la coopération entre la Communauté et le Moyen-Orient, Bruxelles, le 08.09.93, COM (93) 375 final.

Concrètement, la nouveauté du projet euro-méditerranéen consiste dans l'établissement d'une zone de libre-échange sur une durée de 12 ans, l'adoption d'un nouvel instrument financier, l'établissement d'un dialogue politique (bilatéral et régional) et la conditionnalité de la « clause démocratique » relative aux droits de l'homme et à la démocratie.

S'agit-il de simples instruments de pérennisation d'une politique qui n'a pas pu sortir la zone méditerranéenne de son marasme ? Ou s'agit-il en fait d'instruments innovants, mieux adaptés aux défis méditerranéens ?

L'instauration d'une zone de libre-échange, outre la consolidation de l'option libérale marocaine, est censée transmettre de la croissance économique. Mais elle suppose au préalable un captage de l'investissement direct étranger (IDE) par la partie marocaine. Or, l'attraction de l'IDE ne se décrète pas par l'Etat récepteur, car elle obéit à des conditions précises prises en compte par l'investisseur privé : stabilité politique, efficacité du système administratif et judiciaire, taille du marché domestique, perspectives de croissance, productivité et coût de la main d'œuvre, état des infrastructures, état des réformes macro-économiques et libéralisation du régime des investissements. Le soutien européen aux réformes serait donc d'une importance capitale en ce qu'il permettrait à la partie marocaine d'engager un profond processus de réformes guidé par le respect du principe de l'acquis communautaire.

Si les lourdes et nombreuses réformes ne sont pas menées assez rapidement, ou bien, si elles ont un coût social trop élevé, on pourrait alors se demander si le soutien financier européen n'est pas la contrepartie de la seule ouverture bénéfique à l'Union européenne. Est-ce la meilleure façon d'atteindre l'objectif de création d'une vaste zone euro-méditerranéenne de paix et de stabilité ?

On peut légitimement se poser la question quant à la place du dialogue politique inauguré par l'accord. Le point central du dispositif étant économique (zone de libre-échange), de quelle logique relève le dialogue politique ? Une logique de drainage de l'investissement direct étranger, à savoir un signal fort et rassurant envoyé aux investisseurs européens et étrangers ? Est-ce une logique géopolitique à long terme visant en premier la stabilisation et la sécurisation de la rive Sud de l'Europe présentée comme potentiellement lourde de menaces (immigration, trafics d'armes et de stupéfiants, fondamentalismes religieux) ?

Par le biais d'un réseau d'accords d'architecture similaire, l'Europe ne tente-t-elle pas d'institutionnaliser sa vision de la paix - une paix basée sur le commerce - concurrente d'une *Pax Americana* - au Proche-Orient ? Que dire également des rapports entre l'Union européenne et les Etats Unis notamment sous l'angle de la participation au traité de l'OTAN ? N'existe-t-il pas ici quelques contradictions sur la nécessité européenne d'exister politiquement et son maintien dans une structure et une logique héritées de la guerre froide ? (Mais qui est en train de muer à l'occasion du conflit du Kosovo).

On peut se demander quelles sont les limites de la politique méditerranéenne de l'Union européenne. S'agit-il d'offrir au Maroc un statut de partenaire à part entière, voire privilégié - pour d'évidentes raisons historiques, idéologiques, culturelles et géopolitiques (pièce maîtresse de la stabilité en Méditerranée occidentale) de l'Union européenne dans le système euro-méditerranéen en gestation, ou, plus modestement, de renforcer le processus d'ajustement structurel afin de faciliter son intégration dans les courants d'échanges internationaux ? Ou s'agit-il enfin d'éviter tout simplement que la fracture économique et culturelle ne s'aggrave entre le Nord et le Sud?

Enfin, l'inauguration d'un nouveau type de coopération financière est-elle synonyme de meilleure aide financière ? Que signifie le regroupement, d'une aide traditionnellement bilatérale, au sein d'un même instrument financier ? Meilleure répartition de l'aide ? Meilleure gestion de celle-ci dans un cadre communautarisé ? Ou un meilleur contrôle des deniers publics ? Assiste-t-on à une reprise en main du pouvoir par Bruxelles au préjudice des capitales méditerranéennes ?

Le lien fait à cette occasion entre aide financière et réformes économiques et politique, notamment par le biais de l'insertion d'une clause des droits de l'homme et des libertés fondamentales nous amène à nous poser certaines questions. Pourquoi une telle clause n'apparaît-elle qu'en 1995/1996 ? Les droits de l'homme sont-ils plus bafoués qu'à l'époque de la Guerre froide ? Il apparaît pourtant qu'ils soient de mieux en mieux respectés dans la pratique quotidienne des PTM. N'existe-t-il pas un risque de lier la poursuite de la coopération financière au respect formel des droits de l'homme ? Le principe de souveraineté a-t-il à ce point cédé le pas devant le nouveau principe d'ingérence ?

C'est à ces nombreuses questions - dont un grand nombre d'entre elles sont d'une actualité brûlante - que nous tenterons de répondre dans cette étude.

L'établissement d'une vaste zone de libre-échange constitue le centre névralgique du projet de partenariat euro-méditerranéen. L'accord euro-méditerranéen d'association entre l'Union européenne et le Maroc prévoit l'établissement d'une telle zone entre les deux partenaires. Quelles en seront les conséquences ? Quels seront les avantages et les inconvénients de part et d'autre ? Le Maroc, bénéficiaire d'un traitement préférentiel depuis 1976 au titre de l'accord de coopération avait-il un intérêt à intégrer une zone de libre-échange, par définition plus contraignante ?

Pour ce faire, nous analyserons dans une première partie la problématique posée par la réalisation progressive d'une zone de libre-échange entre l'Union européenne et le Maroc. Cet objectif, qui constitue la dynamique du projet euro-méditerranéen, soulève une multitude de questions, quant à ses modalités de mise en œuvre (partie I). La libéralisation du régime des échanges extérieurs prévue par l'accord d'association selon certaines modalités est un instrument au service des réformes.

L'établissement progressif d'une zone de libre-échange entre les deux partenaires, va entraîner l'ouverture irréversible de l'économie marocaine. Nous nous proposons d'étudier dans une seconde partie les incidences de cette ZLE. Il s'agit par le biais du projet de libre-échange d'étendre certaines normes européennes relatives à la concurrence, à la libre circulation des capitaux, des services et, dans une moindre mesure, personnes morales. C'est là un enjeu majeur de la libéralisation : mettre en place toute une architecture normative qui incite les facteurs de production une mobilité maximale (suppression des entraves à la libre circulation des capitaux, à la libre concurrence, à la liberté d'établissement et de prestation de services, ajuster les monopoles d'Etats...). La création d'une ZLE ne constituera en effet un succès qu'à la condition de permettre une libre allocation des facteurs de production. Si la zone de libre-échange n'attire pas l'investissement direct étranger, le projet se résumera à un échec.

Pour faire face à l'ampleur des réformes induites par la mise en place d'une ZLE, l'Union européenne a conçu un nouvel instrument « d'appui aux réformes économiques et sociales » (partie III). Dans le même temps, nous assistons à une évolution de la politique traditionnelle de l'aide au développement : l'ensemble des règles et procédures financières ont été refondues. Dans une troisième partie, nous analyserons l'apport, mais aussi les limites, de ce nouveau système d'aide financière.

I. Une libéralisation minimaliste des échanges
II. L'incitation à la mobilité des facteurs de productions
III. Une nouvelle philosophie de l'aide : les réformes structurelles et démocratiques

PARTIE I : UNE LIBERALISATION MINIMALISTE DES ECHANGES

En vertu de l'article 6 de l'accord euro-méditerranéen d'association, « la Communauté et le Maroc établissent progressivement une zone de libre-échange pendant une période de transition de 12 années au maximum à compter de la date d'entrée en vigueur du présent accord selon les modalités indiquées [ci-après] et en conformité avec les dispositions de l'Accord général sur les tarifs douaniers et le commerce de 1994 et des autres accords multilatéraux sur le commerce de marchandises annexés à l'accord instituant l'OMC, dénommés ci-après GATT ».

L'article XXVI§8/b du OMC définit la zone de libre-échange comme un « groupe de deux ou plusieurs territoires douaniers entre lesquels les droits de douane et les autres réglementations commerciales restrictives sont éliminés pour l'essentiel des échanges commerciaux portant sur les produits originaires des territoires constitutifs de la zone de libre-échange ».

La zone de libre-échange est différente de l'union douanière. A l'aspect interne d'élimination des restrictions commerciales relatives aux produits originaires des territoires constitutifs de la zone caractéristique de la ZLE, la définition de l'union douanière ajoute un critère externe : une réglementation commerciale et douanière commune (TDC) à l'égard des pays tiers. La ZLE est moins contraignante que l'union douanière. L'union douanière est moins contraignante que le marché commun (libre circulation des marchandises, capitaux, services, personnes et adoption des politiques communes en conséquence) ou l'union économique et monétaire (libre circulation renforcée par l'adoption d'une monnaie commune) qui représente l'étape ultime de l'intégration.

Dans l'optique d'une ZLE, l'élimination des droits de douane et des réglementations commerciales restrictives ne s'applique qu'aux seuls produits originaires de ladite zone. Cette caractéristique se traduit par l'adoption de règles d'origines communes de manière à exclure du bénéfice du régime préférentiel les produits n'entrant pas dans la définition de produits originaires.

Le choix de la zone de libre-échange est minimaliste. Mais une analyse détaillée des dispositions du projet euro-méditerranéen met en lumière l'aspect asymétrique de la libéralisation programmée entre les deux partenaires. D'une part, l'obligation de libéralisation des produits industriels pèse sur le Maroc, car l'Union a commencé ce processus en 1976 en vertu de l'accord de coopération passé avec le Maroc ainsi qu'avec les autres pays du Maghreb. D'autre part, la libéralisation exclut pour le moment les produits agricoles. De plus, cet aspect est accentué par les nombreux paradoxes du projet. Le régime préférentiel mis en œuvre par l'accord d'association est partiellement vidé de son contenu par certaines politiques internes ou/et internationales de l'Union européenne. Ainsi, les concessions européennes dans le domaine agricole sont-elles limitées par le maintien d'une Politique agricole commune.

Quel est donc le sens du projet d'intégration commerciale entre les deux partenaires ? Le Maroc, partenaire traditionnel de l'Union européenne bénéficie déjà d'un accès préférentiel pour ses produits agricoles et d'un accès libre - à l'exception notable des produits textiles - pour ses exportations industrielles sur le marché communautaire. Quelle est donc l'intérêt pour le Maroc d'avoir négocié une zone de libre-échange commercial alors qu'il bénéficiait des avantages de l'échange préférentiel?

Chapitre I. Une libéralisation asymétrique des échanges.
Chapitre II. Une libéralisation des seuls produits originaires.
Chapitre III. Les paradoxes du projet libre-échangiste.

Chapitre I. Une libéralisation asymétrique des échanges

L'accord d'association met en œuvre un démantèlement des droits de douane et des restrictions quantitatives dans le but d'instaurer à terme une zone de libre-échange. En matière industrielle, l'Union concède une amélioration de l'accès à son marché, déjà ouvert aux produits marocains depuis 1976 (sauf pour le textile). En échange, le marché marocain - initialement protégé - doit s'ouvrir sur une période de douze ans (section I). Par contre, le libre-échange agricole devrait se faire par étapes, ce qui nous fait écrire qu'il est exclu (section II). Pour l'instant, les concessions européennes dans ce domaine sont caractérisées par leur timidité. Les calendriers de démantèlement tarifaire sont par ailleurs complétés par la mise en œuvre en commun d'une interdiction des restrictions quantitatives (section III). L'accord d'association institue ainsi le principe de la protection douanière exclusive.

Section I. Un désarmement tarifaire unilatéral pour les produits industriels

Dans le domaine des produits industriels, l'Union concède au Maroc un régime de libre-accès qui devrait encore s'améliorer (de manière relative, toutefois) par la levée des restrictions sur les exportations marocaines de textile. Les concessions du Maroc sont plus importantes, car, partant d'un marché protégé, ce dernier devra offrir le libre-accès industriel.

§1. L'amélioration du régime préférentiel de l'accord de 1976

A. La confirmation du libre-accès industriel

L'accord euro-méditerranéen d'association confirme, en l'améliorant, le régime commercial de l'accord de coopération de 1976. L'article 9 du chapitre 1er de l'accord intitulé « produits industriels » dispose que « les produits originaires du Maroc sont admis à l'importation dans la Communauté en exemption de droits de douane et taxes d'effet équivalent ».

En vertu de l'accord de coopération de 1976, la Communauté concède au Maroc un régime général de libre-accès industriel, sous réserve de certaines exceptions, tels les produits de la branche textile notamment, en échange de l'octroi de la clause de la nation la plus favorisée dans le domaine des échanges (art. 27§1). A l'époque de la signature de cet accord, le Maroc, contrairement à la Communauté, n'était pas encore membre du GATT (l'accession du Maroc au GATT date de l'année 1987) et, par conséquent, s'il accordait un avantage à un pays donné, il n'était pas tenu de l'étendre à tous les autres pays.

L'article 9 de l'accord de coopération de 1976 introduisait un régime de libre accès pour les produits industriels qui étaient admis à l'importation dans la Communauté « sans restrictions quantitatives ni mesures d'effet équivalent et en exemption de droits de douane et taxes d'effet équivalent ». Il existait cependant une exception qui s'appliquait à deux types de produits jugés sensibles par la Communauté : les dérivés du liège et les produits pétroliers raffinés. Un système de plafonnement[56] (art. 12) avait donc été institué. Les produits dérivés du liège étaient plafonnés dans des limites variant entre 50 et 2 000 tonnes par an tandis que les produits pétroliers raffinés étaient plafonnés à 175 000 tonnes par an. Dès la seconde année de l'entrée en vigueur de l'accord, ce système de plafonds a été majoré, puis supprimé le 31 décembre 1979 (art 12§5).

Les produits agro-industriels bénéficiaient - et bénéficient toujours - d'un régime de libre-accès partiel en raison de la composante agricole (art. 10§2 de l'accord d'association). En effet ce type de produits se décompose en un élément fixe (correspondant à la partie industrielle) et en un élément mobile (correspondant à partie agricole). La protection dont bénéficient les agriculteurs européens par le biais d'une Politique agricole commune, consiste à imposer l'élément mobile de ces produits et à en exempter la partie industrielle.

[56] Les plafonds constituent des restrictions tarifaires flexibles qui peuvent, dans l'hypothèse d'un dépassement, donner lieu soit au rétablissement des droits de douane, soit au maintien des préférences et ce, à la discrétion de la Communauté.

B. L'exclusion « temporaire » des produits textiles

1. La particularité du textile-habillement

a) La problématique textile sur le marché européen et mondial

Le commerce international des produits textiles est régi depuis 1973[57] par l'accord multifibres (AMF)[58] qui institue un régime dérogatoire aux règles libérales du GATT/OMC. En effet, l'objet principal de l'AMF est la protection des pays importateurs non compétitifs tels l'Union européenne et les Etats-Unis, vis-à-vis des pays exportateurs à faibles coûts salariaux[59]. En vertu de l'accord, il est convenu de ne plus introduire de nouvelles restrictions quantitatives (clause de *standstill*) et d'éliminer progressivement les restrictions existantes (clause de *roll-back*) sous la surveillance de l'Organe de Surveillance des Textiles (OST) siégeant au sein du GATT.

Ce principe général étant posé, les pays importateurs ont la possibilité d'utiliser tout un arsenal juridique composé des articles 3, 4 ainsi que des annexes A et B, pour restreindre les importations de textiles en provenance de pays en développement exportateurs de textiles[60]. L'article 3 de l'AMF permet à un pays importateur de recourir, de façon unilatérale, à la clause de sauvegarde s'il estime se trouver dans l'hypothèse d'une désorganisation de son marché intérieur (annexe A). L'article 4§2, quant à lui, permet une action multilatérale de type préventif face au risque de désorganisation du marché des pays importateurs : c'est ainsi que

[57] Dès les années 50, les Etats-Unis ont cherché à imposer des limitations unilatérales aux importations textiles en provenance du Japon et de certains PED. La nécessité pour les Etats-Unis - puis pour l'Europe - de protéger leur marché et de restructurer une industrie textile en perte de compétitivité face à des exportateurs de plus en plus dynamiques donne naissance à un accord à court terme ou ACT (1961-1962), prorogé et adapté en accord à long terme ou ALT (1963-1973). Ce cadre juridique permet aux pays importateurs de prendre des mesures restrictives de nature unilatérale et/ou multilatérale. L'inadaptation de l'ALT à l'évolution rapide de la structure du commerce international des textiles (développement des fibres de substitution hors cadre de l'ALT) va aboutir à l'élaboration puis à la mise en œuvre de l'AMF en 1973.

[58] Arrangement concernant le commerce international des textiles, TEX.NG/1.

[59] La « désorganisation du marché » est la notion centrale de l'AMF, fondée sur l'existence d'un préjudice grave ou d'une menace réelle de préjudice grave pour les producteurs nationaux (annexe A de l'accord) et permettant de mettre en œuvre toute une série de restrictions aux importations.

[60] Voir F.-A. KHAVAND, « Droit international des textiles et pays en développement », Document de travail de l'Institut du Droit de l'économie internationale et du développement, Université René Descartes, octobre 1986.

« les pays participants peuvent, conformément aux objectifs et aux principes fondamentaux du présent Arrangement, conclure des accords bilatéraux à des conditions mutuellement acceptables, afin, d'une part, d'éliminer les risques réels de désorganisation du marché des pays importateurs et de désorganisation du commerce des textiles des pays exportateurs et, d'autre part, d'assurer l'expansion et le développement ordonné du commerce des textiles et le traitement équitable des pays participants ».

L'article 4§2 constitue la base juridique permettant de passer des arrangements bilatéraux d'autolimitation entre importateurs et exportateurs. C'est en effet sur cette base que la Communauté va passer des accords de restriction volontaire d'exportations avec les pays bénéficiant de préférences commerciales. Dès 1977, la Communauté passe ce type d'accords avec le Maroc[61], en dehors du cadre préférentiel institué en 1976 et en dehors de l'AMF. Cet état de fait crée une situation assez paradoxale : les exportations textiles sont exclues du libre-accès dont bénéficient les produits industriels en vertu de l'accord de coopération de 1976, mais elles se trouvent en même temps protégées sur le marché communautaire par rapport aux exportateurs soumis aux restrictions AMF.

Ces arrangements, régulièrement renouvelés depuis, permettent la réimportation dans l'espace communautaire sous le régime du trafic de perfectionnement passif (TPP)[62] ainsi que sous le régime des importations directes, ce qui donne au Maroc un avantage sur les pays soumis à l'AMF : les exportations marocaines de produits textiles sur le marché européen n'ont cessé de croître malgré l'engagement marocain « de bien vouloir observer une autolimitation des exportations à destination de la Communauté ». Ainsi, la balance des échanges des produits de la branche textile-habillement entre les deux partenaires ne cesse de se détériorer au bénéfice du Maroc, passant de -566,6 MECU en 1990 à +752,2 MECU en 1995.

---

[61] Les autres pays méditerranéens soumis à ces accords d'autolimitation sont l'Egypte (fils et tissus de coton), la Turquie, Malte et la Tunisie (pour le textile-habillement).

[62] Le TPP consiste, pour la firme d'un pays A, à confier à un sous-traitant d'un pays B une partie du processus productif en lui fournissant préalablement des composants intermédiaires en vue de réimporter le produit final sous la clause douanière du trafic de perfectionnement passif.

b) La branche textile, un pilier de l'économie marocaine

L'industrie marocaine textile représente 18% de la production totale du pays et emploie, grâce à un tissu industriel composé de 1 840 entreprises[63] (dont 56% sont des établissements de petite taille), près de 42% de la main d'œuvre industrielle totale. Entre 1981 et 1991, la production marocaine de textile-habillement a connu un quadruplement dû notamment à la libéralisation du régime d'importation des produits textiles ainsi qu'à l'adoption d'un code des investissements (1983). Le secteur est composé en majorité de petites unités qui ne réalisent que 12% de la production, alors que les plus grosses entreprises (un peu plus de 10% du secteur) sont responsables de 62% de la production. A signaler que 330 unités sont des *joint ventures* dans lesquelles la participation européenne est équivalente à 80%.

Il existe une très forte relation d'intégration entre les filières textiles marocaines et européennes. L'industrie européenne fournit au Maroc les produits de stades amonts (fils et tissus), contre des produits de stades avals (confection, vêtements). Comme l'écrit Jean-Louis REIFFERS, les textiles sont le secteur d'exportation, point de départ « d'un mouvement de complémentarité industrielle en Méditerranée »[64]. Avec 45% des exportations de produits manufacturés[65], la branche textile est non seulement un pilier stratégique de l'économie marocaine, mais aussi une pièce maîtresse du schéma de sous-traitance : pratique durable de l'exportation, appareil productif très souple et localisation géographique avantageuse, tels sont les points forts qui permettent des délais d'exécution et de livraison très courts (3 à 6 semaines contre 1 à 2 mois pour les pays asiatiques).

2. L'arrangement d'autolimitation en matière textile

a) Un accord flexible sur la forme

L'arrangement d'autolimitation conclu entre la Communauté et le Maroc sous la forme d'un procès-verbal non publié ne possède pas la valeur juridique, ni la force obligatoire, d'un accord international en bonne et due forme. Il s'agit là

---

[63] Ministère du Commerce de l'Industrie et de l'Artisanat, Situation des Industries de transformation, décembre 1995.
[64] La Méditerranée aux portes de l'an 2000, Economica, Paris, 1997, 395 p.
[65] Voir le Maroc Compétitif, 1995.

d'un « accord informel normatif »[66], qui est un instrument souvent utilisé pour la réglementation sectorielle dans le commerce international.

Il existe différents facteurs qui ont poussé au choix de cette forme la plus souple possible[67]. Tout d'abord, le Maroc n'est pas un membre de l'AMF et, à ce titre, il ne saurait souscrire à des obligations découlant d'un accord qu'il n'a ni négocié, ni ratifié, ni encore moins signé. Ensuite, le principe même de la restriction volontaire d'exportation, qui est en réalité une restriction au commerce imposée et non-consentie, viole la lettre et l'esprit de l'accord de coopération et aujourd'hui de l'accord euro-méditerranéen de libre-échange (fait aggravant). Comment parler officiellement de zone de libre-échange, sous le titre d'ailleurs trompeur de « libre circulation des marchandises », et faire accepter une dérogation pour tout un secteur qualifié de moteur de l'économie marocaine, en l'occurrence le secteur textile ?

La recherche d'une souplesse optimale dans la gestion des limites quantitatives à l'importation de textiles sur le marché de l'Union européenne est également un élément à prendre en compte dans le choix de la forme juridique de l'instrument : il est prévu toute une série de flexibilités et de transferts de quantités d'une année sur l'autre (en cas de sous-utilisation ou de sur-utilisation des quotas alloués), ainsi que d'un régime commercial vers l'autre (transit de perfectionnement passif vers importations directes ou vice versa). Par ailleurs, des consultations régulières, ou à la demande d'une partie, sont prévues.

Enfin, cette souplesse juridique des accords d'autolimitation peut s'expliquer par la volonté de ne pas institutionnaliser ou formaliser, une dérogation à un principe fondamental du système commercial international : la liberté du commerce. Effectivement, l'aspect dérogatoire des restrictions est constamment rappelé : constatant que la situation de crise persiste dans la Communauté, cette dernière « confirme toutefois qu'elle est animée par la volonté de revenir à un régime normal dès que possible »[68]. Les arrangements constituent donc une dérogation au droit commun du GATT jusqu'en 1994 et de l'OMC depuis lors. Ils constituent également une exception au principe de libre-échange inclus dans l'accord euro-méditerranéen d'association. Il faut tout de même rappeler que la dérogation temporaire existe depuis 25 ans en vertu de l'AMF, et, dans les relations Communauté-Maroc depuis 1977, date de la mise en œuvre du libre-accès des produits industriels marocains sur le marché communautaire.

---

[66] Voir Dominique CARREAU, « Les engagements non contraignants entre Etats », Droit International, 3ème édition, Pédone, 1991, pp. 188-203.

[67] Voir à ce propos la « Chronique de Droit International Economique », AFDI 1986, p. 621.

[68] Voir le point 2 du Mémorandum, cit. *supra*.

b) Caractérisé par des règles de fonctionnement flexibles

L'arrangement entre le Maroc et l'Union européenne fixe des niveaux quantitatifs pour deux types de régimes d'importations : un régime d'importations directes et un régime d'importations sous trafic de perfectionnement passif (TPP). Le régime TPP constitue la base juridique de la délocalisation des industries textiles communautaires. Il permet ainsi l'exportation de tissus européens au Maroc pour y subir des ouvraisons ou transformations suffisantes, puis leur réimportation (en dehors des limites contingentaires du régime des importations directes) sous la forme de produits finis.

L'arrangement met en œuvre deux types de restrictions : par quantités, c'est la fixation de niveaux quantitatifs (différents des restrictions quantitatives ou des mesures d'effet équivalent), et par produits : seule la catégorie 6, celle des pantalons, est concernée par lesdits niveaux quantitatifs.

Les restrictions introduites par l'arrangement sont quelque peu contrebalancées par l'institution d'un système dit de flexibilités (annexe 3 de l'arrangement) qui permet d'introduire une grande souplesse dans la gestion des exportations de pantalons.

Tout d'abord, il est possible d'utiliser par anticipation, donc d'exporter vers le marché communautaire, une partie des niveaux communautaires de l'année suivante, et ce, jusqu'à hauteur de 7,5% de la limite concernée de l'année d'utilisation effective. Est également autorisé, le report de quantités inutilisées durant l'année sur les niveaux communautaires de l'année suivante à hauteur de 10% (de la limite de l'année d'utilisation effective). Enfin, l'instauration d'une passerelle entre les deux régimes - importations directes et TPP- autorise les transferts à hauteur de 10% du niveau vers lequel le transfert s'effectue.

Un régime de coopération administrative prévoit d'une part, la tenue mensuelle par le Maroc de statistiques relatives à l'état des exportations, et, d'autre part, l'examen commun une fois par trimestre de l'utilisation des niveaux.

La déclaration commune relative aux textiles[69], pose le principe de la continuité de l'exception du secteur textile qui doit « faire l'objet d'un protocole spécifique reprenant les dispositions de l'arrangement en vigueur en 1995 ». Cette

---

[69] Cette déclaration commune fait partie de l'accord euro-méditerranéen d'association, COM (95) 740 final, cit. *supra*.

disposition, sous forme de « déclaration commune », permet à la Communauté d'exclure le commerce du textile-habillement de la zone de libre-échange. En effet, par un procès-verbal d'accord, paraphé le 4 décembre 1995 à Bruxelles, l'Union européenne et le Maroc ont convenu de proroger le régime textile antérieur pour la période 1996-1997.

3. Vers la fin de l'exception textile ?

a) La réintégration du commerce textile dans le cadre de l'OMC

L'Uruguay round a donné naissance a un nouvel accord sectoriel sur les textiles[70] dont l'objectif est la réintégration progressive - sur une durée de dix ans - de ce secteur dans le cadre du libre-échange prôné par les accords OMC[71].

i) Le démantèlement des restrictions AMF

Concrètement, l'accord sectoriel sur le commerce international des textiles prévoit deux processus d'actions parallèles :

- un processus « d'intégration » dans les règles de l'OMC, en quatre étapes, portant sur les produits de la liste spécifique figurant à l'accord (peignés et filés, tissus, articles confectionnés et vêtements) : à chaque étape, un pourcentage de plus en plus important du volume total des importations est intégré (16, 17, 18 et 100%) ;

- un processus parallèle de libération, en trois étapes, portant sur les produits faisant l'objet de restrictions : à chaque étape, le coefficient de croissance applicable aux restrictions considérées pendant l'étape précédente est augmenté d'un pourcentage croissant (16,25 et 27% pour la troisième étape).

---

[70] Accord sur les textiles et les vêtements, JOCE, no. L 336 du 23.12.94.

[71] Voir Thiébaut FLORY, « Remarques à propos du nouveau système commercial mondial issu des Accords du cycle d'Uruguay », JDI 4, 1995, p. 887.

ii) Le démantèlement des restrictions hors-AMF

Les restrictions hors-AMF sont également appréhendées par l'Uruguay round. L'accord sectoriel relatif aux textiles reconnaît que certains membres peuvent appliquer des restrictions hors-AMF, mais qu'elles devront être mises en conformité avec le droit de l'OMC dans un délai d'un an à compter de l'entrée en vigueur, ou éliminées progressivement jusqu'en 2005.

A noter qu'une clause de sauvegarde transitoire permet aux importateurs menacés par un préjudice grave de prendre des mesures restrictives, en concertation avec l'exportateur ou de façon unilatérale, à condition, toutefois, de prouver qu'il existe un accroissement brusque et substantiel des importations et que cette situation menace de porter un préjudice grave à la branche de production nationale concernée.

b) Le démantèlement des arrangements d'autolimitation en matière textile

La réintégration du secteur textile dans le cadre de l'OMC va aboutir au démantèlement des arrangements d'autolimitation. Le PV d'accord entre l'Union européenne et le Maroc sur le commerce textile portant sur la période les années 1996-1997 n'a pas été renouvelé. Le Conseil a donc arrêté un règlement établissant la liste des produits textiles à intégrer dans le cadre OMC[72]. Ces produits, qui font l'objet de l'annexe I du règlement, doivent être intégrés dans le cadre de l'Accord sur les textiles et vêtements au 1er janvier 1998.

D'après certains auteurs[73], la suppression des restrictions au commerce des textiles aura pour conséquence une érosion des préférences jusque-là acquises. En effet, le Maroc pourra, à l'horizon 2005, exporter sa production textile sur le marché de l'Union européenne sans aucune restriction, mais le démantèlement parallèle des accords AMF, jugés plus restrictifs que les arrangements d'autolimitation, va intensifier la concurrence entre tous les exportateurs textiles sur le marché européen. Ainsi, l'érosion de la marge préférentielle marocaine pourrait réduire les exportations manufacturières de 22%[74].

---

[72] Voir Règlement CE no. 2315/96 du Conseil du 25 novembre 1996, JOCE, no. L 394 du 04.12.96.

[73] Voir notamment Lionel FONTAGNE, Nicolas PERIDY, « Uruguay Round et PVD, le cas de l'Afrique du Nord », cit. *supra* ; Thomas RUTHERFORD, E. E. RUTSRÖM, David TARR, « L'accord de libre-échange entre le Maroc et le CEE : une évaluation quantitative », Revue d'économie du développement, 2/1994, p. 97.

[74] Cette réduction, serait de 40% pour la Tunisie, en raison d'une plus forte concentration de produits textiles dans les exportations industrielles de ce pays, voir L. FONTAGNE et N. PERIDY, « Uruguay Round et PVD, le cas de l'Afrique du Nord », cit. *supra*.

La concurrence va également s'intensifier sur le marché intérieur marocain. En effet, le Maroc a souscrit à un calendrier de désarmement tarifaire en matière textile sur une période de 3 ans. En vertu de l'article 12§1 de l'accord d'association, les prix de référence appliqués aux produits textiles sont éliminés de façon progressive sur une période de trois ans à partir de l'entrée en vigueur de l'accord.

Le rythme d'élimination doit assurer une préférence, d'au moins 25% par rapport aux prix de référence que le Maroc applique *erga omnes,* en faveur des produits textiles d'origine communautaire. Dans le cas d'une impossibilité de maintien par le Maroc de cette préférence dans le rythme d'élimination, une réduction tarifaire supérieure ou égale à 5% des droits de douane et taxes d'effet équivalent devrait être appliquée. En cas de conflit entre des engagements marocains au titre de l'OMC et l'accord d'association, les engagements OMC s'appliquent s'ils prévoient un calendrier plus court en matière d'élimination des prix de référence à l'importation.

Cet engagement d'ouverture de la part du Maroc va, d'une part, baisser le prix des intrants (produits du stade aval) ce qui devrait augmenter la compétitivité des produits marocains à l'exportation, et, d'autre part, accroître la concurrence sur le marché marocain.

§2. Le désarmement tarifaire unilatéral concédé par le Maroc

L'article 11§1 de l'accord d'association pose le principe général de suppression des droits de douane[75] et taxes d'effet équivalent à l'importation au Maroc de produits industriels originaires de la Communauté dès l'entrée en vigueur dudit accord. Le Maroc offre donc, pour la première fois depuis 1969, date de l'institutionnalisation de ses relations économiques avec la Communauté, le libre-accès à son marché intérieur.

Il s'agit en fait d'un désarmement unilatéral, car la Communauté a ouvert son marché aux produits industriels marocains depuis 1976, exception faite des textiles (pantalons plus précisément), soumis jusqu'à peu à des restrictions volontaires à l'exportation. La déprotection de l'industrie marocaine doit se faire de manière progressive et différenciée. Progressive, car il s'agit d'une industrie qui ne pourrait tenir le choc d'une ouverture pure et simple aux exportations européennes ; différenciée, car certains segments industriels sont plus performants que d'autres.

[75] En vertu de l'article 13 de l'accord, les droits de douane à caractère fiscal sont également concernés par les dispositions relatives à la suppression des droits à l'importation.

Ce principe d'ouverture unilatérale du marché intérieur étant énoncé, nous verrons que la libéralisation concédée par le Maroc s'insère dans un calendrier précis selon les branches industrielles concernées. A un régime général de suppression des droits de douane sur douze ans se superpose un régime moins contraignant portant sur l'élimination des prix de référence pour les produits tels le textile, les produits usagés ou les produits agricoles.

A. La programmation du désarmement tarifaire sur douze ans

1. Un tissu industriel marocain inégalement compétitif

Une étude du Ministère du Commerce, de l'Industrie et de l'Artisanat marocain, opère une classification en quatre groupes de l'industrie marocaine selon la compétitivité et le degré de protection[76].

Un premier groupe d'industries compétitives et fortement protégées, sur lequel le désarmement tarifaire n'aurait pas de conséquences néfastes : ouvrages en métaux et produits de la métallurgie de base, matériel électrique, boissons, filature, chaussure en cuir et en matière plastique. Dans un second groupe, à faible compétitivité et forte protection, le désarmement tarifaire devrait avoir de fortes incidences sur les secteurs papier et carton, peaux tannées, fromage, carrosserie et montage de véhicules industriels et boulonnerie-visserie. Un troisième groupe de produits agro-industriels (tels les vins et les jus d'agrumes) et d'engrais, constitué d'activités compétitives et bénéficiant d'une faible protection, supporterait une ouverture à la concurrence. Enfin, un dernier groupe, constitué de produits intermédiaires (verre, étoffes de bonneteries, farine de blé) non compétitifs et bénéficiant d'une faible protection présenterait, dans le cas d'un désarmement tarifaire, un impact sensible.

2. Les modalités du démantèlement tarifaire

Le démantèlement tarifaire entre les deux partenaires ne s'effectue pas de manière uniforme, mais en tenant compte des besoins de l'économie marocaine. C'est ainsi que les biens d'équipement (machines-outils par exemple) que le Maroc ne produit pas, mais dont les industriels locaux ont besoin pour produire,

[76] Voir Les incitations et la protection dans le secteur industriel marocain en 1991, Développement Alternatives Inc., septembre 1993.

sont exonérés dès le départ. En règle générale, plus les produits sont nécessaires à l'économie domestique, plus les délais de libéralisation sont courts.

a) Le démantèlement dès l'entrée en vigueur

Seuls les biens d'équipement non fabriqués localement sont concernés par ce démantèlement qui aura lieu dès l'entrée en vigueur de l'accord d'association. Les importateurs de ces biens d'équipement sont les premiers bénéficiaires de la libéralisation du commerce entre l'Union européenne et le Maroc. Dans ce cas, le libre-échange permet de réduire le coût des intrants, ce qui entraîne (par ricochet) une baisse des prix à la production ainsi qu'à l'exportation. D'où un gain de compétitivité du produit marocain dans cette hypothèse.

b) Le démantèlement sur trois ans

L'article 11§2 pose le calendrier de démantèlement tarifaire pour les produits de l'annexe 3 de l'accord : il s'agit essentiellement de matières industrielles non-produites localement et de pièces de rechange[77]. Le calendrier prévoit un désarmement tarifaire sur trois ans à compter de l'entrée en vigueur de l'accord et selon les étapes indiquées ci-dessous. Chaque droit de douane et taxe d'effet équivalent est ramené à :

- 75% du droit de base à l'entrée en vigueur de l'accord ;
- 50% du droit de base un an après ;
- 25% du droit de base deux ans après ;
- trois ans après les droits restants sont complètement éliminés.

c) Le démantèlement sur 12 ans

Les produits de la liste de l'annexe 4 de l'accord se voient appliquer un calendrier de désarmement tarifaire sur une douzaine d'années (art 11§3). Il s'agit de produits industriels marocains sensibles dont la déprotection tarifaire devra s'échelonner en 10 étapes pour une réduction linéaire de 10% par an. Du fait de la sensibilité des branches industrielles concernées par ce calendrier, un délai de

[77] Voir Fouad ZAÏM et Larbi JAÏDI, « Le nouvel accord de libre-échange entre le Maroc et l'Union européenne : un pari à hauts risques », in Confluences Méditerranée, Le Maghreb face à la mondialisation, l'Harmattan, no. 21 Printemps 1997, pp. 65-78.

grâce de trois ans est prévu (à partir de l'entrée en vigueur de l'accord), avant de ramener chaque droit et taxe à 90% du droit de base[78].

Ces produits industriels produits localement sont en fait les plus menacés par la zone de libre-échange, d'où le démantèlement tarifaire sur 12 ans. Il s'agit en fait du « groupe industriel à faible compétitivité et forte protection » de l'étude ministérielle citée *supra*, sur lequel le désarmement tarifaire devrait avoir la plus forte incidence : il s'agit des secteurs papier et carton, peaux tannées, fromage, boulonnerie-visserie et carrosserie et montage de véhicules industriels.

A propos de ce dernier secteur « carrosserie et montage de véhicules industriels », un rythme de démantèlement beaucoup plus protecteur est introduit. La réduction des droits et taxes n'est pas linéaire, contrairement aux autres produits de l'annexe 4. De plus, elle est beaucoup plus lente, puisque six années après l'entrée en vigueur, soit à la moitié de la période transitoire de douze ans, chaque droit et taxe est ramené à 88% du droit de base seulement. Ce régime particulièrement protecteur s'explique par l'implication du Ministère marocain du Commerce, de l'Industrie et de l'Artisanat (MCIA) dans le projet de « la voiture économique », c'est-à-dire montée au Maroc en partenariat avec des groupes étrangers[79].

Autre spécificité du désarmement tarifaire concernant les produits de l'annexe 4 : à la demande du Maroc, et en cas de difficulté grave pour un type de produits de la dite annexe, le calendrier de démantèlement peut être révisé d'un commun accord par le Comité d'Association. Dans le but de respecter l'esprit et la lettre de l'accord, les restrictions au processus de désarmement tarifaire doivent rester l'exception. La révision ne peut donc être prorogée au-delà de la période transitoire fixée par l'accord à 12 ans, et, dans l'hypothèse d'absence de réponse de la part du Comité d'association (30 jours), la suspension de l'application du calendrier par le Maroc ne peut dépasser une durée maximale d'un an.

Les produits industriels de l'annexe 4 bénéficient donc d'un régime de démantèlement tarifaire étalé sur douze ans, de rythmes d'élimination des droits et taxes différenciés selon la catégorie de produits concernés (véhicules ou autres) et de dérogations spéciales en cas de difficultés graves pour un type de produit.

---

[78] On entend par « droit de base », au sens de l'article 11 de l'accord d'association, le droit effectivement appliqué à l'égard de la Communauté au 1er janvier 1995 ou, dans le cas d'une réduction *erga omnes* après cette date, le droit réduit. La combinaison des paragraphes 5 et 6 de l'article 11 constitue une application a priori de la clause de la nation la plus favorisée en matière de droits et taxes d'effet équivalent.

[79] Une Convention signée entre l'Etat marocain et la firme italienne FIAT stipule que le taux d'intégration-compensation entre les composantes locales et la technologie importée doit atteindre 60% de « la voiture économique », La Vie Economique, « Les équipementiers italiens se bousculent à la SOMACA », vendredi 8 novembre 1996, p. 58.

Des dérogations générales sont prévues par l'accord pour faire face à la naissance ou à la restructuration d'un secteur industriel surtout lorsque celle-ci s'accompagne de difficultés sociales.

3. Les dérogations aux calendriers de libéralisation

a) Deux cas limitativement énumérés : naissance ou restructuration d'une branche industrielle

La mise en œuvre du calendrier de déprotection de l'industrie marocaine programmée à l'article 11 peut connaître des dérogations, qui prennent la forme de droits de douane rétablis ou majorés (art 14§1).

Les conditions de mise en œuvre des dérogations de l'article 14 sont strictement délimitées par l'accord. Le rétablissement ou la majoration des droits de douane ne peut avoir lieu que dans deux cas bien précis :

1. naissance d'une branche industrielle ;

2. secteur en restructuration ou soumis à de sérieuses difficultés entraînant un fort taux de chômage.

Lorsqu'un secteur industriel est en restructuration, ou connaît de sérieuses difficultés, ou est en phase de création, la partie marocaine doit informer le Conseil d'association de son intention d'adopter des mesures dérogatoires au régime de libéralisation de l'article 11. Avant l'application de ces mesures, des consultations sont ouvertes avec l'Union. Une fois adoptées, ces mesures doivent faire l'objet d'un calendrier prévoyant leur démantèlement progressif à partir de la seconde année après leur introduction.

b) Les conditions de mise en oeuvre

Comme toute exception à un principe de libéralisation, les dérogations au démantèlement tarifaire industriel doivent faire l'objet d'un encadrement strict. Tout d'abord, les droits de douane pris en application de la dérogation de l'article 14 ne peuvent excéder 25% *ad valorem* et doivent maintenir un élément de préférence pour les produits d'origine communautaire par rapport aux produits originaires des pays non-membres de la zone de libre-échange. Ces deux conditions sont cumulatives.

Ensuite, la valeur totale des produits soumis à ces restrictions doit être inférieure ou égale à 15% des importations totales de la Communauté en produits industriels. Par ailleurs, la durée de mise en œuvre de ces mesures ne doit pas excéder un délai de cinq années. Exceptionnellement, le Maroc peut appliquer une telle mesure plus de cinq ans sous réserve d'obtention de l'autorisation du Comité d'association. Une telle prolongation ne saurait toutefois excéder la période maximale de transition fixée à douze ans (art 14§1 al 4), sauf pour les industries naissantes qui peuvent faire l'objet d'une protection de trois ans au-delà de l'expiration de la période transitoire (art 14§2).

Enfin, lorsque des produits ont fait l'objet d'une libéralisation complète depuis au moins trois ans, aucune mesure dérogatoire ne peut être introduite.

Telles sont les conditions d'application des mesures dérogatoires au calendrier relatif au désarmement tarifaire des importations industrielles sur le marché marocain.

A un régime de désarmement tarifaire sur une période maximale de douze ans, le Maroc concède également un calendrier portant sur l'élimination des prix de référence de produits sensibles tels le textile, le matériel électrique, les produits usagés ou les produits agro-industriels.

B. Le régime d'élimination des prix de référence

1. Les produits textiles

Les produits textiles[80] font l'objet d'une élimination progressive des prix de référence à l'importation sur une période de trois ans dès l'entrée en vigueur de l'accord. Le calendrier d'élimination fait l'objet d'un accord sous forme d'échange de lettres annexé à l'accord d'association. Le Maroc offre aux produits textiles d'origine communautaire une élimination progressive des prix de référence par rapport à un niveau appliqué à l'égard des pays tiers et par rapport à des quantités de produits.

---

[80] Il s'agit des fils, tissus, autres étoffes de bonneterie, costumes et tailleurs, vestons et vestes, bâches et stores, tentes.

a) La réduction par rapport aux prix *erga omnes*

Il s'agit des produits de l'annexe 5 positions 51 à 63 (tissus et fils de laine, de coton, de lin, de jute, filaments et fibres synthétiques et artificielles) :

- dès l'entrée en vigueur de l'accord, le niveau des prix de référence est réduit à hauteur de 75% par rapport au niveau des prix de référence appliqué *erga omnes* ;
- la deuxième et la troisième année, à compter de l'entrée en vigueur, le Maroc applique une réduction linéaire d'au moins 25%[81] par rapport au prix de référence *erga omnes*.

b) La réduction par rapport à des quantités de produits

Il s'agit des produits pour lesquels le Maroc maintient un prix de référence *erga omnes*.

- Dès l'entrée en vigueur, les prix de référence sont éliminés pour le quart des produits ;
- la première année d'application, l'élimination des prix porte sur la moitié des produits ;
- la seconde année, l'élimination des prix porte sur les trois quarts des produits ;
- la troisième année, la totalité des prix de référence est éliminée.

2. Les autres produits de l'annexe 5

Il s'agit de produits tels que les ouvrages en pierre en métaux ou en céramique, les machines et appareils mécaniques, le matériel électrique et les accessoires de véhicules automobiles. Les prix de référence, appliqués au 1er juillet 1995 à ces produits, sont éliminés sur une période de trois ans à compter de l'entrée en vigueur de l'accord.

[81] Les taux de réduction d'au moins 25% par rapport au prix de référence *erga omnes* seront fixés précisément par le Conseil d'association.

3. La liste négative : les produits usagés

L'article 12§2 point b, introduit une exception à l'application du principe de suppression des restrictions quantitatives et mesures d'effet équivalant à l'importation dès l'entrée en vigueur (art 19§2) pour les produits de la liste 1 de l'annexe 6. Les produits usagés (véhicules automobiles, pneumatiques, tracteurs et remorques et semi-remorques...) restent donc soumis à des restrictions quantitatives et mesures d'effet équivalent jusqu'à la fin de la période de transition de douze ans.

La définition d'un calendrier de démantèlement tarifaire précis pour les produits des listes 1 et 2 (appareils électroménagers usagés, moteurs pour l'irrigation usagés, cyclomoteurs et bicyclettes usagés) de l'annexe 6 devrait faire l'objet d'un examen par le Conseil d'association trois ans après l'entrée en vigueur de l'accord.

C. Le cas particulier des produits agro-industriels

Cette catégorie de produits est dite sensible en raison de sa composante agricole. La libéralisation prévue est donc partielle, car elle ne s'applique effectivement qu'à la partie industrielle du produit. Une différence au niveau du rythme du désarmement est faite entre la liste 2 et les listes 1 et 3 de l'annexe 2 relative aux produits agro-industriels.

L'élimination de l'élément industriel des droits concernant les produits de la liste 2 (maïs doux préparé, produits à base de céréales, acides gras, extraits de malt...) s'effectue selon le calendrier de l'article 11§2 prévoyant un démantèlement des droits et taxes d'effet équivalent en quatre étapes sur trois ans à compter de la date de l'entrée en vigueur.

Les produits des listes 1 (sucreries, chocolats, pâtes alimentaires, produits de la boulangerie, glaces, bières de malt) et 3 (laits et crèmes fermentés, graisses et huiles animales...) subissent une réduction plus lente de leur élément industriel : celle-ci s'effectue sur une période de douze ans, selon le calendrier de l'article 11§3 relatif aux produits industriels sensibles. En revanche, le Maroc peut maintenir la taxation de la partie agricole des produits agro-industriels originaires de la Communauté. L'article 10§2 de l'accord permet en effet de maintenir un élément agricole sous la forme d'un montant fixe ou d'un droit *ad valorem*. La baisse des droits de douane de la partie agricole de cette catégorie de produits est déterminée par le calendrier de libéralisation progressive et réciproque contenue dans le chapitre 2 relatif aux produits agricoles et produits de la pêche.

C'est le régime agricole que nous allons étudier dans une seconde section.

Section 2. L'exclusion du libre-échange agricole

Le chapitre 2 de l'accord relatif aux produits agricoles est inscrit dans la partie « libre circulation des marchandises », mais en constitue plutôt une exception. L'article 16 de l'accord d'association dispose qu'en matière de produits agricoles les deux partenaires « mettent en œuvre de manière progressive une plus grande libéralisation de leurs échanges réciproques ». Il est certes question de libéralisation, mais entourée d'une multitude de précautions : « plus grande », par rapport aux concessions antérieures ; « réciproque », ce qui entraînera une ouverture symétrique du marché marocain déficitaire en produits alimentaires de base, et « progressive », ce qui doit permettre à l'Union européenne de gagner du temps afin de trouver une compatibilité entre les objectifs affichés du partenariat et la PAC.

Avant d'exposer les concessions minimales octroyées mutuellement par les deux partenaires (§2), il faudra d'abord analyser les données du dossier agricole euro-méditerranéen à la lumière de l'évolution du traitement de la question au sein de l'OMC (§1).

§1. Les données du problème agricole et les accords du cycle d'Uruguay

A. Le traitement particulier du commerce agricole au niveau mondial

Les discussions relatives au commerce des produits agricoles durant le cycle d'Uruguay ont abouti à un accord de principe sur la réintégration progressive de ce secteur au sein du commerce mondial. Cet accord est constitué de l'accord sur l'agriculture[82], des engagements en matière d'accès au marché, de soutien interne, de subvention à l'exportation, de l'accord relatif aux mesures sanitaires et phytosanitaires et de la Décision ministérielle relative aux PMA. Avant de nous

---

[82] JOCE, no. L 336 du 23.12.94.

intéresser au nouveau cadre de libéralisation, nous ferons un bref rappel des règles commerciales multilatérales avant 1994.

1. Un secteur traditionnellement exclu par le GATT de 1947

A l'instar des produits textiles, l'agriculture a toujours bénéficié de protections particulières dans le commerce international. Avant la conclusion des Accords de Marrakech, le GATT reconnaissait et légalisait les pratiques protectionnistes dans le domaine agricole.

Certes, des conditions étaient exigées pour instaurer des restrictions quantitatives à l'importation et pour subventionner les exportations[83]. Ainsi, l'article XI du GATT exigeait l'instauration d'un contrôle de l'offre de manière à prévenir un surplus déstabilisateur en période de surproduction[84], tandis que l'article XVI soumettait les subventions nationales à la règle de « la part équitable du commerce mondial »[85].

Depuis les années 1980, le protectionnisme agricole pose de plus en plus de problèmes au niveau des échanges mondiaux. Le mouvement de remise en cause est symbolisé par un très net alourdissement du contentieux agricole entre les Etats-Unis et la Communauté ainsi que par l'adoption d'instruments tels que la déclaration du Conseil de l'OCDE des 12-13 mai 1987 relative à la réduction progressive aux aides dans l'agriculture, ou l'accord sur l'agriculture (avril 1989) dans le cadre de l'Uruguay Round[86].

---

[83] Hélène DELORME, « Le dossier agricole » in Un Nouveau GATT ? Les échanges mondiaux après l'Uruguay Round, Editions Complexe, Bruxelles, 1994, 153 p.

[84] Le contrôle de l'offre institué par l'article XI du GATT est constitué de sept conditions (la mesure doit être une restriction à l'importation, concerner l'agriculture ou la pêche, avoir pour base une mesure gouvernementale, concerner des produits similaires, compléter des mesures restrictives intérieures, faire l'objet de publications et ne pas favoriser la production nationale) dont l'objectif est de faire des restrictions à l'importation un complément de mesures internes ; voir pour plus de détails D. CARREAU, T. FLORY et P. JUILLARD, Droit International Economique, 3ème édition, cit. *supra*, pp. 117-118.

[85] Le code GATT sur les subventions issue des accords du Tokyo Round de 1979 considère qu'il existe un manquement à la règle de « la part équitable du commerce mondial », lorsqu'une subvention à l'exportation par un pays A, a pour conséquence le détournement des exportations d'un pays B.

[86] La Conférence de Genève à mi-parcours du cycle d'Uruguay donne naissance à l'accord du 7 avril 1989 qui jette les bases du futur accord sur l'agriculture et l'application des mesures sanitaires et phytosanitaires, faisant partie intégrante des accords de Marrakech d'avril 1994.

2. Une libéralisation programmée par les Accords de Marrakech de 1994

Le paquet agricole issu du cycle d'Uruguay constitue un nouveau cadre de réforme dans le but « d'établir un système de commerce des produits agricoles qui soit équitable et axé sur le marché »[87]. Cet accord prévoit des mesures relatives aux domaines de l'accès au marché, du soutien interne et des subventions à l'exportation[88].

a) Les mesures prévues par l'accord

i) L'accès aux marchés

Quatre éléments novateurs sont prévus par l'accord sur l'agriculture dans le domaine de l'accès aux marchés :

1. la conversion des mesures non tarifaires en droits d'importation ou équivalents tarifaires (art. 4§2) ;
2. la réduction des droits de douane existants : cette réduction est de 36% pour les pays développés contre 24% pour les PED ;
3. le maintien de l'accès courant aux marchés : cette clause constitue une garantie minimale d'ouverture ;
4. et, la possibilité d'utiliser une clause de sauvegarde spéciale (art. 5), sous forme de droits additionnels lorsque les quantités importées dépassent celles de la période de référence (1986-1988) d'un niveau de déclenchement.

ii) Les engagements en matière de soutien interne

Les aides internes sont calculées en mesure globale de soutien (MGS) qui couvre tout le soutien qui ne remplit pas les conditions d'exclusion de l'article 6§2[89] et de l'annexe 2 de l'accord. La MSG doit faire l'objet d'une réduction de 20% sur six ans pour les pays développés, et de 13,3% pour les pays en

---

[87] Voir le second considérant de l'accord sur l'agriculture, JOCE, L 336, cit. *supra*.

[88] Voir « Le GATT et l'agriculture européenne », in Cahiers de la PAC, Hors-série, Direction Générale de l'Agriculture, Commission européenne, 1995, pp. 24-31.

[89] En vertu de l'article 6§2, sont exclues de la MGS, les aides publiques dans les PED (les mesures d'aides, directes ou indirectes, les subventions à l'investissement, les subventions aux intrants agricoles, le soutien interne aux producteurs des PED membres destiné à encourager les remplacements de plantes illicites narcotiques).

développement. Les mesures de la catégorie verte, les versements directs relatifs à la limitation de la production et les autres formes de soutien représentant une part négligeable (de 5 à 10% selon que le pays est un pays développé ou un PED) sont exclus de la MGS.

Conformément à la « clause de paix » de l'article 13 de l'accord sur l'agriculture, les pays membres s'engagent à ne pas contester les mesures qui remplissent les conditions d'exclusion.

iii) Les engagements en matière de subventions à l'exportation

En vertu de l'article 9 de l'accord sur l'agriculture, les subventions à l'exportation font l'objet d'un double mouvement de réduction en budget et en volume. Au niveau budgétaire, les réductions doivent avoir lieu sur les subventions à l'exportation (36% sur six ans) tandis qu'au niveau quantitatif, les tonnages bénéficiant de subventions doivent être réduits de 21% sur six ans.

b) Les mesures complémentaires

i) L'accord sur les mesures sanitaires et phytosanitaires

Cet accord permet l'application des réglementations nationales restrictives sur l'innocuité des produits alimentaires, sur la santé des animaux, et la préservation des végétaux. Ces MSP constituent des restrictions non tarifaires au commerce des produits agricoles. A ce titre, l'accord reconnaît aux pays membres le droit d'appliquer des MSP mais, sous certaines conditions, notamment de nécessité, de non-discrimination et de transparence[90].

Toutefois, les membres de l'OMC sont encouragés à harmoniser ces MSP au niveau international.

ii) La décision ministérielle relative aux PMA et PED importateurs nets de produits alimentaires

Cette décision[91] institue le principe d'un volet assistance aux PMA et PED importateurs net de produits alimentaires qui sont les pays les plus fragiles, donc les plus exposés aux incidences de la réforme de libéralisation en cours au sein de l'OMC. Des dispositions sont énoncées concernant les dons (aide alimentaire) et

[90] Voir Dominique CARREAU, Patrick JUILLARD, Droit International Economique, 4ème édition, LGDJ, 1998, pp. 148-152.
[91] Voir le site *web* de l'OMC : *http ://www.wto.org/wto/nurfe.htm*

les prêts du FMI et de la Banque Mondiale pour les financements d'importations de produits alimentaires.

Ce paquet agricole OMC va accroître la concurrence de manière significative sur le marché européen. Suite à la mise en œuvre progressive de la baisse des barrières tarifaires et non tarifaires, le Maroc va connaître un phénomène d'érosion de ses marges préférentielles sur le marché communautaire, car les réductions offertes par l'Union européenne bénéficient à l'ensemble des pays membres de l'OMC.

B. L'importance du secteur agricole chez les deux partenaires

1. Dans l'Union européenne

Dans l'Union européenne, l'agriculture occupe une place prépondérante. Dossier sensible par excellence, le maintien d'une agriculture forte obéit à différentes motivations[92] : indépendance et suffisance alimentaire, équilibre social des Quinze (un agriculteur en moins signifie un chômeur en plus), protection de l'environnement, et place particulière de l'agriculteur dans la conscience collective (attachement à la terre nourricière).

C'est pour ces différentes raisons que, dès le début, la Communauté a développé une Politique agricole commune (PAC) basée sur les principes d'unicité de marché, de préférence communautaire[93], et de solidarité financière. Les objectifs de cette politique sont énoncés à l'article 39 du traité de Rome : augmentation de la productivité, maintien d'un niveau de vie équitable pour l'agriculteur, stabilité des marchés, garantie des approvisionnements et assurance aux consommateurs européens d'un prix raisonnable.

Les données économiques relatives au marché de l'Union européenne mettent en lumière l'asymétrie des forces en présence et de la relation entre les deux partenaires : moins de 3% de la population active européenne vit de l'agriculture pour près de 40 % au Maroc.

---

[92] Voir Jean-Louis REIFFERS, Rapport Général, La Méditerranée aux portes de l'an 2000, pp. 102-107, cit. *supra*.

[93] Le principe de la préférence communautaire se traduit par la protection des produits agricoles communautaires via l'institution d'un double mécanisme de prélèvements à l'importation (droits d'entrée qui permettent aux produits communautaires de rester compétitifs en matière de prix) et de restitutions à l'exportation (subventions qui rendent les produits agricoles européens compétitifs sur le marché mondial).

2. Un secteur fondamental pour le Maroc

Au lendemain de l'indépendance, le Maroc a défini une stratégie agricole basée en priorité sur l'autosuffisance alimentaire[94]. L'intervention de l'Etat a été axée sur l'irrigation de grands périmètres (politique des barrages), les cultures industrielles (produits laitiers, sucres et huiles comestibles) et les cultures de rente (agrumes et maraîchages)[95].

L'agriculture qui emploie 40% de la population active (soit 80% des emplois en milieu rural) et fournit près de 20% du PIB, constitue à la fois un secteur stratégique, mais aussi le talon d'Achille de l'économie marocaine. Cette particularité du secteur agricole est mise en lumière par la dépendance du pays à l'égard des aléas climatiques[96].

L'agriculture marocaine se caractérise par la coexistence de deux secteurs, l'un moderne et résultant de la stratégie volontariste de l'Etat, l'autre artisanal et très dépendant des variations climatiques. L'agriculture irriguée ne représente que 10% de la surface agricole utile (SAU), mais contribue pour près de la moitié de la valeur ajoutée agricole totale. Elle emploie le tiers de la population agricole rurale. Plus de 90% de ce secteur moderne de l'agriculture marocaine reste dominé par l'assolement céréalier (destiné au marché local) contre moins de 10% pour les cultures d'exportation (horticulture) qui emploient 10% de la population active agricole. Les importations alimentaires sont constituées de produits de base (céréales : 36% ; huiles végétales : 15% ; sucre : 11% ; produits laitiers : 10%) et proviennent pour plus du tiers de l'Union européenne. La balance commerciale agricole marocaine présente un déficit chronique avec l'Union européenne.

L'accord d'association doit donner lieu à des concessions progressives et réciproques sur le commerce des produits agricoles. Les concessions tarifaires européennes connaissent « une progression limitée », de l'aveu même de la

---

[94] Pour plus de précisions sur les stratégies de développement du secteur agricole marocain, voir Plate-forme pour une stratégie agricole, Royaume du Maroc, Ministère de l'Agriculture et de la mise en valeur agricole, décembre 1994.

[95] Voir Driss KHROUZ, « La politique agricole du Maroc indépendant » in Le Maroc Actuel : une modernisation au miroir de la tradition ?, CNRS, Paris, 1992, pp. 119-150.

[96] Lors de la sécheresse exceptionnelle de l'année 1995, qualifiée de « catastrophe nationale », l'économie marocaine a été perturbée dans son ensemble (taux de croissance négatif), Jeune Afrique, no. 1794, du 25-31 mai 1995, p. 34.

Commission[97], tandis que le Maroc offre des concessions tarifaires aux produits de base exportés traditionnellement vers son marché et pour lesquels il enregistre un important déficit.

§2. Les concessions minimales de la part de l'Union européenne

Les concessions européennes sont limitées en vertu du nouvel accord d'association. Loin d'offrir le libre-échange pour les produits agricoles, l'Union s'est contentée de concéder un régime plus ou moins préférentiel en fonction de la sensibilité des produits ou de leur propension à concurrencer les produits communautaires similaires (protocole no. 1 relatif au régime applicable à l'importation des produits agricoles originaires du Maroc). A côté de produits présentant une faible valeur ajoutée et bénéficiant d'importantes réductions de droits de douane (A), existe un régime plus restrictif relatif aux produits marocains concurrents des produits espagnols (oranges), hollandais (fleurs) et belges (tomates) (B).

A. Les produits à faible valeur ajoutée.

L'article 1er du protocole no. 1 de l'accord d'association énumère les conditions d'importation des produits à faible valeur ajoutée sur le marché communautaire. Il est possible de proposer un classement en fonction de la propension de ces produits à pénétrer le marché communautaire[98].

---

[97] Voir La situation de l'agriculture dans l'Union européenne / Rapport 1995, Commission européenne, (Bruxelles), Luxembourg, 1996, pp. 164-165.
[98] Cette classification se base sur un document du Ministère marocain de l'Agriculture et de la mise en valeur agricole, Résultats des négociations sur l'accord d'association Maroc-UE/Volet agricole, s.d.

1. L'exonération de droits de douane (annexe 1.1.1)

2. la réduction de droits de douane (annexe 1.1.2)

Ces produits à faible valeur ajoutée bénéficient sur le marché européen de conditions d'entrée assez avantageuses qui contrastent avec le traitement réservé aux produits pour lesquels le Maroc est compétitif à l'exportation et qui entrent pour une partie importante dans ses recettes d'exportation.

B. Les produits sensibles : l'exonération de droits de douane

Les produits sensibles sont au cœur du conflit agricole entre l'Union européenne et le Maroc. Il s'agit des fruits et légumes pour lesquels ce dernier possède un avantage comparatif à l'exportation (40% des exportations agricoles). L'Union européenne, prise entre l'objectif de protection des exportations espagnoles intra-communautaires et le maintien d'un accès traditionnel aux exportations marocaines, a fait dans ce domaine des concessions minimales. Deux catégories de produits sont à distinguer : les produits bénéficiant d'une exonération de droits de douane et d'un prix d'entrée conventionnel dans la limite d'un contingent et ceux bénéficiant de l'exonération douanière dans les limites de contingents tarifaires.

1. Avec un prix d'entrée conventionnel réduit dans la limite d'un contingent

Cette catégorie de produits est soumise à des droits de douane *ad valorem* ainsi qu'à des droits spécifiques qui s'appliquent lorsque les produits marocains arrivent sur le marché communautaire à des prix en deçà du prix d'entrée. Ce groupe de produits comprend les tomates, oranges et clémentines, courgettes, artichauts et concombres.

a) L'exemple de la tomate

L'article 3 du protocole no. 1 de l'accord d'association prévoit un contingent de tomates de 150 675 tonnes à droits *ad valorem* nuls et à un prix d'entrée préférentiel de 500 ECU/tonne sur une période allant du 1er octobre au 31 mars. Cette quantité maximale est échelonnée de la façon suivante :

- 5 000 t pour le mois d'octobre ;
- 145 676 t de novembre à mars (dont 18 601 en novembre ; 36 170 t en décembre; 30 749 t en janvier; 33 091 t en février ; et 27 065 t en mars).

Un système de tolérances de plus ou moins 20% est institué sous la forme de reports en cas de dépassement ou sous-utilisation des quantités mensuelles dans la limite de la quantité de 145 676 tonnes allouée pour la période de novembre à mars. Il est prévu que les contingents tarifaires soient augmentés de 3% l'an pendant quatre ans de janvier 1997 à janvier 2000.

Le Maroc est le principal fournisseur (devant Israël) de tomates du marché européen. Mais la concurrence la plus redoutable se trouve à l'intérieur de la Communauté : le premier producteur intra-communautaire est l'Espagne (40%), suivie des Pays-Bas (37%) et de la Belgique (14%)[99]. Les producteurs du Nord exportent sur un calendrier qui va d'avril à septembre tandis que l'Espagne exporte entre novembre et mars. Des stratégies commerciales agressives permettent aux protagonistes communautaires de perturber ce schéma traditionnel. Quoiqu'il en soit, la protection des exportateurs du Nord (Belgique et Pays-Bas) par l'Union est la cause du rétrécissement du calendrier des exportations marocaines de tomates sur les mois allant d'octobre à mars.

Ce phénomène a eu notamment pour conséquences une réduction de la superficie consacrée à la tomate (5 5000 ha en 1990 ; 4 000 en 1994), un glissement de la production destinée à l'exportation vers la tomate de contre-saison (hiver), un développement d'une agriculture plus intensive en capital pour la culture sous-serres, et une éviction des petits producteurs locaux regroupés en coopératives au profit de gros investisseurs européens et surtout espagnols[100].

---

[99] « Situation du marché de la tomate au niveau de l'Union européenne », Bruxelles, le 10.06.96, COM (96) 247 final, pp. 14-19.

[100] Pour une analyse des incidences de la PAC sur le système productif agricole des PTM, voir Laure de CENIVAL, « Vers un espace agricole euro-méditerranéen ? », L'Annuaire de la Méditerranée 1997, GERM-PUBLISUD, juin 1997, pp. 263-278.

b) Les autres produits (annexe 1.2.1)

2. Dans la limite des contingents tarifaires et non soumis aux prix d'entrée.

Cette catégorie de produits, qui se compose de fleurs, de produits transformés (tels les vins, les légumes congelés) et de légumes frais (pommes de terre et oignons), bénéficie d'un régime d'élimination de droits de douane dans les limites de quantités fixées.

a) L'exemple des fleurs coupées

Le dossier des fleurs marocaines constitue un autre point sensible dans les relations commerciales entre l'Union européenne et le Maroc. Les exportations intra-communautaires étant le fait d'un quasi-monopole de la part des Pays-Bas, le Maroc a dû se satisfaire de concessions jugées bien en deçà des ses capacités d'exportation[101]. Au niveau de l'approvisionnement extra-communautaire, le Maroc (2% de l'approvisionnement) doit affronter une concurrence intense, notamment de la part d'Israël (27% de l'approvisionnement), du Kenya (23%) et de la Colombie (22%), ces deux derniers pays bénéficiant d'une exonération totale de droits[102].

i) Un contingent tarifaire à droit nul

L'accord prévoit pour les roses, œillets, glaïeuls, chrysanthèmes, orchidées et autres un contingent tarifaire progressif : 3600 tonnes pour la période 1995-1996 ; 4 100 tonnes pour la période 1996-1997 ; 4 500 tonnes pour la période 1997-1998 et 5 000 tonnes pour la période 1998-1999 et suivantes. Soit une amélioration de 28% sur quatre ans.

ii) Subordonné au respect de conditions relatives au prix et à la ventilation traditionnelle

Les fleurs coupées bénéficient d'une réduction de droits de douane de 100% sous réserve du respect de conditions convenues par échange de lettres. Les

---

101 Entretien avec M. Albert SASSON, Directeur de la Planification Agricole, Ministère de l'Agriculture et de la Mise en Valeur Agricole, Rabat, le 24.09.96.

102 Voir « Accord euro-méditerranéen Maroc-Union européenne/Agriculture », Royaume du Maroc, mai 1995.

fleurs et boutons de fleurs font donc l'objet d'un accord sous forme d'échange de lettres qui soumet les importations de roses et d'œillets à certaines conditions, notamment en matière de prix d'entrée. Le prix des fleurs importées sur le marché communautaire ne doit pas être inférieur à 85% du niveau des prix communautaires déterminés sur la base des prix à la production enregistrés chez les principaux producteurs européens (Pays-Bas en l'occurrence). Si le niveau des prix marocains est effectivement en-dessous de cette limite de 85%, la préférence tarifaire est suspendue.

Par ailleurs, le Maroc doit maintenir une ventilation traditionnelle entre les roses et les oeillets de manière à ne pas perturber le marché communautaire, hypothèse qui permettrait à la Communauté de déterminer les proportions de cette ventilation « en tenant compte des courants d'échanges traditionnels. Dans ce cas, un échange de vues a lieu à ce sujet »[103].

b) Autres produits (annexe 1.2.2)

L'Union européenne a donc octroyé des concessions tarifaires assez limitées compte tenu de l'objectif initial de ce régime commercial (art 2§5 du protocole no. 1) : maintenir le niveau traditionnel des exportations marocaines traditionnelles et éviter la perturbation des marchés communautaires.

Loin de la perspective du libre-échange agricole, l'Union a concédé le minimum: une légère augmentation de certains contingents et la communautarisation du protocole 1/7 relatif au régime des importations de produits agricoles marocains sur le marché français, dans le but de protéger le marché agricole commun des exportations marocaines de produits similaires très compétitifs (tomates, agrumes, vins, fleurs coupées). C'est donc le *statu quo* qui domine en matière de concessions agricoles européennes.

Les concessions marocaines se situent dans une optique d'ouverture irréversible du marché, car elles concernent des produits de base pour lesquels le Maroc est importateur net : céréales, produits laitiers, sucres, huiles et tabacs.

---

[103] Voir la lettre de la Communauté, au point A de l'accord sous forme d'échange de lettres entre la Communauté et le Royaume du Maroc relatif à l'article premier du protocole no. 1 concernant les importations de fleurs dans la Communauté, en annexe de l'accord d'association entre l'Union européenne et le Maroc.

§3. L'ouverture progressive du marché marocain aux produits agricoles de base

Les concessions du Maroc en matière agricole sont très importantes, car elles portent sur des engagements de désarmement tarifaire relatifs aux produits de base déficitaires telles les céréales. Les négociateurs ont fait une autre concession de taille sur un principe : l'exclusion même du secteur agricole de la zone de libre-échange.

A. La consolidation

En vertu de l'article 17§2 de l'accord, le Maroc concède à la Communauté un régime d'importation dont les modalités sont définies au protocole no. 3. Ce protocole, qui définit pour chaque type de produits des droits de douane maxima dans la limite de contingents tarifaires préférentiels, met en application la consolidation des droits de douane dans le cadre de l'OMC. Tous les obstacles non tarifaires ont été transformés en obstacles tarifaires de manière à ce que les négociations futures ne portent que sur la baisse de ces droits de douane.

1. Les produits sensibles

Une première catégorie de produits continentaux (orge, huiles, sucres), traditionnellement exportés par les pays de l'Europe du Nord et pour lesquels le Maroc est structurellement déficitaire, bénéficie de droits de douane maxima compris entre 215 et 100% dans la limite de contingents tarifaires (annexe 2.1). Notons qu'en ce qui concerne les céréales, le Maroc a la faculté de baisser les droits de douane maxima dans l'hypothèse où les contingents préférentiels ne seraient pas réalisés. Cette denrée stratégique[104] occupe 86% de la surface agricole utilisable et représente le quart des dépenses alimentaires des ménages marocains.

---

[104] Le secteur des céréales connaît une surveillance particulière de la part de l'Etat marocain, notamment par l'institution d'un stock de sécurité dont l'objectif principal est d'assurer la régularité de l'approvisionnement du marché local.

2. Les autres produits (annexe 2.2)

On peut donc classer ainsi les concessions tarifaires de la part du Maroc qui a transformé tous les obstacles non tarifaires en droits de douane maxima qui sont plus ou moins élevés selon l'importance des produits : les droits de douanes supérieurs à 100% concernent les produits stratégiques comme les céréales (taxés en l'espèce de 113 à 144%) ou encore les sucres ou les huiles et graisses.

Par ailleurs, le Maroc a fait une concession très importante par rapport à l'objectif initial de zone de libre-échange, qui est l'acceptation du principe du report des négociations sur le dossier agricole.

B. « L'acceptation » du report du libre-échange agricole

En vertu de la clause de « rendez-vous » de l'article 18§1, le Maroc et la Communauté acceptent de rouvrir les discussions concernant la libéralisation des produits agricoles. L'objectif n'est autre qu'un report de la date de la libéralisation du commerce des produits agricoles pour le 1er janvier 2001.

Avant d'analyser l'article 18 de l'accord, nous passerons en revue les positions de l'une et de l'autre partie au cours des négociations sur le dossier agricole.

1. Le rejet du principe du libre-échange agricole par l'Union européenne

Le Maroc proposait à l'Union européenne une zone de libre-échange couvrant le commerce des produits industriels et agricoles[105]. Plus précisément, la mise en œuvre du libre-échange agricole aurait dû s'effectuer selon un calendrier en deux temps, de manière à respecter les engagements d'accès au marché octroyés en vertu des accords de Marrakech. La liste des engagements prévoit en effet une évaluation des résultats au bout de la cinquième année. La première phase d'une durée de cinq ans devait permettre aux deux parties de restructurer leurs secteurs agricoles respectifs. Le Maroc devait bénéficier, selon ce scénario, d'un délai de

---

[105] Voir les contre-propositions des négociateurs marocains à l'offre européenne, « Nouvel accord Maroc-Union européenne - Mémorandum Marocain », Rabat, le 14 février 1994, pp. 18-20.

grâce de trois ans, puis libéraliser totalement l'accès au marché pour 20% des produits agricoles, à l'exception des produits de base qui ont fait objet d'une consolidation des droits de douane comme étudié précédemment. Pour la deuxième phase du calendrier, le Maroc proposait à l'Union d'achever le démantèlement tarifaire sur sept ans à un rythme de 1/7ème l'an, de manière à offrir un accès libre au marché marocain au bout de douze ans à compter de la mise en vigueur de l'accord.

Le Maroc a donc fait une concession de première importance en acceptant que le secteur de l'agriculture, pour lequel il est compétitif, soit exclu du libre-échange. En ouvrant totalement son marché aux exportations européennes, le Maroc espérait voir les restrictions qui frappent ses exportations de primeurs et d'agrumes levées[106].

Cette exclusion permet à l'Union d'entreprendre une réforme de la PAC sous le contrôle de l'OMC. Il est dommage que la Communauté n'ait pas saisi l'occasion des accords de libre-échange pour anticiper sur le démantèlement de ses protections agricoles. Une réforme de la PAC - qui paraît inévitable à terme - aurait permis au Maroc de tirer de meilleurs bénéfices du libre-échange et à l'Union de se conformer au paquet agricole OMC.

Au lieu d'une libéralisation complète du commerce des produits agricoles au bout d'une période de transition de douze ans, les deux parties ont convenu d'une mise en œuvre de manière progressive d'une plus grande libéralisation de leurs échanges agricoles réciproques.

2. Une « plus grande » libéralisation des échanges : l'échec de Seattle

La clause de « rendez-vous » de l'article 18 de l'accord pose le principe d'un examen de la situation au 1er janvier 2000 dans le but d'introduire une libéralisation plus grande, progressive et réciproque du commerce agricole dès le 1er janvier 2001.

La prudence règne en matière de concessions mutuelles dans le domaine agricole, puisque celles-ci devraient avoir lieu produit par produit, sur une base de réciprocité et en fonction de la sensibilité des produits et des courants d'échange (art 18§2). Les concessions seront avant tout conditionnées par les avancées des

---

[106] Le Maroc proposait à l'Union d'ouvrir progressivement son marché aux produits marocains de la façon suivante : une exonération totale pour les produits agro-industriels et de la pêche (dès la première phase de cinq ans) et une augmentation des flux traditionnels (plus importants en deuxième phase) pour les agrumes et les primeurs.

négociations au sein de l'OMC. Au vu du résultat nul des négociations de Seattle (du 30 novembre au 3 décembre 1999) - qui ont notamment, mais pas seulement, butté sur le différend agricole entre l'UE et les Etats Unis[107] - , le pire est à craindre. En tout état de cause, le paquet agricole va être renégocié à Genève dès janvier 2000 conformément aux accords de Marrakech de 1994. Les participants devront trouver un accord au plus tard au 31 décembre 2003. Ces concessions OMC détermineront le rythme et l'ampleur des concessions bilatérales entre l'Union et le Maroc. Les primeurs et agrumes (produits marocains sensibles) feront l'objet d'une libéralisation en fonction des concessions marocaines en matière d'accès au marché pour les produits alimentaires de base (céréales, huiles, lait, sucres) pour lesquels le Maroc connaît un déficit structurel. Le fait d'examiner les concessions en fonction des courants d'échange - sous-entendu traditionnels ! - ne présage pas non plus une nette amélioration des positions des produits marocains sur le marché de l'Union et vice versa.

Le processus de désarmement tarifaire programmé par l'accord d'association dans l'optique de l'établissement de la ZLE en 2010 est complété par la prohibition des restrictions quantitatives. C'est la consécration du principe de la protection tarifaire exclusive.

Section III. La prohibition des restrictions quantitatives et des mesures d'effet équivalent à des restrictions quantitatives (MEERQ)

Les restrictions quantitatives sont définies comme « toute mesure ou pratique dont l'effet est de freiner l'accès des produits d'origine étrangère sur un marché national donné, que ce soit au stade de l'importation ou de la commercialisation ». Leur démantèlement est une condition *sine qua non* de l'établissement du libre-échange. A ce propos, le GATT 1947 instituait déjà le principe de prohibition des restrictions quantitatives (art. XI). Il ne serait pas logique de mettre en œuvre des calendriers de désarmement tarifaire et de laisser une entière liberté aux pays membres de la ZLE d'instituer des restrictions quantitatives à l'importation ou à l'exportation. Cela équivaudrait à vider le principe même de libre circulation de son contenu. La prohibition des restrictions quantitatives permet de porter l'effort de réduction sur les seuls droits de douane.

---

[107] Parmi les autres causes de l'échec du Millennium Round on peut citer : l'échéance de la campagne présidentielle américaine, le désaccord sur certains dossiers (services, normes sociales, environnement), le réveil de la société civile internationale, le manque de transparence dans le mode de prise de décision au sein de l'OMC (procédé de la *« green room »*), voir La Tribune, « Revers à Seattle pour la libéralisation du commerce/Les négociations agricoles débuteront en janvier 2000 », 6 décembre 1999, pp. 2-3.

§1. La mise en œuvre du principe de prohibition des restrictions

A. Les modalités d'application

1. La prohibition des restrictions quantitatives et des MEERQ à l'importation

A l'instar de l'article 30 CEE (28 nouveau), l'article 19§1 et 2 de l'accord d'association pose le principe de l'interdiction des restrictions quantitatives et des MEERQ à l'importation. Il en assure le *standstill* et *le roll-back.*

a) La clause de standstill à l'importation

En vertu du §1er, « aucune nouvelle restriction quantitative ni mesure d'effet équivalent n'est introduite à l'importation dans les échanges entre la Communauté et le Maroc ». A partir de l'entrée en vigueur de l'accord d'association, il ne sera plus possible pour le Maroc ou l'Union d'introduire des restrictions quantitatives (ou des MEERQ) supplémentaires. L'article 19§1 de l'accord est plus explicite que l'article 31§1 CEE (abrogé dans Amsterdam) en vertu duquel « les Etats membres s'abstiennent d'introduire entre eux de nouvelles restrictions quantitatives et mesures d'effet équivalent ».

Ce gel des restrictions existantes, est complété par une clause de suppression des restrictions et MEERQ applicables à l'importation.

b) La clause de roll-back à l'importation

La clause de *roll-back* de l'article 19§2 de l'accord qui pose le principe de la suppression, dès l'entrée en vigueur de l'accord, des restrictions quantitatives et mesures d'effet équivalent, applicables à l'importation. D'une part, il est désormais interdit d'introduire de nouvelles restrictions quantitatives, et, d'autre part, les restrictions quantitatives en vigueur doivent être supprimées.

La suppression des restrictions quantitatives et mesures d'effet équivalent à l'importation est complétée par l'interdiction totale des droits de douane et restrictions quantitatives à l'exportation.

2. La suppression intégrale des restrictions à l'exportation

L'article 19§3 prescrit la suppression intégrale des droits de douane et taxes d'effet équivalent, et restrictions quantitatives et mesures d'effet équivalent à l'exportation entre le Maroc et l'Union européenne. L'interdiction de l'article 19§3 est une transposition de l'article 34§1 CEE (29§1 nouveau) qui pose un principe d'interdiction des restrictions quantitatives et mesures d'effet équivalent à l'exportation entre Etats membres. L'article 19§3 va plus loin, puisqu'il institue également «la suppression des droits de douanes et taxe d'effet équivalent », transposant ainsi l'article 16 CEE (abrogé dans Amsterdam) en vertu duquel « les Etats membres suppriment entre eux, au plus tard avant la fin de la première étape, les droits de douane à l'exportation ».

En vertu de l'article 19§3, le Maroc et la Communauté devront supprimer à l'exportation les droits de douane et taxes d'effet équivalent ainsi que les restrictions quantitatives et MEERQ.

Ni les articles pertinents du traité de Rome, pas plus que l'article 19 de l'accord d'association, ne définissent ce qu'est une taxe d'effet équivalent ou une MEERQ. Il faut, pour saisir la portée de l'article 19 de l'accord, se référer à la jurisprudence communautaire en la matière.

B. Portée jurisprudentielle de la prohibition de l'article 19 de l'accord

L'article 19 appréhende les droits de douane, les restrictions quantitatives ainsi que les autres obstacles à effet de substitution : les taxes d'effet équivalent et les mesures d'effet équivalent.

Afin de saisir le domaine d'application et la portée réelle de l'article 19 de l'accord d'association, il convient de se reporter à la jurisprudence découlant des arrêts de la Cour de justice des Communautés européennes (CJCE) relative aux mesures et taxes d'effet équivalent. Les taxes d'effet équivalent possèdent le même effet que les droits de douane tandis que les mesures d'effet équivalent possèdent une équivalence par rapport aux restrictions quantitatives.

La taxe d'effet équivalent a été définie par la jurisprudence de la Cour de justice des Communautés européennes comme « un droit qui frappe spécifiquement le produit importé au bénéfice du produit national similaire en altérant le prix »[108]. Dans une autre affaire, la CJCE a eu l'occasion d'affiner cette définition en jugeant qu'une charge pécuniaire constituait une taxe d'effet équivalent « alors même qu'elle ne serait pas perçue au profit de l'Etat, qu'elle n'exercerait aucun effet discriminatoire ou protecteur et que le produit imposé ne se trouverait pas en concurrence avec une production nationale »[109].

Ces taxes peuvent prendre la forme de droits spéciaux à l'importation ou à l'exportation ou de redevances. Il faut souligner que l'article 19 de l'accord d'association devrait conduire à l'élimination de toutes les taxes d'effet équivalent, y compris celles produisant un effet potentiel et non pas seulement réel.

La mesure d'effet équivalent a également fait l'objet d'une définition jurisprudentielle selon laquelle « toute réglementation commerciale des Etats membres susceptibles d'entraver, directement ou indirectement, actuellement ou potentiellement, le commerce intra-communautaire est à considérer comme mesure d'effet équivalent à des restrictions quantitatives »[110]. Cette définition extensive permet d'englober un maximum de mesures tel un calendrier d'importation, une licence d'importation, un certificat d'authenticité, voire une entrave technique, comme l'a jugé la CJCE dans la célèbre affaire « Cassis de Dijon »[111]. De plus, il suffit que l'effet de la mesure d'effet équivalent sur le commerce soit potentiel et non pas réel pour tomber sous le coup de l'article 19 de l'accord d'association.

Enfin, les entraves de nature fiscale font l'objet de l'article 22 en vertu duquel le Maroc et l'Union « s'abstiennent de toute mesure ou pratique de nature fiscale interne établissant directement ou indirectement une discrimination entre les produits de l'une des parties et les produits similaires originaires de l'autre partie ».

---

[108] Voir CJCE 14 décembre 1962, Commission c/ Luxembourg et Belgique, aff. 2 et 3/62, Rec. P. 815.

[109] Voir plus précisément le point 9 de l'arrêt rendu par la CJCE le 1er juillet 1969, Commission des Communautés européennes c/ République italienne, Aff. 24/68, Rec. P. 193.

[110] Cette définition a été élaborée la première fois par la CJCE. Voir plus particulièrement le point 5 de l'arrêt Dassonville à propos de l'exigence par un Etat membre d'un certificat d'authenticité difficilement accessible aux importateurs, CJCE 11 juillet 1974, Procureur du Roi c/ Benoît et Gustave Dassonville, aff. 8/74, Rec.837.

[111] Voir plus particulièrement le point 14 de l'arrêt dans lequel la Cour a jugé que « l'exigence unilatérale, imposée par la réglementation d'un Etat membre d'une teneur alcoométrique minimum pour la commercialisation de boissons spiritueuses, constitue un obstacle aux échanges incompatible avec les dispositions de l'article 30 du traité », CJCE 20 février 1979, Rewe-Zentral AG c/ Bnundesmonopolverwaltung für Branntwein. « Cassis de Dijon », Aff. 120/78, Rec. P. 649. Pour un commentaire de cet important arrêt, voir Fausto CAPELLI, « Les malentendus provoqués par l'arrêt « Cassis de Dijon », vingt ans après », Revue du marché commun et de l'Union européenne, no. 402, novembre 1996.

Toutefois, l'article 19 de l'accord ne fait pas obstacle, dans l'absolu, à l'instauration de restrictions à la libre circulation des marchandises. Il faut que cette exception à un principe fondamental soit justifiée par des raisons de défense des branches industrielles face à des pratiques commerciales déloyales, des raisons de désorganisation du marché ou par des raisons de protection de l'ordre public au sens large.

L'accord institue effectivement des mesures exceptionnelles (défense commerciale, clauses de sauvegardes, la protection de l'ordre public) qui permettent à la partie exportatrice ou à la partie importatrice d'atténuer les effets du libre-échange. La liberté de circulation des marchandises étant le principe (et l'objectif de l'accord de libre-échange), le recours à ces restrictions doit constituer l'exception, donc être soumis au principe de proportionnalité en vertu duquel il doit exister une adéquation entre les moyens mis en œuvre et l'objectif poursuivi (section II).

§2. Les dérogations au principe de prohibition des restrictions quantitatives

A. Les dérogations au titre de l'accord d'association

L'accord d'association institue des dérogations à la libre circulation des marchandises. Comme toute exception à un principe général, en l'occurrence la libre circulation des marchandises, une dérogation doit être appliquée et interprétée de la manière la plus stricte. L'utilisation de règles de défense commerciale est possible dans les cas de pratiques commerciales déloyales (pratiques de dumping), de désorganisation de marchés ou de trouble à l'ordre public.

1. La lutte contre les pratiques déloyales des entreprises : le dumping

L'article 24 de l'accord permet de déroger au principe de libre circulation des marchandises en cas de dumping, c'est-à-dire « lorsqu'un produit est introduit sur le marché d'un pays importateur à un prix inférieur à sa valeur normale, si le prix à l'exportation de ce produit, lorsqu'il est exporté d'un pays vers un autre, est inférieur au prix comparable pratiqué au cours d'opérations commerciales normales pour le produit similaire destiné à la consommation dans le pays exportateur »[112].

[112] Article 2 de l'Accord sur la mise en œuvre de l'article VI de l'OMC.

Pour avoir recours à la clause de sauvegarde de l'article 24, il faut que le pays importateur soit victime d'un « dumping préjudiciable » au sens de l'OMC, ce qui est le cas dans trois hypothèses :

- il existe un dommage important causé à une branche de production nationale ;
- une menace de dommage important pour une branche de production nationale ;
- ou un retard important dans la création d'une branche de production nationale.

La charge de la preuve pèse sur la partie importatrice qui se plaint d'une pratique de dumping. C'est donc à elle d'apporter une triple preuve : l'existence d'une marge de dumping (apportée par le pays importateur à l'aide de la méthode comparative, la comparaison avec le prix à l'export vers un pays tiers, ou la méthode de la valeur reconstituée), l'existence d'un préjudice causé à une branche de sa production nationale (on entend par branche de production nationale « l'ensemble des producteurs nationaux de produits similaires ou de ceux d'entre eux dont les productions additionnées constituent une proportion majeure de la production nationale totale de ces produits »), et l'existence d'un lien de causalité entre le dumping du pays exportateur et le préjudice causé au pays importateur (le dumping doit constituer l'une des causes seulement du préjudice subi).

Le Maroc ou la Communauté doit fournir toutes les informations utiles au Conseil d'association afin de mettre fin à la situation de perturbation du fonctionnement normal de l'accord. La partie exportatrice doit être mise au courant du cas de dumping dès le début de l'enquête entamée par la partie plaignante. Si, dans un intervalle de trente jours, il n'a pas été mis fin à la situation de dumping ou si aucune solution n'a été trouvée, la partie plaignante peut adopter des mesures restrictives appropriées (article 27§3 point a).

Toutefois, en cas de « circonstances exceptionnelles nécessitant une action immédiate », l'article 27§3/point d) permet de passer outre les étapes de l'information et de l'examen préalable, et d'appliquer immédiatement les clauses de sauvegarde à condition de respecter un critère de proportionnalité : les mesures restrictives de liberté prises dans l'urgence doivent être « strictement nécessaires pour faire face à la situation ».

2. Les clauses de sauvegarde en cas de désorganisation du marché

a) Cas d'une hausse brutale des importations

L'article 25 de l'accord permet à une partie de prendre des mesures de sauvegarde, lorsqu'elle se trouve face à une hausse brutale des importations qui provoque, ou risque de provoquer, soit un préjudice grave aux producteurs nationaux de produits similaires, soit des perturbations sérieuses dans un secteur économique, ou encore des difficultés pouvant se traduire par l'altération grave d'une situation économique régionale.

Il faut donc que l'augmentation des importations ait une incidence sur la branche de production de produits similaires, ou qu'elle perturbe sérieusement un secteur de l'activité économique, ou altère gravement une situation économique régionale.

La notion de préjudice grave ou de perturbation sérieuse sur laquelle se fonde l'article 25, est en somme très proche du concept de « désorganisation du marché » qui fit l'objet d'une première définition en 1960 afin de légitimer les accords multifibres de 1973 (voir chapitre précédent).

Cette définition de la notion de désorganisation du marché comporte en effet trois éléments :

1) l'existence d'un préjudice grave ou d'une menace réelle de préjudice grave pour les producteurs nationaux ;
2) le préjudice doit être dû à des facteurs quantité (accroissement brusque et dans des proportions substantielles) et des facteurs prix (le préjudice ne peut être imputé à l'évolution technique ou des choix de consommation) ;
3) l'existence du préjudice en question doit être établie sur la base d'éléments constituant la réalité de l'industrie (chiffre d'affaires, parts de marché).

L'article 25 permet également de réagir face à l'altération d'une situation économique régionale. L'introduction d'un critère géographique permet donc d'aller plus loin qu'avec le concept de désorganisation de marché qui n'appréhende que le préjudice causé aux producteurs nationaux.

Ces difficultés doivent être notifiées au Conseil d'association afin qu'il puisse trouver une solution acceptable. Afin de respecter l'esprit de l'accord, les mesures adoptées par la partie importatrice doivent respecter une certaine proportionnalité par rapport à la perturbation et ne pas outrepasser la portée indispensable pour remédier aux difficultés.

b) Cas de détournement de trafic ou de pénurie

L'article 26 permet à la partie exportatrice de prendre des mesures de sauvegarde lorsque l'application de l'article 19§3 (en vertu duquel le Maroc et la Communauté n'appliquent plus entre eux à l'exportation ni droit de douane et taxe d'effet équivalent, ni restrictions quantitatives et mesures d'effet équivalent) provoque, soit la réexportation vers un pays tiers, d'un produit faisant l'objet dans la partie exportatrice de restrictions, soit, une pénurie ou un risque de pénurie d'un produit essentiel pour la partie exportatrice.

Face à une situation de pénurie ou de détournement de trafic due à l'élimination des droits (et taxes d'effet équivalent) et restrictions quantitatives (mesures d'effet équivalent) à l'exportation, la partie exportatrice peut instaurer des mesures dérogatoires à la libre circulation des marchandises. Toutefois, l'article 26 pose deux limites quant à l'utilisation de ces mesures, qui ne doivent en aucun cas constituer un instrument discriminatoire, ni contraire aux objectifs à long terme de l'accord : les mesures doivent être éliminées dès que la cause - la pénurie, le risque de pénurie d'un produit essentiel ou le détournement de trafic - a cessé d'exister.

La procédure de l'article 26 prévoit la notification des difficultés - dues au détournement de trafic ou à la pénurie d'un produit essentiel - au Conseil d'association qui prend les mesures nécessaires dans un délai de trente jours. Passé ce délai, la partie exportatrice peut mettre en application les mesures dérogatoires au principe de libre circulation des marchandises. En cas de circonstances exceptionnelles nécessitant une réaction rapide, l'article 27§3 point d) autorise l'application immédiate des mesures dérogatoires avant l'information ou l'examen par le Conseil d'association. L'autre partie devra tout de même être informée et les mesures appliquées doivent être strictement nécessaires.

3. L'exception d'ordre public

L'article 28 de l'accord permet à une partie de prendre, pour des raisons d'ordre public *lato sensu*, des mesures (limitativement énumérées) d'interdiction, de restriction d'importation, d'exportation ou de transit.

Ces exceptions sont justifiées par des raisons de moralité publique, d'ordre public, de sécurité publique, de protection de la santé et de la vie des personnes et des animaux ou de préservation des végétaux, de protection des trésors nationaux, ou de protection de la propriété intellectuelle, industrielle et commerciale ou de réglementation relative à l'or ou à l'argent.

L'article 28 est la transposition de l'article 36 CEE (30 nouveau) qui permet aux Etats membres de déroger à la libre circulation dans le marché commun, pour les mêmes motifs et dans les mêmes conditions.

La notion d'ordre public[113] permet de déroger au principe de liberté de circulation des marchandises au regard de certaines réglementations internes. Pour qu'une partie ait recours à cette clause, il faut se situer dans l'un des sept cas limitativement énumérés par l'article 28 et ne pas outrepasser le principe de proportionnalité, c'est-à-dire que les mesures prises par l'Etat importateur ne doivent pas dépasser les objectifs recherchés par la mesure, en l'espèce, ne pas constituer un moyen de discrimination arbitraire, ni une entrave déguisée au commerce entre les parties. Ces mesures doivent donc rester exceptionnelles, et être appliquées et interprétées à la lumière de l'objectif fondamental de l'accord d'association qui est la mise en œuvre d'une libéralisation progressive des échanges de biens, de services et de capitaux.

Par ailleurs, il existe d'autres dérogations à la libre-circulation des marchandises non prévues par l'accord d'association, car indépendantes en quelque sorte des engagements commerciaux. Il s'agit notamment des dérogations qu'un Etat est habilité à prendre pour assurer la sécurité internationale ou pour rétablir l'équilibre de sa balance des paiements.

B. Les autres dérogations

1. Le maintien de la sécurité internationale en conformité avec l'ONU

Conformément à l'article XXI OMC, un Etat peut instaurer des mesures restrictives sur la libre circulation des marchandises au titre des sanctions économiques décidées par le Conseil de Sécurité de l'ONU (chapitre VII de la Charte des Nations Unies). C'est ainsi que l'article 103 de la Charte des Nations Unies dispose « qu'en cas de conflit entre les obligations des membres des Nations

---

[113] L'exception d'ordre public instituée par l'accord d'association consacre la notion OMC (art. XX) de l'ordre public : moralité publique, santé et vie des personnes et des animaux ainsi que la préservation des végétaux, protection des consommateurs et respect des titulaires des droits de propriété intellectuels, pour plus de développements voir D. CARREAU et P. JUILLARD, Droit International Economique, 4ème édition, pp. 296-300, cit. *supra*.

Unies en vertu de la présente Charte et leurs obligations en vertu de tout autre accord international, les premières prévaudront »[114].

L'accord euro-méditerranéen met en œuvre le principe de la protection tarifaire exclusive. Les échanges sont libéralisés progressivement par le biais de calendriers de désarmements tarifaires négociés en fonction de la sensibilité des produits, tandis que dans le même temps, les restrictions quantitatives sont mises hors la loi.

En conclusion, la libéralisation du commerce de marchandises est asymétrique pour deux raisons :

- l'ouverture sur 12 ans pèse en fait sur l'économie marocaine, étant donné que le marché européen est largement ouvert depuis la mise en œuvre de l'accord de coopération de 1976 ;
- la libéralisation des produits agricoles au sein de la ZLE est reportée.

Ce régime, restrictif si l'on en juge par les propositions initiales des négociateurs marocains, est accentué par la nature même de l'intégration économique.

En effet, la libre circulation ne bénéficie pas à toutes les marchandises circulant au sein de l'espace euro-marocain (dans un premier temps, et euro-méditerranéen par la suite). Seuls peuvent circuler librement les produits originaires de la ZLE. Afin de remplir l'objectif de libre-échange à l'horizon 2010, l'accord euro-méditerranéen d'association institue donc des règles communes sur l'origine, complétées par une assistance mutuelle en matière douanière.

---

[114] Voit la Charte des Nations Unies et Statut de la Cour Internationale de Justice, UN Genève, p. 57.

Chapitre II. Une libéralisation des seuls produits originaires

Pour bénéficier des préférences de l'accord de libre-échange, les produits doivent être originaires de la Communauté et du Maroc (art.7 pour les produits industriels et 15 pour les produits agricoles). Le fonctionnement pratique de la ZLE passe par la définition préalable de règles d'origine dont la notion ainsi que les règles y afférentes font l'objet du protocole no. 4 annexé à l'accord (art. 29).

Une réglementation douanière commune est mise en place par l'accord d'association afin de mettre en pratique la libre circulation des marchandises au sein de l'espace constitué par les territoires douaniers de l'Union et du Maroc ainsi que de l'Algérie/Tunisie dans les cas de cumul de l'origine. Pour que les produits puissent circuler dans la zone de libre-échange, il faut en connaître l'origine. Il faut bien distinguer entre l'origine neutre ou non préférentielle d'un produit, qui implique le paiement des droits de douane que la Communauté et le Maroc appliquent *erga omnes*, et l'origine préférentielle, qui signifie que le produit en question est originaire du pays bénéficiant de préférences tarifaires.

On voit donc l'intérêt pratique de l'institution de règles d'origine (section I) qu'il convient de compléter par une assistance mutuelle en matière douanière dont l'objet est la lutte contre la fraude (section II).

Section I. La mise en œuvre de règles communes sur l'origine

A. Les conditions d'acquisition du caractère originaire d'une marchandise

La définition de la notion d'origine est donnée par le protocole no. 4. Selon l'article 2 du protocole, est considéré comme originaire d'une partie, un produit « entièrement obtenu » dans cette partie, ou obtenu dans la partie et contenant des matières qui n'y ont pas été entièrement obtenues à condition que lesdits produits aient fait l'objet « d'ouvraisons ou de transformations suffisantes » dans ladite partie. Notons qu'il s'agit là d'une définition des règles d'origine préférentielle permettant le fonctionnement d'un accord commercial préférentiel.

Cette définition est différente de celle retenue par l'Accord sur les règles d'origine[115] issu du cycle d'Uruguay 1994. Cet accord dispose dans son article 1er que « les règles d'origine s'entendront des lois, réglementations et déterminations administratives d'application générales appliquées par tout membre pour déterminer le pays d'origine des marchandises, à condition que ces règles d'origine ne soient pas liées à des régimes commerciaux contractuels ou autonomes donnant lieu à l'octroi de préférences tarifaires allant au-delà de l'application de la CNPF ».

Nous nous consacrerons donc ici à l'étude de l'origine préférentielle faisant appel aux notions de l'entière obtention, de l'ouvraison suffisante et de cumul (bilatéral, diagonal ou total).

1. Entière obtention, ouvraison suffisante et cumul

a) La notion de l'entière obtention

On parle « d'entière obtention » lorsqu'il s'agit d'un produit obtenu dans son intégralité dans la Communauté ou le Maroc. Il s'agit de produits minéraux extraits du territoire du pays en question ; de produits du règne animal et végétal ; de produits de la chasse, de la pêche ; de produits de la pêche tirés de la mer par des navires immatriculés, enregistrés, battant pavillon du Maroc ou d'un Etat de la Communauté, ou appartenant, pour moitié au moins, à des ressortissants du Maroc ou de la Communauté ; d'articles usagés ; des produits extraits du sol et sous-sol marin (art. 6 du protocole).

Les produits non entièrement obtenus au sens de l'article 6 du protocole, peuvent également devenir des « produits originaires » à condition de faire l'objet de transformation ou d'ouvraison suffisante, c'est-à-dire d'une opération ayant pour incidence un changement qualitatif important du produit en question.

b) La notion d'ouvraison suffisante

Selon l'article 7 du protocole no. 4, un produit est considéré comme ayant fait l'objet d'une ouvraison suffisante, lorsqu'il est classé sous une position différente de celle dans laquelle sont classées toutes les matières non originaires entrant dans sa composition[116].

---

[115] JOCE, no. L 336 du 23.12.94.

[116] Les ouvraisons ou transformations insuffisantes sont limitativement énumérées par l'article 8 du protocole no. 4. Il s'agit des manipulations servant à assurer la conservation en l'état pendant le transport et le stockage, de l'apposition d'étiquettes, des opérations simples (dépoussiérage,

Cette règle, dite du changement de position, connaît deux exceptions que sont la règle simple et la règle alternative.

La règle simple prévoit que les produits de la liste de l'annexe II du protocole doivent répondre à certaines conditions qui remplacent la règle du changement de position[117] (art. 7§2 al 1). La règle alternative permet à l'exportateur de choisir entre des conditions relatives à des parties ou pièces pouvant être utilisées ou des conditions de pourcentage. Ainsi, pour les réveils et appareils d'horlogerie à mouvement autre que de montre, l'exportateur a le choix entre :

- une première série de conditions cumulatives selon laquelle la valeur de toutes les matières utilisées ne doit pas excéder 40% du prix départ usine du produit et la valeur de toutes les matières non originaires utilisées ne doit pas excéder la valeur des matières originaires utilisées ;

- ou une condition en pourcentages selon laquelle la valeur de toutes les matières utilisées ne doit pas excéder 30% du prix départ usine du produit.

En plus de l'entière obtention ou de l'obtention ou ouvraison suffisante, la définition de l'origine d'un produit fait également appel à la notion de cumul qui peut être bilatéral, diagonal ou total selon le degré d'intégration économique entre les partenaires.

c) La notion de cumul

Le système du cumul de l'origine permet d'utiliser les produits originaires d'un ou de plusieurs pays partenaires dans un autre pays partenaire en vue de la production finie originaire. Dans la pratique, l'instauration d'un système de cumul de l'origine a des motivations et incidences économiques (stimulation de la coopération entre firmes, gestion optimale des ressources entre pays partenaires) et politiques (l'octroi du cumul est effectivement une puissante incitation à l'intégration régionale, tel est le cas notamment du cumul entre les matières

---

lavage...), de l'emballage ou de la mise en bouteille, de la réunion de parties pour constituer un produit complet, du mélange de produits et de l'abattage d'animaux.

[117] Ainsi, les laits et produits laitiers doivent être fabriqués à partir de matière de toutes positions à l'exclusion du lait ou de la crème de lait des no. s 0410 ou 0402 pour acquérir le caractère originaire sans pour autant changer de position.

originaires d'Algérie/Tunisie et de la Communauté et de l'Algérie/Tunisie et du Maroc qui sous tend une relance de l'Union du Maghreb arabe)[118].

Il existe différents types de cumul que les parties s'octroient notamment en fonction du degré d'intégration économique et de leurs échanges commerciaux. L'accord d'association offre les deux systèmes de cumul bilatéral (entre la Communauté et le Maroc) et diagonal (entre la Communauté et l'Algérie/Tunisie d'une part, et le Maroc et l'Algérie/Tunisie d'autre part).

i) Le cumul bilatéral

Le cumul bilatéral ne concerne que deux partenaires et ne s'applique qu'à leurs produits originaires seulement, ce qui en fait le système le plus restrictif des trois, car basé sur l'utilisation exclusive des produits de la zone de libre-échange. En vertu de l'article 3 du protocole, les produits originaires du Maroc sont considérés comme originaires de la Communauté et vice versa.

ii) Le cumul diagonal

Le cumul diagonal s'applique à plusieurs partenaires liés entre eux par un seul accord ou une série d'accords similaires (cas des accords euro-méditerranéens d'association) et permet l'utilisation de leurs produits d'origine respectifs. C'est un système moins restrictif que le cumul bilatéral, puisqu'il permet l'utilisation de produits originaires de plusieurs partenaires de la zone.

Ainsi, l'article 4 du protocole étend les règles de cumul aux deux partenaires maghrébins l'Algérie et la Tunisie. Les matières originaires de l'Algérie et de la Tunisie sont donc considérées comme originaires de la Communauté ou du Maroc et bénéficient de la libre circulation dans la limite des dispositions pertinentes de l'accord d'association.

iii) Le cumul total

Enfin, le système du cumul total permet de cumuler toutes les transformations entre tous les pays partenaires de la zone, sans pour autant que les produits soient originaires d'un pays partenaire. On voit là l'avantage d'un tel système dans lequel toutes les transformations interviennent, pour l'acquisition de l'origine, de matières non originaires de la zone. L'utilisation de matières

[118] Cette question de la relance de l'intégration régionale est étudiée en détail, voir *infra*, partie II, chap. II, « les incidences horizontales : la réactivation de l'intégration régionale maghrébine ».

originaires de pays tiers devient possible, ce qui n'est pas le cas avec les deux autres systèmes de cumul[119].

Ce système libéral de cumul total de l'origine n'est pas prévu par l'accord d'association entre l'Union européenne et le Maroc. Toutefois, il n'est pas improbable que soit envisagé à terme l'octroi du cumul total entre les quinze Etats membres et les douze PTM afin de décloisonner le commerce et de permettre à la zone euro-méditerranéenne de libre-échange de déployer son plein effet. Ainsi, les propositions faites par la Commission européenne[120] dans le cadre de l'harmonisation des règles d'origines entre les trois zones commerciales UE/AELE/PECO pourraient servir de point de départ à une réflexion concernant l'application de règles d'origine moins restrictives entre PTM[121].

Pour qu'un produit soit originaire, il doit par ailleurs remplir certaines conditions territoriales, c'est-à-dire liées aux territoires empruntés lors du transport entre les pays membres de la zone de libre-échange.

2. Les conditions territoriales

Le régime préférentiel institué par l'accord d'association s'applique donc aux produits originaires de la zone, tels que définis par le titre II du protocole, à condition que l'acquisition du caractère originaire soit faite de manière continue dans les pays de la zone, et que ledit produit fasse l'objet d'un transport direct entre les pays. Ceux sont ces conditions que nous allons passer en revue maintenant.

a) Le principe de territorialité

En vertu du principe de territorialité énoncé à l'article 13, les conditions du titre II (art. 2 à 12 du protocole) conférant le caractère originaire d'un produit doivent être remplies sans discontinuité dans le pays de la zone concernée, c'est-à-dire que les transformations ou ouvraisons suffisantes doivent avoir lieu sans interruption sur les territoires de la Communauté, du Maroc ou, lorsque les

---

119 Le rôle des règles d'origine en tant que limite à la libre circulation des marchandises est analysé au chap. III, section I « Les limites conventionnelles », voir *infra*.

120 Pour plus de détails, voir la Communication de la Commission au Conseil « concernant l'unification des règles d'origine dans le commerce préférentiel entre la Communauté, les Pays d'Europe Centrale et Orientale et les Pays de l'AELE », Bruxelles, le 30.11.1994, SEC (94) 1897.

121 Entretien avec Mme Jacqueline SAUVAGE, Chargée de la prévention et de la répression des fraudes, DG XXI, Douane et Fiscalité indirecte, Commission européenne, Bruxelles, le 14.11.96.

dispositions relatives au cumul diagonal s'appliquent (art. 4 et 5 du protocole), sur les territoires algériens et tunisiens.

Le principe de territorialité est d'application stricte : aucune des conditions qui confèrent le caractère d'origine - l'entière obtention, l'ouvraison suffisante - ne peut s'effectuer en dehors de la Communauté ou du Maroc, et de l'Algérie/Tunisie, lorsque les dispositions relatives au cumul de l'ouvraison et des matières originaires de ces pays s'appliquent.

La seconde condition d'ordre territorial est le transport direct entre la Communauté et le Maroc.

b) Le transport direct

En vertu de l'article 15 du protocole, les produits originaires doivent être transportés entre le territoire de l'Union et celui du Maroc sans emprunter aucun autre territoire. C'est le principe du transport direct sans lequel les produits ne pourraient bénéficier des préférences octroyées par l'accord de libre-échange. Il est possible pour un produit originaire d'emprunter un territoire tiers sous certaines conditions. En effet, le principe du transport direct connaît toutefois certaines exceptions limitativement énumérées :

- le transit via un pays tiers, à condition que les marchandises restent sous surveillance douanière lors des uniques opérations de transbordement ou d'entreposage (art.15§1 al 1) ;

- le transport par canalisation (art. 15§1 al 2) ;

- les expositions dans un pays tiers, à condition que :

  1) le produit ait été exporté à partir du territoire d'un pays membre pour les seuls motifs de l'exposition ;
  2) qu'il ait été vendu dans un autre pays membre ;
  3) qu'il ait été expédié durant, ou immédiatement après l'exposition dans le même état où il était lors de l'expédition en vue de l'exposition ;
  4) et, qu'il n'ait pas été utilisé dans le pays tiers à d'autres fins que l'exposition (art. 16).

Les titres II et III du protocole définissent la notion de produit originaire de la Communauté ou du Maroc qui peuvent à ce titre bénéficier du régime préférentiel de l'accord de libre-échange. La mise en pratique de la libre circulation pose le problème concret de savoir comment déterminer l'origine des marchandises aux frontières. Comment apporter la preuve concrète de l'origine d'un produit lors de procédures douanières quotidiennes ? Le titre IV du protocole définit les règles relatives à la preuve de l'origine.

B. Le contrôle pratique de l'origine dans le cadre de la ZLE

Le titre V du protocole institue des méthodes de coopération administratives à l'instar de l'article 10§2 CE en vertu duquel « la Commission détermine les méthodes de coopération administratives (....), en tenant compte de la nécessité d'alléger, dans toute la mesure du possible, les formalités imposées au commerce ».

Un Comité de coopération douanière, composé d'experts douaniers des Etats membres et du Maroc, ainsi que de fonctionnaires de la Direction générale XXI (Union douanière et fiscalité indirecte) de la Commission européenne, sont mis en place (art. 40). Le Comité a pour mission la gestion de la coopération ainsi que l'exécution de toute tâche relevant du domaine douanier et qui viendrait à lui être confiée. Dans le cadre de ses compétences, le Comité peut avoir à trancher des litiges survenant entre les autorités douanières à l'occasion des contrôles des certificats et documents probants (art. 34).

1. le contrôle *a priori* des preuves du caractère originaire des marchandises

a) La production du certificat EUR 1 comme preuve de l'origine des marchandises

i) La procédure de droit commun

La preuve du caractère originaire des produits est apportée par la production d'un certificat de circulation des marchandises (EUR. 1), délivré à l'exportateur, sur demande écrite auprès des autorités douanières de son pays. L'exportateur doit être en mesure de présenter aux autorités douanières tous documents établissant le caractère originaire des produits ainsi que d'exécuter toutes les autres conditions prévues au protocole (art. 18§3).

Ce sont les autorités douanières de l'Etat d'origine qui délivrent le certificat de circulation des marchandises, lequel doit être produit aux autorités douanières du pays d'importation (art. 25). Dans l'hypothèse de cumul bilatéral et diagonal de l'origine, les autorités douanières des Etats membres ou du Maroc sont habilitées à délivrer les certificats EUR. 1 à condition que lesdites marchandises se trouvent bien sur le territoire de la Communauté ou du Maroc.

En principe, le certificat EUR. 1 est délivré lors de l'exportation de la marchandise (art.18§8). Toutefois, et en vertu de l'article 19§1, il peut être délivré *a posteriori* dans des cas limitativement énumérés:

- le certificat n'a pas été délivré lors de l'exportation pour des raisons de circonstances particulières, d'erreurs ou d'omission ;

- le certificat a été délivré au moment de l'exportation, mais refusé par les services douaniers du pays importateur pour des raisons techniques.

ii) Procédure simplifiée pour les exportations fréquentes

L'article 22 permet de déroger à la procédure normale, en autorisant l'exportateur à ne présenter ni la marchandise, ni la demande pour obtenir le certificat EUR. 1. Pour cela, l'exportateur doit effectuer des exportations de manière fréquente et offrir toutes les garanties quant au contrôle du caractère originaire de la marchandise. Cette procédure simplifiée ne dispense pas l'exportateur de se soumettre à d'éventuels contrôles jugés utiles par les douanes ou encore à des réglementations douanières (formalités et emploi de documents).

iii) Autre preuve de l'origine : la déclaration sur facture

La preuve de l'origine d'un produit peut également être apportée par une déclaration de l'exportateur, mentionnée sur une facture ou tout autre document commercial. Pour constituer une preuve valide, la « déclaration sur facture » est soumise à deux conditions cumulatives : elle ne peut s'appliquer qu'à des envois de produits originaires uniquement et dont la valeur maximale est limitée à 5 110 ECU par envoi (art. 27).

iv) Exemption de preuve pour les « petits envois »

Certains produits sont exemptés de la preuve de l'origine à l'exportation (art. 28). Il s'agit des petits envois adressés à des particuliers et dont la valeur globale est inférieure à 500 ECU ou du contenu des bagages personnels de voyageurs pour une valeur inférieure à 1 200 ECU. Les petits envois et le contenu des bagages personnels doivent être dépourvus de tout caractère commercial[122].

b) La validité de la preuve

L'objectif étant d'éviter la fraude tout en favorisant la libre circulation des marchandises, les rédacteurs ont opté pour la plus grande souplesse en matière de validité de la preuve de l'origine. La validité d'un certificat EUR. 1, ou d'une déclaration sur facture, est de quatre mois (art. 24). Mais, lorsqu'un certificat de circulation est présenté en dehors des délais, il peut être accepté lorsque le retard est dû à des raisons de force majeure ou à des circonstances exceptionnelles. Un certificat peut également être accepté hors délais lorsque les marchandises auxquelles il se réfère ont été présentées aux services douaniers avant l'expiration du délai.

La discordance entre le certificat de circulation et les documents produits aux services douaniers n'entraîne pas la nullité automatique de la preuve, à condition de démontrer que le document correspond bien au produit présenté. Les erreurs formelles manifestes, telles les fautes de frappe par exemple, n'entachent pas la validité du certificat de circulation si elles ne portent pas atteinte à l'exactitude des déclarations contenues dans ledit document.

Les preuves de l'origine et tous documents probants font l'objet d'une conservation d'une durée de trois ans, que cela soit par l'exportateur ou par les autorités douanières des pays d'exportation et d'importation (art. 29). Lorsque l'exportateur fait une demande de certificat EUR. 1, tous les documents probants doivent être conservés. Dans le cas d'une déclaration sur facture, l'exportateur en conserve une copie. Les autorités douanières du pays d'exportation conservent le formulaire de demande tandis que celles du pays d'importation conservent les certificats de circulation.

2. Le contrôle *a posteriori* des preuves

L'article 33 du protocole instaure un contrôle *a posteriori* des certificats EUR. 1, déclarations sur facture et fiches de renseignements. Ce contrôle peut s'effectuer de deux manières : soit par sondages, soit, en cas de doutes fondés quant au caractère d'origine, à l'authenticité des documents ou autres conditions requises par le protocole.

---

[122] Selon l'article 28§2, un produit est « dénué de tout caractère commercial » lorsqu'il fait l'objet d'exportations occasionnelles à usage strictement personnel ou familial.

Les autorités douanières du pays d'importation font une demande d'enquête auprès des autorités douanières du pays d'exportation. Elles doivent renvoyer les documents de circulation (EUR.1 ou déclaration sur facture) et motiver la demande d'enquête. Ce sont les autorités d'exportation qui sont chargées de l'enquête sur leur territoire. Pour ce faire, elles sont habilitées à exiger toutes les preuves et à mener tout contrôle jugé utile notamment concernant les comptes de l'exportateur. Elles doivent informer les autorités douanières d'importation dans les dix mois de l'obtention des résultats, et se prononcer sur l'authenticité des documents relatifs aux marchandises ainsi que sur le caractère originaire. Dans l'attente des résultats de l'enquête, les autorités douanières de l'Etat importateur peuvent décider de suspendre le bénéfice du traitement préférentiel institué par l'accord de libre-échange en offrant la mainlevée des produits à l'importateur. Dans le cas d'un dépassement du délai de dix mois, ou lorsque la réponse est insuffisante, les douanes requérantes refusent le bénéfice du traitement préférentiel.

Section II. L'assistance mutuelle en matière douanière

Le protocole no. 5 institue une assistance mutuelle en matière douanière entre d'une part les autorités administratives de l'Union européenne et des Etats membres et d'autre part celles du Maroc. L'objectif de cette assistance mutuelle est de prévenir, rechercher et constater toutes opérations contraires à la législation régissant l'importation, l'exportation, le transit et le placement des marchandises sous tout régime douanier. En d'autres termes, le protocole no. 5 est un instrument de lutte anti-fraude.

Son champ d'application est large, puisqu'il s'applique à toutes les autorités administratives des parties compétentes pour connaître de son application : les autorités douanières nationales des quinze Etats membres et du Maroc, ainsi que les services douaniers de la Commission européenne. Deux différentes formes d'assistance (l'une spontanée, l'autre sur demande) ainsi que des règles relatives à la protection des données sont mises en œuvre par ce protocole.

A. Les différentes formes de l'assistance

Le protocole no. 5 institue deux formes d'assistance entre les autorités administratives des parties contractantes. La première est dite spontanée, tandis que la seconde est « sur demande ».

1. L'assistance spontanée

En vertu de l'article 4 du protocole, les parties se prêtent mutuellement assistance lorsque cela est nécessaire à une bonne application de la législation douanière et ce conformément à leurs instruments de droit interne. En pratique, cette assistance mutuelle a lieu lorsqu'une partie contractante obtient des renseignements relatifs 1) à des opérations potentiellement ou actuellement contraires à cette législation, 2) aux méthodes nouvelles utilisées pour effectuer ces opérations, 3) aux marchandises, 4) aux personnes physiques ou morales, 5) aux moyens de transport impliqués dans des opérations illégales eu égard à la législation douanière. Tous les renseignements relatifs à des opérations, à des moyens ou des méthodes mis en œuvre en rapport avec ces opérations, à des marchandises, à des personnes physiques ou morales et à des moyens de transports qui présentent des risques actuels ou potentiels de fraude, constituent des éléments déclencheurs de cette assistance spontanée.

Un second type d'assistance, dite « sur demande », est également instituée par le protocole no. 5. Cette disposition relative à l'assistance sur demande constitue en fait le cœur du dispositif de contrôle anti-fraude.

2. L'assistance sur demande

L'article 3 met en place une assistance sur demande permettant aux autorités douanières d'une partie contractante de demander à l'autorité douanière requise soit de lui communiquer des renseignements utiles, soit de l'informer sur la régularité des importations des marchandises, soit d'exercer une surveillance spéciale en cas de risque de fraude impliquant des personnes physiques et morales, des lieux de dépôt de marchandises, des mouvements de marchandises et des moyens de transport.

Toute opération constatée ou projetée qui est contraire - ou susceptible de l'être - à la législation douanière peut donner lieu à une demande d'assistance de la part de l'autorité douanière requérante. L'autorité douanière requise doit alors fournir tous les renseignements utiles permettant à l'autorité requérante de s'assurer que la législation douanière est bien appliquée.

Par ailleurs, la régularité des opérations d'import-export ouvre également droit à une demande d'assistance au bénéfice de l'autorité requérante : les services douaniers requis doivent communiquer toute information relative à la régularité des opérations d'importation.

Enfin, lorsqu'il y a lieu de croire que certaines opérations sont contraires à la législation douanière, les douanes requises doivent assurer une surveillance spéciale dans le cadre de leur législation interne. Cette surveillance s'applique aux personnes physiques et morales, aux lieux et dépôts de marchandises, aux mouvements de marchandises et aux moyens de transports.

B. La procédure des demandes d'assistance

La formulation de la demande d'assistance doit être faite par écrit dans la langue officielle de l'autorité requise ou une langue acceptable, et complétée par tous documents jugés utiles (art. 6). Toutefois, en cas d'urgence, l'autorité requérante peut faire une demande verbale à condition de la faire suivre par une demande écrite. Sur le fond, la demande doit contenir les renseignements relatifs à l'autorité requérante, la mesure demandée, l'objet et le motif de la demande, les éléments juridiques concernés, les informations sur les personnes physiques et morales objets de l'enquête, et un résumé des faits et des enquêtes précédemment effectuées.

1. L'exécution de la demande

L'autorité requise apporte son assistance selon ses propres procédures de droit interne (art. 7). Elle doit exécuter la demande d'assistance comme si elle agissait pour son compte ou celui d'une autre administration nationale. Ce principe, qui assimile l'autorité requérante à une autorité nationale, s'applique également à tout service administratif de l'Etat requis. De plus, les fonctionnaires de l'autorité requérante ont le droit, sous certaines conditions, de recueillir des informations dans les locaux de l'autorité requise. Ils ont également le droit de participer à des enquêtes effectuées par les autorités requises sur leur territoire. La collaboration entre services de la partie requérante et de la partie requise va beaucoup plus loin, puisque, en vertu de l'article 12, un agent d'une autorité requise peut être autorisé à comparaître comme témoin ou expert devant une juridiction d'une autre partie contractante. Il doit à ce titre produire les objets et documents nécessaires à la procédure.

2. Les dérogations à l'obligation de prêter assistance

L'obligation de prêter assistance connaît des dérogations limitativement énumérées par l'article 9 du protocole. Il est possible pour la partie requise de refuser de prêter assistance pour des raisons 1) de souveraineté de l'Etat, 2) d'ordre public au sens large, 3) d'intervention d'une réglementation autre que douanière, 4) de protection de secret industriel, commercial ou professionnel. Hors de ces quatre cas exceptionnels, l'assistance est la règle et toute dérogation doit être motivée et notifiée dans les délais les plus rapides à l'autorité requérante (art. 9§3). Toutefois, lorsque l'autorité requérante demande une assistance qu'elle ne saurait elle-même offrir, l'autorité requise semblerait bénéficier d'un droit de refus quant à l'obligation de prêter assistance. Cette clause de réciprocité de l'article 9§2 n'est pas dénuée d'ambiguïté. En effet, la formulation utilisée « il appartient alors à l'autorité requise de décider de la manière dont elle doit répondre à cette demande », et l'exception introduite pourraient jouer au détriment de la partie qui ne saurait fournir une prestation équivalente. Concrètement, l'article 9§3 pourrait permettre aux Etats membres de l'Union et aux services compétents de la Commission de refuser de prêter assistance au prétexte que l'autorité marocaine requérante « ne pourrait elle-même fournir l'assistance si elle lui était demandée ».

C. Les garanties individuelles dans le cadre de l'assistance douanière : l'application du droit à la protection contre les fichiers informatiques nominatifs

L'assistance douanière mise en œuvre dans le cadre de l'accord d'association peut constituer un danger pour le droit à la vie privée, notamment par le biais du traitement informatisé des données. Dans l'optique d'une protection de ce droit, le protocole no. 5 de l'accord d'association institue des règles protectrices en matière de renseignements recueillis en vertu de l'application du protocole sur l'assistance mutuelle en matière douanière. En fait, ces règles découlent de la Convention européenne du Conseil de l'Europe pour la protection des personnes à l'égard du traitement automatisé des données (28 janvier 1981)[123] qui met en œuvre un droit d'accès et de contrôle des fichiers informatiques par les personnes

[123] Voir Gilles LEBRETON, Libertés publiques et droits de l'homme, 3ème édition, Armand Colin, 1997, pp. 264-267.

concernées. Le protocole no. 5 met en œuvre la substance de cette convention européenne au niveau bilatéral UE-Maroc.

L'article 10 fait obligation aux parties de respecter le secret lors de la communication de tout renseignement en application dudit protocole. La communication de renseignements, quelle que soit sa forme, revêt un caractère confidentiel et bénéficie du secret professionnel. Les données à caractère personnel connaissent un degré plus élevé de protection : elles ne sont communiquées que dans le cas d'équivalence dans le niveau de protection accordée par la loi des parties contractantes. Lorsque l'on se trouve dans l'hypothèse de législations nationales ne garantissant pas le même niveau de protection, le minimum requis est le respect de principes fondamentaux annexés au protocole.

L'annexe intitulée « principes fondamentaux à appliquer en matière de protection des données » s'applique aux données à caractère personnel faisant l'objet d'un traitement informatique. Tout d'abord, il est interdit, en vertu de l'application du protocole sur l'assistance mutuelle en matière douanière, de traiter de manière informatique des données personnelles relatives à la race, aux opinions politiques et religieuses, à la santé et à la vie sexuelle, ainsi qu'aux condamnations pénales. Toutefois, ces renseignements peuvent faire l'objet d'un traitement informatisé si la législation nationale concernée est suffisamment protectrice. Par ailleurs, une protection est apportée aux données à caractère personnel pouvant faire l'objet d'un traitement informatisé, c'est-à-dire toutes celles qui ne sont pas liées à l'origine raciale, à l'opinion religieuse et politique, à la santé ou la vie sexuelle ou encore aux condamnations pénales. Ces données doivent être obtenues conformément à la loi, et conservées à des fins précises et compatibles avec les objectifs du protocole no. 5, qui sont de prévenir, rechercher et constater toute opération contraire à la législation douanière (art. 2 du protocole no. 5). Elles doivent aussi être pertinentes et raisonnables. Enfin, ces données doivent être conservées sous une forme telle que l'opération d'identification de la personne incriminée n'excède pas le temps nécessaire à la procédure pour laquelle ces données sont conservées.

Le paragraphe 4 de l'annexe ouvre le droit à toute personne de savoir si elle fait l'objet d'un traitement informatisé en vertu de l'annexe au protocole sur l'assistance en matière douanière. Toute personne peut également obtenir copie de ces informations la concernant et demander des rectifications ou suppressions, si les données ont été traitées en violation des principes fondamentaux figurant aux paragraphes 1 et 2 de l'annexe. Enfin, toute personne doit pouvoir disposer de moyens de recours, lorsqu'une demande de communication de données, de rectification, ou de suppression n'est pas suivie d'effets.

Ces droits fondamentaux ne connaissent aucune exception, sauf dans des cas strictement prévus par la loi et se rapportant à la protection de la sécurité de l'Etat, de ses intérêts monétaires, de l'ordre public au sens large, et à la lutte contre les infractions pénales. La protection des libertés publiques, ainsi que des droits des personnes faisant l'objet de traitement informatique en vertu du protocole sur l'assistance mutuelle en matière douanière, constitue une autre dérogation à l'application des principes fondamentaux énoncés aux paragraphes 1,2 et 4 de l'annexe au protocole no. 5.

L'utilisation des données recueillies en vertu du protocole sur l'assistance douanière doit être limitée aux seules fins dudit protocole, sauf dans les cas de lutte contre le trafic de stupéfiant (art. 11).

En conclusion, la libre-circulation au sein de la ZLE bénéficie aux seuls produits originaires. Les produits qui ne remplissent pas les conditions sur l'origine, ne bénéficieront pas de la libre circulation au sein de la ZLE, et se verront donc appliquer le tarif douanier *erga omnes*.

Le projet libre-échangiste entre l'Union et le Maroc se limite, pour l'instant à assurer la libre circulation des seules marchandises originaires, sans pour autant instituer un tarif douanier commun euro-marocain. C'est-à-dire que l'Union et le Maroc gardent, chacun de leur côté, une propre protection douanière à l'égard de l'extérieur. L'union douanière n'est pas l'objectif de l'accord d'association. Ceci est regrettable, car dans le cadre de l'union douanière, la libre circulation s'applique à tous les produits régulièrement introduits au sein de la zone (après paiement du TDC), peu importe qu'ils soient originaires ou pas.

Par ailleurs, cet aspect restrictif de la libéralisation du commerce des marchandises est accentué par ce qu'il est convenu d'appeler les paradoxes du projet libre-échangiste. L'accord d'association contient certaines dispositions qui peuvent se révéler être de véritables entraves à la libre circulation. Plus grave, certaines politiques mises en œuvre par l'Union européenne ont pour effet, soit de bloquer la libéralisation de secteurs entiers (agriculture), soit de diluer les préférences accordées au Maroc par la multiplication des ZLE.

Chapitre III. Les paradoxes du projet libre-échangiste

La politique européenne de développement met en lumière de nombreux paradoxes. Il semblerait que nous ayons le schéma suivant : d'un côté, l'Union européenne passe des accords préférentiels, expression juridique de concessions commerciales, et de l'autre, elle vide - volontairement ou non - ses concessions de leur contenu.

Il existe plusieurs limites à la lettre, sinon à l'esprit libre-échangiste de l'accord euro-méditerranéen d'association. Certaines de ces limites trouvent leur origine dans le texte même de l'accord de libre-échange (section I) ; tel est le cas de la réglementation relative à l'origine, aux mesures de sauvegarde, ou aux obstacles à effet de substitution, notamment dans le commerce des produits agricoles.

D'autres limites sont d'ordre politique (section II), c'est-à-dire qu'elles ne découlent pas directement de l'accord, mais de la mise en œuvre de politiques internes ou externes de l'Union. L'exemple le plus symptomatique de limite politique est le maintien d'une Politique agricole commune. Il est également possible de citer l'élargissement de l'Union aux pays de l'Est, ou encore la multiplication de zone de libre-échange entre l'Union européenne et les pays tiers. Il résulte, de la multiplication des concessions en matière commerciales, une inflation des préférences.

Section I. Les limites conventionnelles (découlant des dispositions de l'accord d'association)

L'utilisation de règles d'origine non harmonisées, l'utilisation abusive des clauses de sauvegarde, ainsi que la multiplication des obstacles à effet de substitution, dans le domaine agricole par exemple, constituent autant de limites conventionnelles à la libre circulation des marchandises.

§1. Le manque d'harmonisation des règles d'origine

A. L'effet restrictif des règles d'origine actuelles sur la fluidité commerciale

Les règles d'origine peuvent constituer d'importantes limites à la libre circulation des marchandises. Nous avons vu précédemment comment les différents types de cumuls - bilatéral, diagonal et total - pouvaient exercer une restriction sur la fluidité commerciale au sein la zone de libre-échange. Le cumul total est le plus libéral, puisqu'il permet de prendre en compte toutes les transformations et ouvraisons subies par un produit à l'intérieur de la zone, sans pour autant que ce dernier soit originaire de ladite zone. Comparé au système de cumul bilatéral et diagonal, le cumul total est donc un puissant facteur de décloisonnement des marchés, puisqu'il permet l'utilisation des matières premières originaires des pays tiers à la zone de libre-échange. Le cumul total permet donc une meilleure circulation des marchandises que dans le cas du cumul bilatéral ou diagonal. Les règles d'origine ont pour effet de limiter l'utilisation de matières premières de pays tiers non bénéficiaires des préférences, dans le but de développer l'activité de transformation exportatrice aux seuls pays bénéficiaires du régime préférentiel. Tout dépend en fait du système de cumul appliqué entre les pays bénéficiaires de préférences. C'est ainsi que, plus une zone de libre-échange contiendra de membres qui s'octroient mutuellement un système de cumul total, et plus la circulation de marchandise sera effective avec pour corollaire la création de richesses, due notamment à une intégration économique de plus en plus poussée entre pays de la zone.

B. Vers un élargissement du cumul dans la zone UE/PTM

Les accords euro-méditerranéens d'association ne définissent qu'un simple cumul bilatéral, c'est-à-dire un cumul entre l'Union et le PTM concerné. Ceci aboutit à des relations en étoiles, dont l'Union européenne est le centre avec à chaque extrémité un PTM, sachant que les PTM ne s'accordent, en principe, aucun régime préférentiel entre eux.

Il n'existe qu'une exception au schéma décrit ci-dessus : le Maroc, la Tunisie et l'Algérie, déjà réunis au sein de l'Union du Maghreb arabe, sont les seuls pays de l'ensemble méditerranéen à bénéficier d'un cumul bilatéral avec l'Union européenne auquel s'ajoute le cumul total euro-maghrébin[124]. Ce cumul total euro-maghrébin date des accords de seconde génération que les trois pays du Maghreb avaient passés avec la Communauté à la fin des années 70[125]. Rappelons ici que les trois pays du Maghreb central n'avaient tiré aucun bénéfice pratique de cette disposition. Aujourd'hui, ce cumul total entre le Maghreb et l'Union se retrouve dans les accords de troisième génération, et l'Algérie, bien qu'en cours de négociation, devrait bénéficier du cumul euro-maghrébin nouvelle formule.

Parmi les autres PTM, l'accord de coopération Egypte - Communauté du 18.12.72 est toujours en vigueur depuis le 28.09.78. Dans le cadre des négociations en cours sur le nouvel accord d'association, Le Caire a demandé le bénéfice du cumul diagonal. La Jordanie qui a signé un accord d'association avec l'Union européenne en novembre 1997 a souscrit à une déclaration visant le cumul et l'équité de traitement. Enfin, le Liban, dont l'accord de coopération du 03.05.78 est toujours en vigueur (depuis le 28.09.78), a fait une déclaration commune en vue du cumul au titre du nouvel accord euro-méditerranéen d'association en cours de négociation.

Il apparaît clairement que l'objectif d'établissement d'une zone euro-méditerranéenne de libre-échange à l'horizon 2010 passe préalablement par la définition de règles d'origine identiques, ainsi que par la mise en place du cumul de l'origine dans toute la zone méditerranéenne. Dans cette optique, il faudrait que les partenaires méditerranéens mettent en place, entre eux, un système d'élargissement du cumul de manière à rendre effectif le libre-échange horizontal. Divers avantages économiques pourraient bénéficier aux PTM : pratique de larges économies d'échelles par les producteurs installés dans la zone méditerranéenne ; diversification et multiplication des sources d'approvisionnement en matières premières et produits intermédiaires ; coup de fouet au commerce horizontal (par opposition au commerce verticale dans une simple relation Union européenne - PTM) ; et enfin renforcement des liens politiques et commerciaux avec l'Union.

L'extension du cumul dans toute la zone est donc une priorité pour l'Union, ainsi que pour les partenaires méditerranéens. Dans une communication intitulée « Le cumul euro-méditerranéen de l'origine »[126], la Commission européenne a établi le plan d'action suivant pour la zone méditerranéenne :

---

[124] Nous reviendrons sur ce point dans la partie II, chap. II « Les incidences horizontales : la réactivation de l'intégration régionale maghrébine », voir *infra*.

[125] L'accord de coopération Algérie - CEE du 26.04.76 est toujours en vigueur depuis le 28.09.78. Le nouvel accord euro-méditerranéen d'association est en cours de négociation. L'accord euro-méditerranéen d'association Tunisie - Union européenne signé le 17.05.95 est en vigueur depuis le 01.03.98.

[126] SEC (1998) 739, Bruxelles, le 19.05.98.

• introduction dans un premier temps de règles d'origine identiques au moyen d'accords bilatéraux mettant en rapport à chaque fois l'Union européenne et un PTM ;

• extension de ces règles d'origines accompagnées de méthodes de coopération administrative entre les PTM signataires d'accords bilatéraux avec l'Union ;

• communication par les PTM de leurs règles d'origine à la Commission ;

• entrée en vigueur à la même date du système de cumul de l'origine entre les PTM concernés et l'Union européenne.

Ce schéma théorique, devrait se traduire en pratique par la constitution de zones de libre-échange sub-régionales. Un premier pôle d'action est composé par les trois pays du Maghreb (l'Algérie, le Maroc et la Tunisie), qui appliquent déjà un système de cumul. Le second pôle est le Machrek avec l'Egypte, la Jordanie, les territoires de Cisjordanie - Gaza et Israël. Nous étudierons ce point précis *infra*.

Les cas de la Turquie, de Chypre et de Malte sont différents du reste des PTM. La Turquie bénéficie d'une union douanière avec la Communauté depuis 1963 et se trouve en situation d'attente d'un probable feu vert politique du Conseil en vue d une adhésion à l'Union[127]. Par ailleurs la Turquie a négocié des accords avec les pays de la zone PECO/AELE. De plus, ce pays voudrait bénéficier du système de cumul européen dès janvier 1999. La Turquie est donc dans une situation d'intégration avancée vis-à-vis du bloc UE/PECO/AELE. Ce qui, par la même occasion, l'éloigne du bloc Maghreb/Machrek.

Chypre est en instance de pré–adhésion depuis le sommet européen de Luxembourg et a participé, avec Malte, à l'élaboration des règles d'origine devant constituer la base du système de cumul européen. Là encore, l'intégration économique au bloc européen est beaucoup plus poussée, surtout pour Chypre qui fait partie des sélectionnés pour le cinquième élargissement de l'Union européenne.

La diversité des règles d'origine en fonction des PTM devrait disparaître à terme, normalement en 2010, par le biais d'une harmonisation progressive dont

[127] Martine CHARIOT, « La Turquie : un difficile partenaire pour l'Union européenne », Revue du Marché Commun et de l'Union européenne, no. 390, août - septembre 1995, pp. 430-432.

l'épine dorsale est l'octroi du cumul de l'origine accompagné de la coopération administrative.

§2. L'utilisation abusive des mesures de sauvegarde

Une seconde limite à la libre circulation des marchandises est l'utilisation abusive des mesures de sauvegarde qui constituent un redoutable instrument protectionniste permettant à une des deux parties à l'accord d'échapper, certes de manière temporaire, à un engagement de libéralisation du commerce en vue de l'établissement de la zone de libre-échange. Ces mesures de sauvegarde font l'objet d'un accord multilatéral au niveau mondial, d'un règlement communautaire au niveau européen et de dispositions conventionnelles au niveau bilatéral Union européenne - Maroc.

A. Un régime conventionnel flexible par rapport au cadre OMC

Le régime conventionnel relatif aux mesures de sauvegarde est beaucoup plus flexible que le régime multilatéral OMC. Et, comme le font très justement remarquer J.-F. BRAKELAND et V. TURNER, plus l'intégration commerciale est forte, plus les clauses de sauvegarde sont faciles à invoquer[128].

Ainsi, l'article 25 de l'accord d'association entre l'Union européenne et le Maroc prévoit, soit « un préjudice grave aux producteurs nationaux », soit « des perturbations sérieuses dans un secteur de l'activité économique, ou des difficultés pouvant se traduire par l'altération grave d'une situation économique régionale ». Cet article s'inspire en fait de la réglementation OMC et CE en la matière.

La première alternative de l'article 25 est basée sur l'article XIX OMC, qui fait référence à « un préjudice grave aux producteurs nationaux de produits similaires ou de produits directement concurrents », tandis que la seconde est basée sur l'article 226 CE (abrogé dans Amsterdam) qui dispose « qu'en cas de difficultés graves et susceptibles de persister dans un secteur de l'activité économique ainsi que de difficultés pouvant se traduire par l'altération grave d'une situation économique régionale, un Etat membre peut demander à être autorisé à adopter des mesures de sauvegarde... ». Les conditions de fond en vue d'invoquer une clause de sauvegarde sont donc moins contraignantes qu'au niveau

[128] Voir Jean-François BRAKELAND et Vanessa TURNER, « Les mesures de sauvegarde dans le commerce international des marchandises : une perspective communautaire », Revue du Marché commun et de l'Union européenne, no. 410, juillet - août 1997, pp. 454-469.

multilatéral, car elles offrent, au choix du pays utilisateur, soit la base multilatérale OMC, soit la base communautaire du traité CE.

De plus, dans le cadre bilatéral Union européenne - Maroc, il n'existe pas de procédure d'enquête préalable. Ainsi, l'article 27 prévoit une procédure administrative dont l'objet est de fournir des informations relatives à l'évolution des courants d'échange. Une solution à l'amiable est recherchée dans l'enceinte du Comité d'association et, si un accord n'a pas été trouvé dans les trente jours, la partie plaignante peut adopter « les mesures appropriées ».

Par contre, au niveau multilatéral OMC, l'imposition d'une mesure de sauvegarde passe au préalable par l'ouverture d'une enquête : ainsi l'article 3 de l'Accord sur les sauvegardes[129] issu du cycle de l'Uruguay (1994), prévoit l'ouverture d'une enquête préalable avec consultation des pièces du dossier. Toutefois, cette obligation d'enquête, préalable à l'imposition de mesures de sauvegarde, disparaît dans les cas exceptionnels (art. 6).

Au niveau communautaire, on retrouve cette obligation de l'enquête préalable, car le règlement CE no. 3285/94[130] du Conseil du 22 décembre 1994 transpose fidèlement les nouvelles règles découlant de l'Uruguay round en matière de sauvegardes : un Etat membre demande à la Commission d'ouvrir une enquête, qui se prononce sur l'opportunité d'ouvrir ou pas ladite enquête dans un délai de 30 jours. Ce délai permet à la Commission de consulter les différents Etats membres avant de rendre un avis d'ouverture d'enquête publié au JOCE. L'enquête doit être menée dans un délai de neuf mois, voire de onze en cas de circonstances exceptionnelles.

B. La portée politique de la flexibilité observée au niveau bilatéral

Ces différences constatées entre les différents niveaux, multilatéral (OMC), communautaire (CE) et bilatéral (Maroc - UE), font craindre une utilisation abusive, par l'une ou l'autre des parties, des mesures de sauvegarde dans le cadre préférentiel entre l'Union européenne et le Maroc.

Cette flexibilité qui caractérise le niveau bilatéral s'explique par la dimension politique des accords préférentiels : plus la libéralisation commerciale envisagée est grande, et plus il faut maîtriser, voire limiter le risque politique découlant de la signature de tels accords en insérant des clauses de sauvegarde qui permettent, du moins en théorie, de suspendre le libre-échange si celui-ci devient insoutenable. Dans la pratique, les clauses de sauvegarde ne peuvent être que

[129] JOCE, no. L 133 du 23.12.94.
[130] JOCE, no. L 349 du 31.12.94.

d'utilisation temporaire, car en vertu de l'accord « les mesures qui apportent le moins de perturbation au fonctionnement du présent accord doivent être choisies en priorité ». De plus, on voit difficilement une des deux parties invoquer de façon permanente l'application de mesures de sauvegarde ; ce serait contraire à l'esprit de l'accord qui prévoit à terme une zone de libre-échange, et difficilement justifiable sur le plan politique.

A titre de comparaison, il semblerait que les conditions de mises en œuvre des mesures antidumping communautaires se soient renforcées parallèlement à l'intégration commerciale. En vertu de l'article 37 de l'accord de coopération de 1978, la partie qui constatait des pratiques de dumping pouvait prendre des mesures « conformément à l'accord relatif à la mise en œuvre de l'article IV de l'Accord général sur les tarifs douaniers et le commerce, dans les conditions et selon les procédures de l'article 38 ». En vertu du nouvel accord d'association, une partie peut prendre des mesures « conformément à l'accord relatif à la mise en œuvre de l'article IV de l'Accord général sur les tarifs douaniers et le commerce et à sa législation interne pertinente et dans les conditions et les procédures prévues à l'accord 27 ».

Plus le degré d'intégration économique et commerciale est élevé, plus l'utilisation des clauses relatives à l'antidumping est contraignante : ainsi les mesures doivent être prises conformément à l'OMC et à la législation interne pertinente de la partie plaignante.

Au niveau communautaire, la nouvelle réglementation multilatérale en matière d'antidumping est transposée par le règlement CE no. 3283/94[131] du Conseil du 22 décembre 1994. Ce règlement renforce les aspects procéduraux. La durée de la procédure ne peut dépasser 15 mois au maximum (dix mois normalement)[132].

---

[131] JOCE, no. L 349 du 31.12.94.

[132] Voir Valérie LANDES et Guillaume LORIOT, « La nouvelle réglementation antidumping communautaire / *De omni re scibli...* », Ed. Techniques, Europe, Avril 1995, pp. 1-5. Sur les modifications successives relatives à la réglementation communautaire antidumping, se reporter à la chronique de Joël BOURDANT, « L'activité antidumping communautaire », Revue du Marché et de l'Union européenne, no. 387, avril 1995, pp. 238-243 ; no. 402, novembre 1996, pp. 664-669 et no. 410, juillet - août 1997, pp. 470-475.

§3. La survie de nombreuses MEERQ

Il existe de nombreuses MEERQ dans l'accord de libre-échange entre l'Union européenne et le Maroc et ce, malgré l'engagement de transformer toutes les mesures non tarifaires en mesures tarifaires, de manière à pouvoir négocier sur la seule baisse des droits de douane. Cet engagement du respect du principe de la protection tarifaire exclusive a été fait par les deux parties en vertu de l'accord OMC.

Avant la conclusion du cycle d'Uruguay, le système de protection du marché communautaire était constitué de prix de référence et d'une taxe compensatoire[133]. L'accord d'association substitue un prix d'entrée au prix de référence et un équivalent tarifaire à la taxe compensatoire. Dans le cas de la clémentine, les professionnels marocains estiment[134] que le prix d'entrée fixé par l'accord a été maintenu à un niveau assez élevé, ce qui entraîne un effet d'éviction dudit produit : entre décembre et janvier, l'offre sur le marché européen connaît une importante augmentation avec pour corollaire une baisse des prix, ce qui se traduit par une baisse des quantités exportées sur le marché communautaire de manière à pouvoir respecter le niveau des prix d'entrée. Voici donc un exemple concret d'entrave à la libre circulation des marchandises. Le système de prix d'entrée auquel s'ajoutent les mécanismes de marché aboutit à la quasi-éviction de produits tels que la clémentine ou la tomate.

A ce système de prix d'entrée et d'équivalent tarifaire s'ajoute l'obligation pour les exportateurs marocains de produits agricoles de respecter des calendriers d'importation sur le marché communautaire. L'imposition des calendriers a notamment pour effet de déplacer les productions agricoles marocaines sur les périodes de l'année (généralement l'hiver) où elles gênent le moins les productions européennes similaires donc concurrentes. Par ailleurs, il existe aussi des quantités de référence ainsi que des contingents tarifaires que les exportateurs se doivent de respecter sous peine de se voir infliger le tarif douanier commun.

Ces MEERQ ont de lourdes incidences, notamment en matière de gestion administrative pour les importateurs européens qui sont parfois tentés de se

---

[133] Taxe appliquée aux produits (certains fruits et légumes frais et secteur des semences) en provenance des pays tiers, égale à la différence entre le prix de référence et le dernier prix d'entrée disponible inférieur au prix de référence.

[134] L'Economiste, « Les produits agricoles piégés par les prix d'entrée », jeudi 30 novembre 1995 , p. 38.

détourner vers des produits similaires non soumis à des prix d'entrée. Les coûts induits par la gestion de ces MEERQ (calendriers, prix d'entrée, équivalents tarifaires), rendent les produits marocains beaucoup moins compétitifs une fois mis en vente sur le marché européen.

Une seconde série de limites à la libre circulation des marchandises est la mise en œuvre, par l'Union européenne, de politiques internes ou internationales : mise en œuvre de la Politique agricole commune, de la politique d'élargissement des frontières de l'Union ou de la politique d'extension des zones d'influences commerciales.

Section II. Les limites découlant des politiques internes et internationales de l'UE

§1. La Politique agricole commune

A. Principes et modes de fonctionnement de la PAC

La Politique agricole commune, financée par le Fonds européen d'orientation et de garantie agricole (FEOGA)[135], est basée sur trois principes que sont 1) l'unicité de marché), 2) la préférence communautaire et 3) la solidarité financière. Cette politique nécessite donc la libre circulation des produits agricoles dans tout le marché communautaire, la préférence du produit agricole européen au produit similaire d'origine extra-européenne et le financement par tous les membres de l'Union sur une base commune. Libre circulation, préférence et solidarité financière. Voilà donc les ingrédients de la PAC ! Il faut se rappeler ici que cette politique a été conçue dans les années 60, pour six Etats membres, alors que la situation alimentaire de la Communauté européenne était largement déficitaire. Dès 1950, les pères fondateurs ont voulu faire de la PAC, un puissant facteur de stabilité et de paix : créer une solidarité afin d'éliminer toute possibilité de conflit armé entre nations européennes[136].

---

[135] La section Garantie du FEOGA finance les restitutions à l'exportation vers les pays tiers à bas prix ainsi que la régulation interne des marchés, tandis que la section Orientation permet de soutenir le développement agricole via des mesures qui s'appliquent aux régions en retard (objectif no. 1), à l'ensemble des régions (objectif no. 5 a), et à certaines zones limitées (objectif no. 5 b).

[136] Le Monde, « Agriculture, l'après-Stresa est commencé », vendredi 10 juillet 1998, p. 13.

La situation aujourd'hui a radicalement changé. L'Union européenne, redevenue excédentaire depuis les années 70, continue à pratiquer des prix dont les cours sont supérieurs à ceux du marché international. Les différents partenaires commerciaux de l'Union, Etats-Unis en tête[137], critiquent de manière de plus en plus virulente le protectionnisme du système PAC, que cela soit au sein de l'OMC ou dans le cadre de relations bilatérales (PTM dans le cadre des accords euro-méditerranéens d'association). Au niveau communautaire, les Etats membres nordiques, mieux insérés dans les échanges agricoles internationaux, exercent une pression dans le sens d'une libéralisation de la PAC. Par ailleurs, l'opinion publique européenne manifeste une méfiance croissante vis-à-vis d'un système synonyme de scandales. L'une des illustrations les plus éclatantes a été l'affaire de « la vache folle »[138], ou, plus récemment, celle du « poulet à la dioxine ». Cette politique est aussi synonyme de violation du principe de gestion saine des deniers publics. La distribution des aides publiques, favorise les gros producteurs agricoles (ce qui constitue en soi une entorse à l'équité), et donne lieu à divers abus et fraudes. Ainsi, les fausses déclarations sur l'origine d'un produit agricole permettent de ne pas payer de droits d'entrée à l'importation (cas d'un produit extra-communautaire déclaré à la frontière en tant que produit communautaire)[139] et de toucher des subventions à l'exportation (cas d'un produit communautaire déclaré à destination d'un pays tiers et revendu sur le marché communautaire). Enfin, la perspective ouverte par l'adhésion des PECO rend indispensable une seconde réforme de la PAC[140].

Cette politique agricole protectionniste, malgré la réforme dont elle a fait l'objet en 1992[141], constitue à l'évidence un puissant frein à la libéralisation des

---

[137] Voir Hélène DELORME, « Le dossier agricole », in Un nouveau GATT ?/Les échanges mondiaux après l'Uruguay Round, Editions Complexe, Bruxelles, 1995, pp. 110 et suiv.

[138] Voir Catherine GOYBET, « La vache folle fera-t-elle évoluer l'Europe ? », Revue du Marché commun et de l'Union européenne, no. 407, avril 1997, pp. 229-232.

[139] L'affaire « du maïs yougoslave » est un exemple de fraude à l'importation. Il s'agissait en l'espèce d'importation de 20 000 tonnes de maïs originaire de Yougoslavie via la Grèce. Le maïs a acquis l'origine grecque par la simple délivrance de faux certificats d'origine, ce qui a permis à l'importateur de frauder le budget communautaire d'un montant de 34 MECU, voir CJCE, affaire C68/88, 21.09.1989.

[140] Le Conseil européen d'Essen de 1994 a souligné le rôle-clé que représente l'agriculture dans la perspective d'une future adhésion des PECO à l'Union européenne, notamment en raison des difficultés de l'application de la PAC (dans son état actuel) aux futurs adhérents.

[141] Depuis 1992, les revenus sont assurés par le biais d'aides directes (primes dissociées du volume de production et compensations) alors que dans le passé, ils étaient assurés par un système de prix garantis. Le nouveau dispositif PAC 1992 est basé sur 1) la maîtrise de la production interne (gel des surfaces cultivées...), 2) la baisse des prix institutionnels et 3) la compensation de cette baisse par des paiements compensatoires. Il concerne les secteurs des fruits et légumes, vins et céréales, oléagineux, protéagineux, viandes bovines, ovines et caprines, tabac et laits et produits laitiers.

échanges agricoles entre l'Union européenne et le Maroc. Pris entre l'obligation de protéger son agriculture et celle d'honorer ses engagements internationaux en vertu de l'accord d'association, l'Union européenne en est réduite à arrêter des mesures protectionnistes en violation de l'esprit de l'accord. Les trois règlements 1555/96, 1556/96 et 1557/96 pris par la Commission européenne quelques mois à peine après la signature de l'accord d'association avec le Maroc, en constituent une éclatante démonstration.

B. Une application concrète du protectionnisme agricole

Le 30 juillet 1996, la Commission européenne a arrêté trois règlements de nature protectionniste dans le domaine agricole. Ces règlements no. 1555/96, 1556/96 et 1557/96 définissent les modalités de mise en œuvre d'une clause de sauvegarde spéciale ainsi que de licences d'importations sur le marché de l'Union européenne pour les fruits et légumes sensibles, tels que la tomate, l'orange et la clémentine.

1. Les règlements du 30 juillet 1996 de la Commission européenne

a) La clause de sauvegarde spéciale

Les règlements 1555/96[142] et 1557/96[143] établissent un régime de sauvegarde. Le premier, qui s'intitule « modalités d'application du régime relatif à l'application des droits additionnels à l'importation dans le secteur des fruits et légumes », légalise dans son article 3 l'imposition d'un droit additionnel par la Commission dans le cas de dépassement de « volumes de déclenchements » fixés en annexe.

Le second règlement établit les périodes et les volumes de déclenchement de la clause de sauvegarde spéciale. Pour la tomate, le volume de déclenchement est de 59 923 tonnes pour un calendrier allant du 1er octobre au 31 décembre 1996. Ce niveau de déclenchement est très restrictif et remet directement en question les

- Pour plus détails, voir Cahiers de la PAC 1993, « Réforme de la PAC et sa mise en œuvre », Commission des Communautés européennes, Direction générale de l'Agriculture, Bruxelles, juillet 1993, VI/2023/93-FR. On pourra également consulter « Glossaire de la PAC et de sa réforme », Document de travail de la Direction Générale des Etudes du Parlement européen, Série « Agriculture - Pêche - Forêts » W-12/Partie IV, Luxembourg, juillet 1994.

[142] JOCE, no. L 193 du 03.08.96.

[143] JOCE, no. L 193 du 03.08.96.

termes de l'accord d'association, car le Maroc bénéficie à ce titre d'un contingent de 59 771 tonnes sur la même période de l'année. Or, cette série de règlements s'applique à « certains fruits et légumes en provenance des pays tiers ». Le niveau de déclenchement fixé pour la tomate est donc en deçà du contingent dont bénéficie le Maroc. On voit là les incidences d'un tel règlement dont l'objectif premier est de relativiser les avantages accordés au titre de l'accord d'association. Faut-il rappeler que ces produits agricoles dits sensibles sont déjà soumis à un double système de contingentement et de prix d'entrée ? Ainsi le volume de déclenchement pour les oranges, bénéficiant d'un contingent de 300 000 tonnes pour un prix d'entrée conventionnel de 275 ECU/tonne au titre de l'article 4 du protocole no. 1 de l'accord d'association, a été fixé 598 202 tonnes du 1er décembre 1996 au 31 mai 1997.

L'instauration de ce troisième verrou qu'est la clause de sauvegarde spéciale ne peut qu'introduire un élément d'instabilité juridique dans des rapports commerciaux souvent sujets à de fortes tensions entre les deux parties.

b) L'instauration d'une licence spéciale à l'importation

Le règlement 1556/96[144] met en place un régime de certificats d'importation pour les fruits et légumes provenant des pays tiers, justifié par la nécessité de connaître au mieux la structure des échanges des produits sensibles[145]. L'article 1er de ce règlement dispose que la mise en pratique des produits en annexe nécessite la présentation d'un certificat d'importation - dont la validité est de 30 jours[146] - délivré par un pays membre. L'article 3§1 introduit une obligation pour l'exportateur de constituer une garantie de 15 ECU/tonne.

Ce système de licence d'importation s'applique du 1er décembre au 31 mai, ce qui correspond à la campagne d'exportation des fruits et légumes marocains sur le marché de l'Union européenne. Toutefois, la tomate marocaine est exclue du champ d'application du règlement 1556/96.

Cette nouvelle réglementation de nature protectionniste est potentiellement lourde de conséquences sur les exportations marocaines de produits agricoles sensibles vers le marché communautaire. Tout d'abord le dépôt de garantie de 15 ECU/tonne va augmenter les charges liées à l'opération d'exportation de produits marocains, ce qui renchérit le prix à la consommation du produit agricole originaire du Maroc. De plus, la garantie reste acquise (en tout ou en partie) dans le cas de réalisation partielle de la mise en libre pratique des quantités indiquées

[144] JOCE, no. L 193 du 03.08.96.
[145] Voir le second considérant du règlement 1556/96.
[146] Article 3§4 du règlement 1556/96.

sur le certificat d'importation. Ensuite, les lourdeurs administratives vont également rentrer dans le prix final du produit : l'article 3§2 dudit règlement dispose que les certificats doivent être délivrés le jour même du dépôt de la demande, ce qui paraît irréaliste vu les contraintes dues à l'éclatement spatial des services de douane et des opérateurs économiques, les différentes variétés pour une seule catégorie de fruit (l'orange par exemple).

La presse marocaine s'est faite l'écho des inquiétudes des professionnels, notamment de l'Association de producteurs d'agrumes et de primeurs, ainsi que des officiels marocains[147] face aux lourdeurs administratives d'un tel système dont la conséquence la plus grave serait l'approvisionnement sur des marchés européens concurrentiels tel le marché espagnol. Car, d'après les exportateurs de fruits et légumes, « les clients potentiels qui achètent les produits marocains ne vont pas s'amuser à établir, pour chaque expédition d'oranges, des certifications d'importation »[148].

2. La légalité discutable de ces mesures protectionnistes

Il est intéressant de se pencher sur le problème de la légalité de ces mesures communautaires protectionnistes par rapport aux dispositions pertinentes de l'accord euro-méditerranéen d'association ainsi qu'à la jurisprudence de la Cour de Justice des Communautés.

---

[147] Les titres dans la presse marocaine spécialisée sont à cet égard révélateurs du climat provoqué par les trois règlements protectionnistes 1555/96, 1556/96 et 15557/96 pris par la Commission européenne le 30 juillet 1996 :

- La Vie Economique, « Bruxelles verrouille le marché européen face aux produits marocains », vendredi 30 août 1996, p. 30.
- L'Economiste, « Agrumes et primeurs : les nouveaux pièges de l'UE ", jeudi 12 septembre 1996, p. 33.
- La Vie Economique, « Bruxelles voudrait limiter l'accès des produits marocains en Europe », vendredi 13 septembre 1996, p. 22.
- La Vie Economique, « Rabat balaie les arguments de Bruxelles », vendredi 18 octobre 1996, p. 19.

[148] La Vie Economique, vendredi 30 août 1996, p. 30.

a) Des mesures prises en violation de l'esprit de l'accord d'association

Les règlements 1555/96 et 1557/96 instaurant une clause de sauvegarde spéciale ne rentrent pas dans les hypothèses prévues par les mesures de sauvegarde des articles 24, 25 et 26 de l'accord d'association.

La licence d'importation du règlement 1556/96 constitue bien une mesure d'effet équivalent à une restriction quantitative prohibée par l'article 19§1 qui dispose « qu'aucune nouvelle restriction quantitative à l'importation, ni mesure d'effet équivalent n'est introduite dans les échanges entre la Communauté et le Maroc ». Mais il faut rappeler ici que ces trois règlements ont été pris dans le domaine agricole, dans lequel seul un engagement de libéralisation progressive et réciproque entre les deux parties a été pris conformément aux articles 16 et 17 de l'accord d'association.

En vertu de l'article 2§5 du protocole no. 1 relatif au régime applicable à l'importation dans la Communauté des produits agricoles originaires du Maroc, l'objectif du régime agricole est double : maintenir le niveau des exportations traditionnelles marocaines vers le marché communautaire tout en évitant les perturbations dudit marché. Une seconde disposition relative à l'agriculture est l'article 20 de l'accord d'association. Cet article prend toute son importance à la lumière des règlements de la Commission no. 1555/96, 1556/96 et 1557/96. Il légalise la modification du régime agricole prévu par l'accord en cas de mise en œuvre d'une politique agricole par l'une des deux parties et pose par ailleurs des garanties, notamment l'information du Conseil d'association par la partie qui modifie sa réglementation pour mettre en œuvre sa politique agricole, la consultation au sein de ce même Conseil, ou encore le maintien d'avantages comparables à ceux prévus par l'accord. Ces règlements protectionnistes violent l'esprit libre-échangiste de l'accord d'association. Toutefois, ils ne sont pas contraires à la lettre de l'accord, car ils possèdent une base juridique clairement établie : l'article 20 de l'accord et l'article 2§5 du protocole no. 1 relatif au régime d'importation sur le marché communautaire. Notons qu'il semblerait que la procédure d'information et de consultation au sein du Conseil d'association n'ait pas été respectée par la partie européenne.

b) L'assimilation du certificat d'importation à une MEERQ

Conformément à une jurisprudence communautaire bien établie depuis l'arrêt de principe *Dassonville*, et selon laquelle « toute réglementation commerciale entre Etats membres susceptible d'entraver directement ou indirectement, actuellement ou potentiellement le commerce intra-communautaire est à considérer comme une MEERQ »[149], il nous semble que l'exigence d'un certificat d'importation est à rapprocher, dans ses effets actuels et potentiels sur le commerce au sein de la zone de libre-échange, de celle d'un certificat d'authenticité exigé dans le cadre du marché communautaire par un Etat membre. A ce propos, la CJCE a conclu que l'exigence d'un tel certificat d'authenticité, ayant pour effet de rendre plus difficile l'importation du produit en libre pratique dans un Etat membre par rapport à l'importation du même produit en provenance directe du pays d'origine, constitue une MEERQ[150]. Nous pensons donc que l'exigence d'un certificat d'importation, légitimée par des objectifs d'ordre statistique, constitue une violation de l'esprit de l'accord d'association. Par ailleurs, les objectifs avancées par la Commission, c'est-à-dire « assurer une meilleure connaissance de la structure des échanges de produits sensibles », auraient pu être atteints par des moyens qui ne perturbent pas le bon fonctionnement de l'accord, conformément au principe de proportionnalité si cher à la Commission en d'autres occasions : procédure d'enregistrement informatisée des importations par exemple. Cette solution aurait eu un impact psychologique moins négatif et, surtout, des coûts financiers et administratifs moindres.

Cette réglementation est un exemple typique de mise en œuvre d'une politique interne de la Communauté et qui a des répercussions externes immédiates sur un ou plusieurs pays tiers. En l'occurrence, le Maroc se voit imposer une révision d'une partie des avantages dont il bénéficiait au titre de l'accord d'association.

La mise en œuvre de politiques internes autres qu'agricoles ont également des conséquences sur les préférences accordées au titre de l'accord d'association. Il s'agit de la politique d'élargissement de l'Union européenne que nous allons analyser.

§2. L'élargissement de l'Union européenne à l'Est

Les élargissements successifs de la Communauté ont toujours constitué une menace pour les avantages commerciaux acquis par les pays tiers. Ainsi, l'adhésion de l'Espagne et du Portugal, gros producteurs agricoles méditerranéens de produits similaires et concurrents à ceux du Maroc, s'est-elle accompagnée de

---

[149] Voir CJCE, 11 juillet 1974, Dassonville, cit. *supra*.

[150] Dans cet important arrêt, un importateur de Scotch - Whisky soutenait que l'exigence par les autorités belges d'un certificat d'authenticité (pièce difficile à obtenir dans l'Etat d'importation) attestant de l'authenticité du produit lorsque celui-ci n'est pas importé de manière directe du pays producteur, constituait une MEERQ.

la signature, le 30 juin 1988, d'un protocole additionnel dont l'objectif était de « maintenir les courants traditionnels d'exportation du Maroc vers la Communauté »[151], ce qui signifie, en langage communautaire, qu'il faut atténuer les conséquences négatives de l'élargissement sur les exportations marocaines déjà mises à mal par de nombreuses restrictions de type non-tarifaire. De nombreux auteurs ont démontré que les politiques internes de la Communauté en matière d'élargissement avaient des incidences directes sur le commerce avec les pays tiers, même dans le cas de réaménagements partiels des régimes commerciaux préférentiels[152], et la Commission elle-même reconnaît que l'adhésion de la Grèce, de l'Espagne et du Portugal a « compliqué la situation des partenaires méditerranéens, car la capacité de production de produits méditerranéens a augmenté dans la Communauté et des excédents sont apparus »[153].

Mais ce nouvel élargissement, de par le nombre des candidats (onze), leur niveau inégal de développement économique et politique, ainsi que leur position géopolitique (ancien « glacis »), est très différent de ceux qu'a connu l'Europe jusqu'à présent.

A. Un élargissement à la portée politique sans précédent

Les négociations du cinquième élargissement de l'Union, dont l'accord politique a été donné par le Conseil européen de Luxembourg, ont commencé le 31 mars 1998 avec un premier groupe composé de six pays qui sont la Pologne, la Hongrie, la République tchèque, l'Estonie, la Slovénie et Chypre. Le second groupe, dont les avancées économiques ont été jugées moins convaincantes, rejoindra les négociations relatives à l'adhésion lors d'une étape ultérieure. Au vu des critères économiques et politiques définis au Conseil européen de Copenhague de juin 1993 (existence d'une économie de marché viable, capacité à soutenir la concurrence au sein de l'Union européenne, stabilité des institutions assurant la garantie de la démocratie, de la primauté du droit, des droits de l'homme et de la protection et du respect des minorités), l'approche « différenciée » a été privilégiée

---

[151] JOCE, no. L 224 du 13.08.88.

[152] Voir entre autres : Alfred TOVIAS, « Les effets extérieurs des politiques internes des Communautés européennes sur les pays tiers : le cas des pays méditerranéens », Revue d'intégration européenne/Journal of European Integration, Canada, vol. XII, no. 1, 1988, pp. 51-70 ;
- Jean RAUX, « Les relations de la Communauté élargie avec les Etats méditerranéens tiers », in L'Espagne et le Portugal dans la CEE, N.D, no. 4819, pp.119-126.

[153] Voir les conclusions et plus particulièrement les points 6.2 et 6.3 du Rapport de la Commission au Conseil, Etude d'impact des concessions pour les pays tiers méditerranéens, Bruxelles, le 01.10.97, COM (97) 477 final.

par rapport à l'approche « classique » de l'élargissement[154]. C'est une première dans l'histoire de la Communauté.

L'adhésion des PECO, acte fort au niveau symbolique et politique (désintégration du « rideau de fer » ; récupération de l'Allemagne de l'Est et des pays de l'Est au préjudice de l'ex URSS), va avoir des incidences incalculables sur le régime préférentiel dont bénéficie le Maroc ainsi que les autres PTM.

1. Le renforcement de l'Allemagne au sein de l'Union européenne

En matière de rééquilibrage interne au sein de l'Union européenne, l'Allemagne, dont la réunification a été possible par l'affaiblissement de l'empire soviétique, a un besoin d'extension sur son flanc oriental. Comme le souligne très justement Hartmut ELSENHAMS, pour que l'unification allemande soit achevée, il faut que les territoires de l'ex-Allemagne de l'Est retrouvent au plus vite un niveau de développement comparable à l'Ouest, ce qui ne pourra se faire qu'en se basant « sur un ensemble régional en expansion rapide qui sera constitué par les PECO »[155]. Les PECO jouent déjà ce rôle de base arrière d'une Allemagne réunifiée. Ils seront amenés à le jouer de plus en plus.

Toujours en liaison avec le point précédemment développé, l'Allemagne va pouvoir accroître son poids par rapport au second pilier de l'Union qu'est la France. En effet, la France qui joue le rôle de *leader* de l'arc latin composé de l'Italie, de l'Espagne, du Portugal et de la Grèce, a un intérêt vital au développement de la région méditerranéenne pour contrebalancer l'effet de l'intégration des PECO sur la position centrale de l'Allemagne au sein de l'Union. Le projet allemand, devenu par la suite communautaire, d'intégration du flanc oriental de l'Union ne doit en aucun cas aboutir à une perte d'influence de la France, leader de l'arc latin, et qui défend par conséquent (toutes proportions gardées, bien entendu) les intérêts du Maroc et des PTM.

Au niveau externe, le choix politique d'intégration des PECO à l'Union repose sur différents facteurs. Du point de vue de l'Union européenne, la stabilité politique est plus aisée à obtenir sur son flanc oriental que sur son flanc

---

[154] Pour une analyse des deux conceptions en présence lors de la pré-adhésion des PECO, à savoir, (1) la reprise intégrale de l'acquis communautaire ou (2) l'élargissement différencié selon la situation économique, sociale et politique du pays postulant, voir l'article de Françoise de LA SERRE, « L'élargissement aux PECO : quelle différenciation ? », Revue du Marché commun et de l'Union européenne, no. 402, novembre 1996, pp. 642-647.

[155] Voir Hartmut ELSENHANS, « Enjeux méditerranéens et cohésion européenne », in Euro-méditerranée - Une région à construire, Publisud, Paris, 1995, pp. 115-134.

méditerranéen. La concentration d'importantes aides publiques en faveur de cette région témoigne de la priorité dont elle bénéficie de la part des différentes institutions européennes (7 500 MECU contre 4500 pour les PTM)[156].

Les PECO pourraient à terme constituer un « glacis protecteur » dans l'autre sens, c'est-à-dire protéger l'Union d'une menace potentielle russe. Il apparaît clairement aujourd'hui que la Russie ne peut plus compter sur les PECO qui vont progressivement devenir une pièce maîtresse de la sécurité atlantique. L'engagement de l'OTAN, élargie depuis le 16 mars 1999 à trois PECO (Hongrie, Pologne et République tchèque), dans la crise du Kosovo en constitue la preuve[157].

En revanche, les PTM ne peuvent servir de « glacis protecteur » de la frontière Sud de l'Europe, car ils sont perçus comme « la » menace. La résurgence d'un islam politique dans toute la région méditerranéenne, la pression démographique et migratoire, la crise économique chronique et les fragiles équilibres politiques internes et internationaux sont autant d'éléments qui viennent nourrir les inquiétudes européennes. Par ailleurs, du point de vue des PTM il existe une perception souvent négative de l'Europe. Composée d'anciennes puissances coloniales, cette dernière est souvent taxée de néocolonialisme, et son action perçue comme une tentative d'occidentalisation (à comprendre dans le sens de perversion) de sociétés arabo-musulmanes. Il suffit de rappeler la réaction unanime de l'opinion publique méditerranéenne en faveur de l'Irak lors du conflit du Golfe pour s'en convaincre. Pour toutes ces raisons, l'Union européenne est convaincue - à tort - que son projet est unanimement appuyé à l'Est, contrairement au Sud.

Au déséquilibre interne au profit de l'Allemagne, s'ajoute un second bouleversement interne d'une importance capitale. Quelles sont les incidences de l'entrée des PECO dans l'Union sur la PAC ? Nous verrons qu'une refonte de la PAC est devenue aujourd'hui inévitable, mais que la Commission, au lieu de favoriser une réforme radicale qui aurait bénéficié aussi aux exportations marocaines sur son marché, a opté pour la poursuite prudente de la réforme de 1992.

---

[156] Voir *infra*, Partie III, Une nouvelle philosophie de l'aide.

[157] Voir The Economist, « A desirable club », pp. 16-17, NATO Survey after p. 62, avril 24th -30th 1999. Dans cet article les auteurs, soulignent que « l'une des raisons de l'arrêt de nouvelles invitations (à adhérer) est que l'OTAN n'est pas encore capable de payer le prix géopolitique de l'admission des républiques Baltes, ce qui pourrait exacerber un peu plus ses relations avec la Russie ».

2. L'élargissement et la Politique agricole commune

Les dix PECO ont une population totale de 106 millions d'habitants, ce qui équivaut à 29% de la population de l'Union à 15. Leur superficie avoisine le million de kilomètres carrés, soit environ 33% de la superficie de l'Union à quinze. L'agriculture est un secteur fondamental, qui emploie près de 25% de la population active (contre 6 dans l'Union européenne) et représente 9% du PIB (contre 2,5% dans l'Union européenne)[158].

Cet important potentiel agricole des pays de l'Est constitue un danger pour l'Union. Les PECO veulent devenir des exportateurs incontournables : ils produisent en grandes quantités des céréales, des viandes, des produits laitiers, des vins, des fruits et des légumes, pour lesquels les Quinze sont déjà excédentaires. Toutefois, le secteur agricole des pays de l'Est subit depuis 1989 une crise sans précédent due à la fois à la perte de leur principal client, l'URSS, à la chute de la demande intérieure, à l'augmentation des prix des *inputs*, à un important phénomène de parcellisation des terres et à un manque de liquidités. Ajouter à cela le fait que la balance commerciale agricole et devenue négative avec l'Union en 1993 (de l'ordre de + 0,4 milliards d'ECU contre -0,9 milliards en 1990), et l'on prend conscience à quel point l'intégration agricole des PECO va peser lourd sur l'Union en termes politiques, sociaux, économiques et financiers.

Il apparaît clairement que l'application de la Politique agricole commune n'est plus possible en l'état. Sans réformes, l'élargissement entraînerait un surcoût compris entre 25 et 47 milliards d'ECU[159]. Pour faciliter l'adhésion, la Commission européenne a opté, dans son « Document de stratégie agricole » pour l'approfondissement de la réforme entamée en 1992[160], solution médiane consistant en une dépendance moindre vis-à-vis du soutien des prix, ainsi qu'une

---

[158] Tung-Laï MARGUE, « Les enjeux et les perspectives agricoles du futur élargissement de l'Union européenne aux pays d'Europe centrale et orientale », Revue du Marché Unique Européen, 1-1995, pp. 159-170.

[159] Voir Daniel CHARLES - LE BIHAN, « Intégration agricole des PECO et perspectives d'évolution de la PAC : les mutations d'une politique sectorielle », Revue de Droit rural, no. 243, mai 1996, pp. 201-207.

[160] Voir « L'étude sur les différentes stratégies pouvant être suivies pour développer les relations entre l'Union européenne et les pays associés dans le domaine de l'agriculture, dans la perspective de l'adhésion future de ces pays », CSE (95) 607, dans lequel la Commission passe en revue trois options principales concernant le développement futur de la PAC, 1) statu quo, 2) réforme radicale et 3) développement de l'approche 1992, et opte pour la dernière.

- Pour plus de détails sur les enjeux ainsi que sur les positions politiques des différents groupes parlementaires dans ce débat relatif aux différentes stratégies agricoles en vue de l'élargissement aux PECO, voir les Débats du Parlement européen, no. 4-492/73 du 10.12.96.

action d'intégration entre les politiques de marché, les politiques environnementales et les politiques rurales.

Cette option aura pour seule conséquence le fait de repousser le problème de quelques années, car l'Union ainsi élargie restera excédentaire pour les produits de base pour lesquels le Maroc connaît un déficit chronique. Cela signifie que lors des prochaines négociations agricoles prévues à l'horizon 2000, le Maroc devra revoir les quotas agricoles dont bénéficie l'Union européenne à la hausse. Il paraît d'ores et déjà évident que cela sera la condition *sine qua non* pour que l'Europe améliore la position agricole marocaine sur son marché.

B. Une intensification des relations commerciales et financières UE-PECO au détriment des liens avec la Méditerranée

Les relations commerciales entre les pays de l'Est et la Communauté n'ont cessé de s'intensifier depuis la désintégration du bloc communiste en 1989[161]. Cet intense redéploiement géographique en direction de l'Union européenne se trouve accentué par l'élargissement, en 1995, à trois pays que sont l'Autriche, la Finlande et la Suède, partenaires commerciaux traditionnels des pays de l'Est. Ainsi cette année-là, l'Union européenne exporte pour 96 979 millions de $ vers sa frontière Est contre seulement 60 673 millions de $ vers les PTM[162].

A cette intensification des liens commerciaux entre l'UE et les PECO, s'ajoute un effet de détournement de commerce au préjudice de la zone méditerranéenne et plus spécialement du pôle Maghreb[163].

En effet, les pays maghrébins et les PECO, qui entretiennent des relations commerciales entre eux - les PECO importent des produits textiles et agro-alimentaires (52% des importations) et exportent des produits de la chimie et de sidérurgie (48% des exportations en 1992)[164]-, possèdent des spécialisations communes à l'exportation, notamment en ce qui concerne les produits agricoles et

---

[161] La déclaration conjointe de la Communauté européenne et le COMECON du 25 juin 1989 est le symbole de l'ouverture entre les pays de l'Est et l'Europe en tant qu'entité économique ; voir Hatem BEN SALEM, « Maghreb - CEE - Pays de l'Est : fatalité de la trilogie ou consécration du trilatéralisme ? », Revue du Marché commun, juin 1991, pp.451-461.

[162] Voir LORCA CORRONS, ALMANSA MAROTO, JERCH, « La compatibilité des frontières « Sud versus Est » », RAE, 1996, pp. 324-335.

[163] Pour une analyse succincte des avantages comparatifs offerts par les PECO et les pays du Maghreb, voir le rapport de Willy DIMEGLIO, Pour un partenariat industriel avec le Maghreb et les PECO, La documentation Française, collection des rapports officiels, Paris, 1995, pp. 32-43.

[164] Voir Daniel LABARONNE, « les échanges extérieurs des pays d'Europe centrale et orientale avec les pays de la Communauté européenne, de l'AELE et du Bassin méditerranéen », Revue d'Etudes comparatives Est - Ouest, Trieste, vol. 27, no. 1, mars 1996, pp. 5-37.

les textiles. La tendance qui se dessine aujourd'hui est l'éviction des productions maghrébines et marocaines directement concurrentes, que sont les produits du cuir, de la chaussure et du textile-habillement.

Plusieurs facteurs peuvent expliquer ces effets de détournement de commerce. Le Maroc souffre de coûts assez élevés en matière de transport maritime, alors que les PECO s'inscrivent dans une continuité géographique avec l'Union européenne : le passage vers ces pays peut se faire par rail ou par route, ce qui augmente la compétitivité des produits qui en sont originaires. Par ailleurs, les PECO bénéficient d'une tradition industrielle (automobile, construction mécanique) qui fait parfois défaut au Maroc, à l'exception notable du secteur textile.

A ce détournement de flux commerciaux, vient s'ajouter un détournement de flux d'investissements privés. Ainsi, de nombreux investissements allemands dans le secteur textile en Tunisie et à Malte ont-ils été réorientés vers le marché des PECO[165]. Cet exemple met en lumière le rôle, évoqué précédemment, des PECO en tant que base arrière de l'Allemagne réunifiée.

Enfin, le cinquième élargissement va coûter cher, même si à ce jour il est difficile d'en faire une évaluation chiffrée exacte. A politique inchangée, le coût de l'élargissement à l'Est alourdirait le budget communautaire actuel dans une fourchette de 50 à 100%[166]. Par ailleurs, les subventions de la Commission pour les PECO s'élèveront à 3 milliards d'ECU sur une durée de sept ans. Entre l'Union européenne et les pays de l'Est, le rapport en pouvoir d'achat d'un écu est de un à sept, ce qui fait écrire à Catherine GOYBET, « qu'il s'agit en fait d'une somme considérable équivalent à 20 milliards d'ECU alloués annuellement »[167].

Le renforcement externe (les PECO comme base arrière de l'Allemagne réunifiée) et interne (le rééquilibrage dans la relation avec Paris au préjudice de l'axe latin), l'intégration de onze pays constituant un apport de 100 millions d'habitants possédant un revenu trois fois moins important que dans l'Union, le détournement commercial et financier conséquent sont autant d'éléments qui ne peuvent pas laisser le Maroc, et le reste des PTM, indifférents. D'ailleurs dès 1991, le Maroc, qui s'est inquiété du rapprochement de l'Europe avec les PECO, a

---

[165] Voir Alfred TOVIAS, « Les tribulations de la politique méditerranéenne de l'Union européenne », in L'Europe et la Méditerranée : intégration économique et libre-échange, L'Harmattan, Collection Emploi, Industrie et Territoire, Paris, 1997, plus particulièrement pp. 33-34.

[166] Voir Françoise de LA SERRE, « L'élargissement aux PECO : quelle différenciation ? », cit. *supra*.

[167] Catherine GOYBET, « Elargissement de l'union à l'Est : la longue marche a commencé », Revue du Marché commun et de l'Union européenne, no. 418, mai 1998, pp. 285-288.

proposé l'idée d'une zone de libre-échange[168]. Mais il paraît évident, autant du point de vue marocain que du point de vue méditerranéen, que la perspective de ce cinquième élargissement va remettre en question le régime préférentiel constitué par la zone euro-méditerranéenne au titre de la politique de partenariat définie à la conférence de Barcelone et mise en œuvre par l'accord d'association.

Voici donc un exemple concret de mise en œuvre de politique interne de l'Union qui a des incidences directes et préjudiciables sur la position commerciale de tout un ensemble de pays. Logiquement, nous sommes amenés à penser que l'élargissement à vingt-cinq Etats membres va avoir un effet d'érosion de la position commerciale du Maroc, et des PTM, sur le marché communautaire. Le cinquième élargissement constitue donc une menace actuelle et/ou potentielle pour les préférences commerciales et financières dont bénéficie le Maroc.

Toutefois, Gérard KEBABDJIAN[169] souligne que les PECO, de par leur vocation à intégrer l'Union, ne représentent pas une menace aussi importante pour les PTM. Les avantages comparatifs, notamment ceux relatifs au coût de la main d'œuvre, vont peu à peu s'estomper jusqu'à l'alignement sur les niveaux communautaires. L'argument de l'alignement par le haut est discutable. Depuis l'adhésion de l'Espagne et du Portugal, ces deux pays ont certes connu une amélioration en matière de revenus, mais le coût horaire dans la péninsule ibérique est aujourd'hui toujours inférieur au coût horaire en Allemagne ou en Suède. Et Gérard KEBABDJIAN de conclure que « l'idée d'une concurrence Sud/Est sera de moins en moins pertinente ». Au contraire, l'appartenance à l'Union, loin d'estomper la concurrence, la ravive. Les PECO vont bénéficier de la préférence communautaire, ce qui aura tendance à rendre la concurrence avec le Maroc et les PTM moins équitable. Les négociations sur les quotas agricoles ont prouvé à quel point un pays devient redoutable lorsqu'il fait partie de l'Union. Les exemples de l'Espagne (oranges et tomates), mais aussi de la Belgique (tomates) et des Pays Bas (fleurs coupées) sont significatifs et laissent présager des négociations de plus en plus difficiles pour le Maroc face à une Union désormais composée de nombreux concurrents directs.

---

[168] Voir l'article de Eberhard RHEIN, « Le pari euro-méditerranéen/ Quelques réflexions sur la mise en place d'une zone de libre-échange euro-méditerranéenne », in <u>Euro-méditerranée une région à construire</u>, cit. *supra*, pp. 23-36.

[169] Gérard KEBABDJIAN, « Eléments d'une prospective euro-méditerranéenne », in <u>Euro-méditerranée/Une région à construire</u>, pp. 57-100, cit. *supra*.

§3. La multiplication des régimes tarifaires préférentiels

La plupart des pays ou territoires du monde, à l'exception notable du Japon et des Etats-Unis, ont passé des accords préférentiels avec l'Union européenne. Nous assistons à une multiplication des régimes préférentiels. Ce phénomène a pour effet de réduire la portée des préférences. Plus l'Union accorde de privilèges (sous forme de régimes préférentiels), et moins les privilégiés le sont vraiment. Il est politiquement plus ingénieux de multiplier le nombre des privilégiés, que de retirer des privilèges ! Concrètement, l'effet est le même. C'est donc la problématique posée par la banalisation des privilèges concédés par l'Union européenne à ses différents partenaires commerciaux qui constitue une autre menace, eu égard au régime préférentiel accordé au Maroc ainsi qu'aux autres PTM.

Il existe une pyramide de privilèges composée de quatre niveaux, représentant autant de régimes commerciaux. Les régimes ACP, PECO, SGP et PTM constituent les principaux systèmes tarifaires préférentiels. Il est possible de les classer selon leur forme juridique. A des régimes commerciaux conventionnels, négociés et réciproques (PTM, PECO, ACP et Turquie par le biais de l'union douanière), s'opposent des régimes autonomes qui ne sont ni négociés, ni réciproques (Amérique Latine, pays d'Asie, Pays et territoires d'outre-mer et « certains pays de l'ex-Yougoslavie »[170]).

A. Les régimes préférentiels conventionnels

L'Union met en œuvre une politique commerciale à géométrie variable, selon la zone géographique et les considérations politiques. Nous retiendrons ainsi les régimes commerciaux PECO, ACP et unions douanières.

1. Le régime « Pays d'Europe Centrale et Orientale »

Le régime PECO trouve son origine dans l'effondrement du Bloc communiste en 1989. Dès cette date, la Communauté a mis en œuvre un soutien en

[170] Dusko LOPANDIC, « L'Union européenne et le Sud - Est de l'Europe, « l'approche globale » pour une région particulière », Revue du Marché commun et de l'Union européenne no. 418, mai 1998, pp. 322-329.

faveur de la Pologne et de la Hongrie, puis de la République Tchèque, Slovaquie, Estonie, Lettonie, Lituanie (1995), Slovénie (1996), Roumanie et Bulgarie qui a débouché sur des accords d'association[171] à partir de 1993. La Communauté appui la transformation des économies planifiées en économie de marché par le biais du programme PHARE[172] qui s'élève à 6,7 milliards d'ECU pour la période 1995-1999. PHARE couvre les domaines de l'environnement, de l'aide alimentaire et de la restructuration agricole, de la formation professionnelle, des investissements et de l'accès au marché.

Le régime institué par ces « accords européens » est très proche du régime PTM, puisqu'il prévoit l'établissement progressif d'une zone de libre-échange, un dialogue politique régulier et un volet culturel et social. Il faut noter que l'Union s'est abstenue de concéder le régime d'union douanière à ses partenaires de l'Est et s'est contentée de l'optique de la ZLE. Toutefois, le régime PECO va bien au-delà du régime PTM, puisque l'objectif final du projet est l'adhésion à l'Union européenne. Ainsi, l'accord d'association entre l'Union européenne et la Hongrie dispose « qu'il convient d'établir des règles politiques et pratiques nouvelles comme base de l'intégration de la Hongrie dans la Communauté ».

Les Pays d'Europe Centrale et Orientale ont vocation à adhérer à l'Union, mais seuls la Pologne, la Hongrie, la république Tchèque, l'Estonie et la Slovénie feront partie du premier peloton qui a commencé les négociations en mars 1998. La Bulgarie, la Roumanie, la Lettonie, la Lituanie et la Slovaquie, n'ont reçu le feu vert des Quinze qu'à l'occasion du sommet d'Helsinki (décembre 1999). Dès février 2000, ils entameront des négociations en vue de l'adhésion.

2. Le régime «Lomé »

Les pays de la zone ACP sont liés à l'Union européenne par les accords de Lomé depuis février 1975. Aujourd'hui, le régime Lomé IV, qui bénéficie à 71 ACP, met en pratique un régime très préférentiel[173]. En vertu de cette Convention,

---

[171] Voir par exemple, la Décision no. 3/96 du Conseil d'Association entre les Communautés européennes et leurs Etats membres d'une part, et la République de Hongrie d'autre part, du 28 décembre 1996, modifiant le protocole no. 4 de l'accord européen établissant une association entre les Communautés européennes d'une part et la république de Hongrie, d'autre part, JOCE, no. L 92 du 07.04.97.

[172] Voir le règlement PHARE au JOCE, no. L 375 du 23.12.89, modifié au JOCE, no. L 133 du 17.05.95.

[173] Voir la Décision du Conseil et de la Commission, du 25.02.1991 relative à la conclusion de la 4ème Convention CEE/ACP, JOCE, no. L 229 du 17.08.91.

les produits agricoles et industriels originaires de la zone Afrique-Caraïbe-Pacifique bénéficient du libre-accès sur le marché communautaire, en échange de l'octroi de la CNPF. Certains produits agricoles sensibles (moins de 1% des exportations ACP) se voient appliquer des droits de douane. Toutefois, ces droits et taxes sont plus avantageux que ceux appliqués dans le cadre SPG.

Le régime ACP met par ailleurs en œuvre certains dispositifs compensateurs originaux (dont les résultats laissent toutefois à désirer)[174] : en cas de chute des cours des produits agricoles, les recettes d'exportations sont assurées par le STABEX, qui est un mécanisme de transfert alimenté par le Fonds européen de développement. Dans le domaine minier, le SYSMIN, est un mécanisme de prêts dont l'objectif est de garantir la continuité de la production en cas de diminution des recettes.

Dans le cadre de l'aide financière, les ACP ont bénéficié de 5,5 milliards d'ECU sur la période 1990-1995. Cet appui communautaire est en augmentation de 22% pour la période 1995-2000.

Le régime préférentiel ACP devrait être amené à changer dans un avenir proche. Le « Livre vert sur les relations entre l'Union européenne et les pays ACP à l'aube du 21ème siècle : défis et options pour un nouveau partenariat »[175] se propose d'ouvrir le débat sur l'évolution du cadre actuel de coopération vers une différenciation des ACP en trois zones distinctes, Afrique, Caraïbe et Pacifique, ce qui aura pour conséquence de graduer les préférences au sein de la zone. Ce régime devrait donc évoluer soit vers un système d'accords séparés, soit vers un seul accord-cadre à plusieurs vitesses.

3. Le régime union douanière dont bénéficie la Turquie

Il faut par ailleurs noter que la Communauté a signé des accords d'union douanière avec Andorre, Saint Marin et la Turquie[176]. Ce dernier accord met en lumière la différence de traitement qu'il existe au sein même de la catégorie PTM. Ainsi, dans leur grande majorité les PTM bénéficient d'accords de zone de libre-échange, tandis que la Turquie bénéficie du régime plus avantageux de l'union douanière. Concrètement, la Turquie et l'Union constituent aujourd'hui un même

---

[174] Pour une évaluation critique du STABEX, voir CARREAU, FLORY, JUILLARD, Droit International Economique, 3ème édition, LGDJ, cit. *supra*, pp. 202-203.

[175] COM (96) 570 final.

[176] Voir le JOCE, no. L 217 du 29.12.64, Décision du Conseil du 23 décembre 1963 concernant la conclusion d'un accord établissant une association entre la Turquie et la CEE, 64/732/CEE ; pour plus de détails sur le passage à la dernière étape de l'union douanière, voir la Décision no. 1/95 du Conseil d'association CE - Turquie relative à l'entrée en vigueur de la phase finale de l'Union douanière au JOCE, no. L 35 du 13.02.96.

espace commercial et douanier. Il existe un tarif douanier ainsi qu'une réglementation commerciale communs vis-à-vis des pays tiers. De plus, au sein de l'UD, les marchandises bénéficient d'une libre circulation effective avec exemption des conditions relatives au caractère originaire.

Cette exception trouve une justification d'ordre historique. L'adhésion de la Turquie à la Communauté est programmée depuis... 1963 par le traité d'Ankara[177] ! La reconnaissance officielle de la candidature turque est acquise depuis le sommet européen de Helsinki (décembre 1999)[178]. En tout état de cause, la Turquie devra - à l'image des PECO - satisfaire aux critères de Copenhague (démocratie, droits de l'homme et économie de marché). Ce qui peut rendre les délais plus ou moins longs !

A ces régimes conventionnels s'ajoutent des régimes autonomes. Les plus importants sont les régimes PTOM et SPG.

B. Les régimes autonomes

En plus de régimes préférentiels conventionnels, c'est-à-dire négociés et réciproque (au moins partiellement), s'ajoutent des régimes autonomes, octroyés et non réciproques, tels que le système PTOM, ou le système généralisé de préférences.

1. Le régime « Pays et territoires d'outre-mer »

Les relations avec les PTOM font l'objet des articles 131 à 136 bis du traité de Rome (quatrième partie). En vertu de ce régime, les pays et territoires non européens entretenant des « relations particulières » avec la France, la Belgique, la Grande Bretagne et les Pays-Bas, sont associés à l'Union européenne. Le régime PTOM offre un accès libre au marché communautaire pour les produits des territoires suivants : Antilles néerlandaises, îles Falkland, Groenland, Mayotte, Nouvelle-Calédonie, Polynésie française, Wallis et Futuna, Terres australes et Antarctiques françaises, Saint-Pierre-et-Miquelon. Des exceptions au libre-accès commercial sont maintenues pour les bananes et le rhum (décision du Conseil du 25 juillet 1991).

---

[177] JOCE, no. L 217, *cit. supra.*

[178] Le Monde, « A Helsinki, la Turquie promet des efforts sur les droits de l'homme », 14 décembre 1999.

Dans le domaine de la coopération financière, la programmation 1995-2000 prévue est équivalente à 200 MECU.

2. Le Système généralisé de préférences

Le système généralisé de préférences (SGP) trouve son origine dans une initiative de la Commission des Nations Unies pour le Commerce et le Développement (CNUCED) (1968). Le principe fondateur du système consiste en « l'offre par des pays donateurs de préférences non réciproques et non discriminatoires pour les exportations des produits manufacturés et semi-finis en provenance des pays bénéficiaires ». Un problème de compatibilité entre ce régime et la CNPF a été résolu en deux temps. De 1971 à 1979, la dérogation de l'article XXV §5 du GATT a permis, sous certaines conditions[179], la coexistence du SGP et du GATT. En 1979, l'adoption d'une clause d'habilitation à l'issu du Tokyo round, a permis d'intégrer juridiquement le SGP au GATT.

Dans la pratique, les offres SGP de la Communauté[180] sont différenciées selon le niveau de développement économique des pays bénéficiaires (augmentation du nombre de PMA au préjudice de certains NPI). Ainsi, la nouvelle orientation pour les produits industriels (1995-1998)[181] et agricoles (1996-1999)[182] prévoit des baisses de préférence de 50% pour certains pays.

Les pays d'Asie (70% des importations de l'Union) et d'Amérique latine (premier bénéficiaire dans le domaine agricole) sont les principaux bénéficiaires du SGP. Ils bénéficient par ailleurs d'une assistance financière communautaire[183].

3. Le régime accordé à « certains pays issus de l'ex-Yougoslavie »

Certains pays issus de l'ex Yougoslavie bénéficient également de mesures commerciales autonomes en vertu des règlements du Conseil no. 70/97[184] relatifs au régime applicable aux importations dans la Communauté des produits

---

[179] Pour une analyse détaillée du système généralisé de préférences et son évolution, voir D. CARREAU, T. FLORY, P. JUILLARD, Droit International Economique, LGDJ, Paris, 3ème édition, 1990, pp. 226-235.

[180] Voir le règlement du Conseil du 21.07.71, JOCE, no. L 348 du 28.08.71.

[181] JOCE, no. L 348 du 31 12 1994.

[182] JOCE, no. L 160 du 29 06.1996.

[183] Voir le règlement CEE no. 443/92 du Conseil, du 25.02.92 relatif à l'aide financière et technique avec les Pays en développement d'Amérique latine et d'Asie, JOCE, no. L 52 du 27.02.92.

[184] JOCE, no. L 16 du 18.01.97.

originaires des Républiques de Bosnie-Herzégovine, de Croatie et de l'ancienne République yougoslave de Macédoine,[185] et no. 825/97 pour la République Fédérale de Yougoslavie. Toutefois, seules la Bosnie-Hérzégovine et la Croatie bénéficient encore d'un traitement préférentiel pour l'année 1998[186].

Ce régime commercial préférentiel est accompagné par une aide financière de 400 MECU sur la période 1996-1999, dans le cadre de la reconstruction de ces pays.

Dans la hiérarchie des préférences, les ACP tiennent le haut de la pyramide, suivis des PTM (au sein desquels la Turquie par exemple, se distingue nettement par son statut de membre de l'union douanière avec l'UE) puis des bénéficiaires SGP (pays de l'ASEAN et du Pacte andin). Mais les ACP et les PTM subissent ensemble la concurrence des PECO et des pays bénéficiant d'un accord d'union douanière avec l'Union, tous deux dans une logique d'adhésion à l'Union.

Cette inflation des régimes préférentiels va de pair avec une multiplication des projets de zone de libre-échange. Ainsi, comme l'écrit Catherine GOYBET, le projet de zone de libre-échange entre l'Union européenne et l'Afrique du Sud crée non seulement des frictions entre les Quinze, mais aussi des menaces sur « les avantages durement acquis »[187] par les Marocains dans le domaine agricole.

L'érosion des préférences découlant de la pyramide des régimes préférentiels est accélérée par la baisse *erga omnes* du tarif douanier commun (TDC) à l'issue de l'Uruguay round[188]. Cette diminution devrait surtout concerner les produits taxés à moins de 3%, ce qui ne changera pas l'attrait des régimes préférentiels pour les produits sensibles soumis à des régimes dérogatoires par rapport au régime OMC. Toujours est-il que les résultats du cycle de l'Uruguay banalisent l'accès au marché européen, ce qui a pour effet de remettre en question la position des PTM en général, et du Maroc en particulier, au sein de cette pyramide des privilèges.

Faut-il rappeler ici que « jusqu'en 1970, parmi les pays méditerranéens, seuls le Maroc, la Tunisie et la Grèce bénéficiaient de préférences tarifaires communautaires »[189] ?

---

[185] JOCE, no. L 119 du 08.05.97.

[186] JOCE, no. L 356 du 31.12.97.

[187] Voir Catherine GOYBET, « Les zones de libre-échange : nouveau sujet de tension entre les Quinze ? », Revue du Marché commun et de l'Union européenne, no. 395, février 1996, pp. 77-80.

[188] Voir Lionel FONTAGNE et Nicolas PERIDY, « Uruguay Round et PVD, le cas de l'Afrique du Nord », Revue Economique, Volume 46, no. 3, mars 1995, pp.703-715.

[189] Lionel FONTAGNE et Nicolas PERIDY, « Uruguay Round et PVD, le cas de l'Afrique du Nord », cit. *supra*.

CONCLUSION DE LA PARTIE I. La licéité de la zone de libre-échange au regard de la réglementation OMC

Les intégrations régionales, dont le nombre n'a cessé d'augmenter « depuis la décennie 1980 »[190], fonctionnent sur la base de préférences tarifaires mutuelles entre les membres constitutifs seulement. A priori, la CNPF ne peut s'accommoder d'un tel phénomène qui pourrait à terme saper le fonctionnement même du système commercial multilatéral. Le principe en vertu duquel tout avantage commercial accordé par un pays A à un pays B, doit être automatiquement étendu à tous les autres pays membres de l'OMC est remis en question par le fonctionnement des zones de libre-échange basées sur un régime tarifaire préférentiel. Toutefois, la réglementation OMC permet à deux ou plusieurs parties de créer une intégration régionale, et de déroger[191] ainsi à la CNPF, à condition de respecter les conditions de l'article XXIV (A) qui est devenu inadapté à l'évolution que connaissent les intégrations régionales aujourd'hui (B).

A. les conditions de l'article XXIV OMC

L'article XXIV OMC reconnaît les intégrations économiques si le processus de libéralisation mis en œuvre couvre l'essentiel des échanges commerciaux, dans un délai raisonnable, sans introduire de distorsions d'échanges au préjudice des pays non-membres de la zone.

1. La condition de « l'essentiel des échanges commerciaux »

En vertu de l'article XXIV§8 OMC, la libéralisation du commerce envisagée par les parties contractantes à un accord de zone de libre-échange doit s'appliquer à l'essentiel des échanges commerciaux, c'est-à-dire qu'elle ne doit exclure a priori aucun secteur économique représentatif. Cette disposition de l'article XXIV OMC a posé par le passé, et continue de poser aujourd'hui de nombreuses et insolubles difficultés d'application. Source d'incertitudes depuis

---

[190] Paul KRUGMAN, « L'émergence des zones régionales de libre-échange : justifications économiques et politiques », Problèmes économiques, no. 2289, 2 septembre 1992, pp. 18-27, extrait de l'article original « The Move Toward Free Trade Zone », Economic Review, nov.-dec. 1991.

[191] Il existe d'autres dérogations à la CNPF : la clause d'habilitation permet d'accorder aux pays en développement un traitement différencié et plus favorable ; la procédure de l'article XXV § 5 (*waiver*) permet de déroger à la CNPF par une décision des parties contractantes ou du Conseil.

l'examen par le GATT du traité de Rome portant création de la Communauté, cette condition de l'article XXIV n'a jamais été interprétée strictement.

Dans les considérants du Mémorandum d'accord sur l'interprétation de l'article XXIV adopté à l'issu du Cycle de l'Uruguay[192], les membres de l'OMC reconnaissent que la contribution d'une intégration régionale à l'expansion du commerce mondial est « plus grande si l'élimination des droits de douane et des autres réglementations commerciales restrictives entre les territoires constitutifs s'étend à tout le commerce, et plus petite si un secteur majeur du commerce est exclu ». Il semblerait donc qu'un accord établissant une zone de libre-échange remplirait cette condition de « l'essentiel des échanges commerciaux » si aucun « secteur majeur du commerce n'est exclu ».

Lorsque l'on envisage la libéralisation programmée par l'accord d'association entre l'Union européenne et le Maroc on peut s'interroger sur le respect de cette condition. Il est prévu la création d'une zone de libre-échange comprenant la libéralisation du commerce des produits industriels, ainsi que l'engagement de mettre en œuvre de manière progressive une plus grande libéralisation des échanges réciproques des produits agricoles. L'agriculture n'est pas formellement exclue de la zone de libre-échange mais, comme le reconnaît la Commission européenne dans la « Communication BRITTAN » sur les accords commerciaux préférentiels conclus entre l'Union européenne et les pays tiers dans le contexte de l'OMC, « il n'en est pas moins vrai que la libéralisation totale des échanges de produits agricoles n'a jamais été possible en raison de la nécessité, reconnue explicitement dans certains mandats de négociation et en tous cas implicitement dans tous, d'éviter un conflit avec la politique agricole commune »[193].

Un secteur économique important, voire vital pour le Maroc, n'est pas intégré dans le processus de libéralisation. Et la Commission de se justifier en affirmant que « l'article XXIV du GATT n'a jamais précisé qu'une zone de libre-échange ou union douanière imposait un libre-échange total pour tous les produits échangés par les parties ». Si cela est vrai, et la pratique du GATT, qui n'a jamais pu développer une jurisprudence cohérente en la matière, tendrait à le prouver[194], nous pouvons toutefois affirmer qu'une interprétation *a contrario* de l'article XXIV ne devrait pas aboutir à exclure un « des secteurs les plus représentatifs de la vie économique des pays en cause »[195] représentant 20% du PIB marocain.

---

[192] JOCE, no. L 336 du 23.12.94.

[193] Voir le « Mémorandum BRITTAN », Europe Documents, no. 2025 du 27 février 1997.

[194] Voir Jürgen HUBER, « The practice of GATT in examining regional arrangements under article XXIV », Journal of Common Market Studies, Volume XIX, no. 3, March 1981, pp. 280-298.

[195] Voir D. CARREAU, T. FLORY, P. JUILLARD, Droit International Economique, LGDJ, Paris, 3ème édition, 1990, p. 123.

L'établissement d'un programme de libéralisation de manière à créer une intégration régionale dans un certain délai, constitue la seconde condition de l'article XXIV OMC.

2. La condition « d'établir un plan et un programme » pour établir une ZLE dans « un délai raisonnable »

En vertu de l'article XXIV§5/c, la ZLE doit se faire selon un accord intérimaire incluant « un plan et un programme » pour créer une telle intégration dans « un délai raisonnable ». Conscients des efforts d'ajustements demandés par l'ouverture des marchés, les rédacteurs de l'article XXIV ont accordé une sorte de délai de grâce ou période transitoire avant le libre-échange intégral. Les difficultés ont justement porté sur ce « délai raisonnable » de la période de transition. Le Mémorandum d'accord sur l'interprétation de l'article XXIV a apporté une clarification bienvenue. Doit être considéré comme raisonnable, un délai de dix ans, sauf dans les cas exceptionnels. Ainsi, la période transitoire (art 6) devant aboutir à une zone de libre-échange entre l'Union et le Maroc est de douze ans. Le « mémorandum d'accord sur l'article XXIV » fait donc obligation aux parties « d'expliquer en détail au Conseil du commerce des marchandises » pourquoi un dépassement de deux années, par rapport au délai jugé « raisonnable », est-il nécessaire.

Nous pouvons d'ores et déjà en déduire que ce dépassement de deux années sera interprété de façon souple, eu égard à la différence de niveau de développement entre les économies en présence.

Enfin, l'intégration régionale projetée ne doit pas détourner les courants d'échange au préjudice des pays tiers. C'est la troisième obligation.

3. La condition de « ne pas détourner les courants d'échanges »

La création de la ZLE ne doit pas détourner les courants d'échanges commerciaux avec les pays tiers, c'est-à-dire que la ZLE ne doit pas se faire au détriment des autres membres du GATT. Cette condition se base sur l'analyse économique qui voudrait que le libre-échange entre deux pays qui conservent une protection commune vis-à-vis du reste du monde peut appauvrir ces pays au lieu de créer de la richesse. Bien que la ZLE soit une intégration régionale, elle doit s'insérer, en vertu de la lettre et de l'esprit libre-échangiste de l'accord OMC, dans un environnement multilatéral libéral.

Premièrement, l'obligation de ne pas détourner les flux commerciaux n'a pas toujours été respectée par le passé. Pour preuve, le « contentieux agrumes » entre la Communauté et les Etats-Unis à propos de l'accord de coopération Maroc-CEE de 1976[196]. Au motif que les préférences offertes au Maroc dans le domaine agricole (oranges et citrons) étaient incompatibles avec la CNPF (article I) et portaient préjudice aux exportateurs californiens d'agrumes, les Etats-Unis ont déclenché une procédure devant le GATT en 1982. Le panel du GATT rendu en 1985 à propos de ce contentieux n'a pas été adopté par le Conseil du GATT[197].

Deuxièmement, dans le cas qui nous intéresse, il ne semble pas exclu, *a priori*, que la zone de libre-échange entre l'Union européenne et le Maroc, soit *trade diverting*. Une étude de la Banque mondiale[198] a effectivement démontré que la libéralisation envisagée dans le cadre de l'accord d'association entraînerait un gain de 1,5% du PIB, tandis qu'une libéralisation *erga omnes* aboutirait à une amélioration de 2,5% du PIB. Cette différence, d'au moins un point, s'explique par le fait qu'une libéralisation *erga omnes* éliminerait les coûts liés aux détournements de flux commerciaux associés à une libéralisation commerciale discriminatoire. Toutefois, le gain de 1,5% du PIB tendrait à prouver que l'effet *trade diverting* n'est pas dominant. Bien entendu, cette étude, basée sur l'analyse quantitative de 39 secteurs de l'économie marocaine, est à prendre avec précaution, d'autant plus qu'elle intègre l'agriculture dans le libre-échange, mais elle a le mérite d'apporter des éléments concrets permettant un début d'analyse de l'accord de libre-échange eu égard au respect de cette condition de l'article XXIV.

Il faut enfin souligner le fait que les zones de libre-échange sont rarement créées *ex nihilo* et qu'elles correspondent le plus souvent à des zones d'intenses échanges commerciaux. C'est le cas notamment des relations entre le Maroc et l'Union européenne. Quand bien même la création d'une ZLE serait *trade diverting*, sa mise en œuvre présenterait certains aspects positifs indéniables. L'augmentation de la taille des marchés permet d'importantes économies d'échelles accompagnées de mouvements bénéfiques de délocalisation et, l'amélioration des termes de l'échange entre les parties permet une baisse du prix des intrants, ce qui a pour conséquence d'importants gains de productivité.

---

[196] Voir Thiébaut FLORY, « Les aspects juridiques des implications commerciales extérieures du 3ème élargissement de la CEE », Chronique de Droit International Economique, AFDI, 1985, pp. 691-696.

[197] Parallèlement au recours introduit devant le GATT, les Etats Unis ont imposé la taxation de pâtes alimentaires originaires de la CEE (novembre 1985). La Communauté a répondu en taxant les noix et citrons originaires des Etats Unis. Ces surtaxes douanières ont été abrogées par un accord bilatéral Etats Unis-CEE en date du 10 août 1986.

[198] Voir Thomas F. RUTHERFORD, E. E. RUTSTRÖM et David TARR, « Morocco's Free Trade Agreement with the European Community/ A Qantitative Assessment », Policy Research Department, the World Bank, Septembre 1993, WPS 1173.

B. L'inadaptation de l'article XXIV OMC aux accords euro-méditerranéens d'association

L'établissement d'une zone de libre-échange Union européenne-Maroc en conformité avec les principes de l'OMC implique le respect des obligations de l'article XXIV étudié ci-dessus. Cet article a donné lieu, lors de l'examen des intégrations régionales par le GATT, à une interprétation flexible et politique. Il semblerait que le pragmatisme qui veut « qu'il soit peu probable qu'un monde sans accords régionaux fasse beaucoup mieux »[199], ajouté aux facteurs économiques (les intégrations régionales sont censées créer de la richesse) et politiques[200] (les intégrations régionales permettent d'étendre des zones d'influence) soit la base de cette interprétation extensible des conditions de l'article XXIV.

Toutefois, L'article XXIV OMC paraît inadapté à cette nouvelle tendance que constituent les intégrations régionales.

L'article XXIV n'a pas été pensé pour les intégrations économiques entre partenaires présentant des niveaux de développement économiques différents. Or, l'association entre l'Union européenne et le Maroc, constitue une intégration commerciale entre deux partenaires de niveaux de développement différents : le Maroc est un PED alors que la CE est une Union économique et monétaire regroupant 15 pays développés. A ce propos, l'exclusion de l'important secteur de l'agriculture du projet de ZLE est problématique. Ce secteur n'est inclus dans le projet de libre-échange que de manière formelle sous la forme d'une « clause de rendez-vous » permettant de reporter l'ouverture des négociations sur l'agriculture à l'horizon 2000. Cela ne préjuge en rien des résultats de cet important dossier qui sera parallèlement traité dans le cadre mondial de l'OMC.

Ce nouveau type d'intégration dépasse le commerce des marchandises *stricto sensu*. En effet, ces accords programment à terme une libéralisation des services : il faut donc également analyser ces accords à la lumière de l'article V du GATS pendant de l'article XXIV OMC dans le domaine du commerce des services. Par ailleurs, une libéralisation des capitaux est prévue.

Enfin, les accords euro-méditerranéens d'association mettent en œuvre un dialogue de nature non-économique : c'est ainsi, que le titre I de l'accord euro-méditerranéen d'association entre l'Union européenne et le Maroc prévoit un

---

[199] Voir Paul KRUGMAN, « L'émergence des zones régionales de libre-échange : justifications économiques et politiques », Economie Internationale, cit. *supra*.

[200] Voir Christian DEBLOCK et Dorval BRUNELLE, « Une intégration régionale stratégique : le cas nord-américain », Revue Etudes internationales, volume XXIV, no. 3 septembre 1993, pp. 595-629.

dialogue de nature politique qui peut être poursuivi au niveau bilatéral (conformément au titre I), ainsi qu'au niveau multilatéral, dans le cadre plus approprié du suivi du processus de Barcelone.

Cette nouveauté du partenariat met en lumière l'aspect stratégique de l'association. Le cœur du projet est une zone de libre-échange. Mais les contours réels de ce projet n'ont été que peu ou prou définis. Extension des normes européennes économiques, encouragements aux intégrations horizontales entre PTM, le tout coiffé d'un dialogue politique. L'évaluation de ce nouveau type d'accords ne peut plus se faire sous l'angle du commerce des marchandises seulement.

Le véritable enjeu de l'association euro-méditerranéenne réside dans les incidences de la libéralisation commerciale, plus que dans les gains directs de cette ouverture. Il s'agit en fait de créer un cadre propice aux affaires. Un marché au sein duquel tous les facteurs de production pourront (à terme) circuler librement. C'est ce que nous tenterons de démontrer, avec toutes les incertitudes que cette projection implique (Partie II).

PARTIE II : L'INCITATION A LA MOBILITE DES FACTEURS DE PRODUCTION

Au plan commercial, la mise en œuvre du libre-échange n'aura pas d'effets bénéfiques à court terme. C'est du moins ce que nous enseigne la théorie économique ! Lorsqu'il existe une libéralisation commerciale entre deux partenaires, le gain net de l'ouverture mutuelle favorise l'exportateur net, en l'occurrence, l'Union européenne. L'expérience du Mexique avec son puissant voisin nord-américain constitue un précédent riche d'enseignements à cet égard.

Quelles seront donc les incidences de l'accord euro-méditerranéen d'association à plus long terme ? En fait, elles sont assez difficiles à cerner avec précision, quant à leur nombre, et à leur amplitude. Mais on peut d'ores et déjà prévoir deux types d'incidences.

Tout d'abord, les standards économiques européens inclus dans l'accord d'association entre l'Union européenne et le Maroc, vont bouleverser le cadre macro-économique marocain, notamment au niveau des règles de concurrence, ainsi que des libertés fondamentales de circulation, notamment celles relatives aux capitaux aux services et (dans une moindre mesure) aux personnes (chapitre I). En effet, il ne sert à rien de libéraliser les échanges commerciaux de marchandises au sein de la ZLE, sans mettre parallèlement en œuvre des règles jouant dans le sens d'un décloisonnement du marché. Le libre-échange ne serait pas effectif si, par exemple, aucun mouvement de capitaux n'est autorisé par le Maroc. Qui prendrait le risque d'investir s'il n'était pas préalablement assuré de pouvoir liquider et rapatrier librement le produit de son investissement ainsi que ses bénéfices ? Ce ne serait sûrement pas l'investisseur rationnel ! Par ailleurs, il ne sert à rien de programmer un démantèlement des barrières tarifaires et non tarifaires si les entreprises (par leurs comportements) ou les Etats (par leurs interventions, sous forme de subventions par exemple) réussissent à cloisonner les marchés nationaux. C'est pour cette raison qu'il est fondamental d'étendre les règles de concurrence européennes qui ne constituent ni plus ni moins qu'un instrument de contrôle des comportements anticoncurrentiels des acteurs étatiques et privés.

En outre, il ne faut pas perdre de vue que l'un des objectifs du partenariat est de créer une vaste zone euro-méditerranéenne regroupant 27 pays membres. Il faut donc replacer l'accord de libre-échange étudié dans le réseau d'accords similaires que l'Union négocie actuellement avec tous les PTM, de façon à cerner les incidences de types horizontales (chapitre II). Une fois que tous les PTM appliqueront les mêmes standards économiques, l'intégration régionale entre eux sera envisageable. Il semblerait que cette incidence soit l'une des principales composantes du pari euro-méditerranéen.

Les incidences verticales et horizontales constituent en fait les deux versants d'une même problématique : établir un marché unique euro-méditerranéen décloisonné au sein duquel les facteurs de production -

marchandises, capitaux, services, et peut être un jour personnes - puissent circuler librement.

Chapitre II. Les incidences verticales : l'application des normes économiques, financières et de concurrence.
Chapitre II. Les incidences horizontales : la réactivation de l'intégration régionale maghrébine.

Chapitre I. Les incidences verticales : L'application des normes européennes économiques, financières et de concurrence

Une des incidences majeures de l'accord de libre-échange entre le Maroc et l'Union européenne est l'extension des standards européens en matière de législation économique et financière. Pour attirer l'investissement étranger, il est en effet essentiel de se doter d'une législation offrant le maximum de garanties et de lisibilité. La décision de l'investisseur potentiel dépend en partie de règles économiques et financières claires. Dans cette optique, les rédacteurs de l'accord d'association ont décidé d'inclure un 4ème titre intitulé « paiements, capitaux, concurrence et autres dispositions économiques », dont l'objectif est d'étendre les standards européens en matière de concurrence et de liberté de circulation des capitaux, des personnes (liberté d'établissement pour les personnes morales) et des services.

Pour tenter de cerner l'impact réel qu'aura à terme le titre 4 de l'accord, et vu que « les pratiques contraires à l'article 36 seront évaluées sur la base des articles 85, 86 et 92 du traité de Rome »[201], il faut expliciter le fonctionnement des règles de concurrence dans le cadre du traité de Rome. Dans un deuxième temps, nous nous intéresserons à l'extension des libertés communautaires de circulation des capitaux (section II) des personnes et des services (section III).

Section I. L'extension des règles européennes de concurrence au Maroc

L'inclusion de règles communautaires de concurrence dans l'accord entre l'Union européenne et le Maroc, ne préjuge en rien de l'application directe du droit de la concurrence par l'Union européenne. Il existe en effet un précédent d'application des règles de concurrence européenne à un pays tiers, la Finlande, membre d'une zone de libre-échange avec l'Union européenne : l'affaire « pâtes de bois »[202]. Dans cette affaire, les sociétés requérantes finlandaises estimaient être en droit de se prévaloir des dispositions de l'accord de libre-échange et relatives à la

---

[201] Voir l'article 36§2.

[202] CJCE, 27 septembre 1988, Pâtes de bois, aff. Jointes 89/85 et s., Rec. 5193.

concurrence de manière à écarter l'application de l'article 85 CE (81 nouveau). La CJCE a écarté ce moyen de défense et décidé « qu'il importe d'observer que les dispositions des articles 23 et 27 de l'Accord de libre-échange présupposent que les parties contractantes disposent de règles qui leur permettent de sanctionner les ententes qu'elles considèrent comme incompatibles avec l'accord. En ce qui concerne la Communauté, ces règles ne peuvent être que les articles 85 et 86 de l'Accord ». Et la Cour de conclure que « l'Accord de libre-échange n'en exclut donc pas l'application »[203]. Il est donc fondamental de comprendre le fonctionnement de ces règles, car toute violation des dispositions conventionnelles de concurrences sera jugée sur la base du droit européen de la concurrence (articles pertinents ainsi que jurisprudence de la CJCE en la matière).

L'article 36 §1 de l'accord d'association pose le principe de l'incompatibilité avec le bon fonctionnement de l'accord, dans la mesure où ils sont susceptibles d'affecter le commerce entre la Communauté et le Maroc :

- « tous les accords entre entreprises, toutes les décisions d'association d'entreprises et toutes les pratiques concertées entre entreprises qui ont pour objet ou pour effet d'empêcher ou de restreindre ou de fausser le jeu de la concurrence ;
- l'exploitation abusive par une ou plusieurs entreprises d'une position dominante sur l'ensemble des territoires de la Communauté ou du Maroc ou dans une partie substantielle de celui-ci ;
- toute aide publique qui fausse ou menace de fausser la concurrence en favorisant certaines entreprises ou certaines productions sauf dérogations autorisées en vertu du traité instituant la Communauté européenne du charbon et de l'acier. »

L'article 36 appréhende les comportements anticoncurrentiels des entreprises (al. a) et b)) et de l'Etat (al. c). Nous étudierons donc l'application des règles européennes de concurrence aux entreprises agissant sur le marché euro-marocain, d'une part, et à l'Etat marocain, d'autre part.

---

[203] Voir les points 29 à 33 de l'arrêt, *Sur l'application exclusive ou non des règles de concurrence contenues dans l'Accord de libre-échange entre la Communauté et la Finlande.*

§1. L'application des règles de concurrence aux entreprises opérant sur le marché marocain

L'article 36 pose le principe de l'incompatibilité avec l'accord, des ententes et abus de positions dominantes lorsqu'ils sont susceptibles d'affecter les échanges entre la Communauté et le Maroc et qu'ils sont le fait d'entreprises.

A. L'interdiction des ententes anticoncurrentielles

1. Notion extensive de l'entreprise

Le traité de Rome ne donne aucune définition de la notion d'entreprise qui va être élaborée par la Cour de Justice des Communautés européennes (CJCE). C'est dans un arrêt *Hydrotherm*[204] que la CJCE a défini la notion d'entreprise « qui doit être comprise comme désignant une unité économique du point de vue de l'objet de l'accord en cause ». L'entreprise, en droit de la concurrence, est donc définie de façon extensive : il s'agit de toute unité économique, ce qui signifie que la forme juridique n'importe pas. Il peut donc s'agir d'une personne physique[205] ou morale ainsi que d'un syndicat[206].

Par ailleurs, la nature publique ou privée de l'entité économique importe peu, et l'article 36 al a) de l'accord d'association, comme l'article 85 CE (81 nouveau), devrait donc s'appliquer aux entreprises publiques[207]. Ainsi, l'article 90 CE (86 nouveau) dispose que les Etats membres ne doivent ni édicter ni maintenir des mesures contraires au droit de la concurrence en ce qui concerne les entreprises publiques et les entreprises auxquelles ils accordent des droits spéciaux ou exclusifs[208].

Enfin, le critère de l'autonomie économique de l'entreprise permet de départager les opérateurs qui tombent sous le coup de l'article 85 CE et ceux qui en sont exclus lors d'une entente. Le problème s'est posé en pratique pour les représentants commerciaux, ainsi que pour les groupes de sociétés.

---

[204] CJCE, Sté. Hydrotherm Gerätebau c/ Entreprise Compact, aff. 170/83, Rec. 2999.
[205] Voir le cas d'un inventeur qui commercialise son invention, décision AOIP Beyrard, 02.12.75, au JOCE, no. L 6 du 13.01.76
[206] Voir la décision du 29.11.74, JOCE, no. L 343 du 21.12.74.
[207] Voir, CJCE, 19 mai 1993, Corbeau, aff. C. 320/91, Rec., 2533.
[208] Voir *infra,* §2 « L'applicabilité des règles de concurrence à l'Etat marocain ».

Les représentants de commerce ainsi que les mandataires qui agissent pour le compte de leur mandant, ne tombent pas sous le coup de l'article 85, car ils ne sont pas considérés comme une entité économique autonome, en raison du lien de subordination juridique. Par contre, un concessionnaire peut être assimilé à une entreprise.

Le problème se pose également pour les groupes de sociétés. Il est en effet important de connaître le degré réel d'autonomie d'une filiale par rapport à la société-mère. Ainsi dans l'affaire des « matières colorantes »[209], où il s'agissait en l'espèce d'un accord entre la filiale d'un groupe et une société étrangère à celui-ci, la CJCE a imputé l'action de la filiale à la société-mère. Pour les accords passés entre sociétés d'un même groupe, l'article 85 ne s'applique pas lorsque « les entreprises forment une unité économique à l'intérieur de laquelle la filiale ne jouit pas d'une autonomie réelle dans la détermination de sa ligne d'action, et si ces accords ont pour but d'établir une répartition interne des tâches entre les entreprises »[210].

En plus de l'autonomie économique, pour être qualifié d'entreprise au sens du droit de la concurrence, il faut exercer une activité économique. Ainsi, un organisme de placement de cadres en Allemagne[211] a été considéré par la CJCE comme une entreprise, tombant sous le coup de l'article 85 CE.

2. La restriction d'une concurrence effective

En vertu des articles 85 CE et 36 a de l'accord d'association, les pratiques concertées tombant sous le coup du droit de la concurrence doivent avoir « pour objet ou pour effet d'empêcher de restreindre ou de fausser le jeu de la concurrence ». *A contrario*, une entente dont ni l'objet ni l'effet, ne saurait être restrictif de concurrence, ne pourrait être prohibée par le droit de la concurrence. Cela revient donc à clarifier la notion de « concurrence » ainsi que l'expression « d'objet ou d'effet ».

Lorsque l'on parle de concurrence au sens de l'article 85 CE, il ne s'agit pas de la concurrence pure et parfaite jugée trop théorique, mais plutôt de concurrence praticable ou effective. Dans cette optique, déterminer une restriction de concurrence revient à analyser le marché en question, car une entente restrictive de concurrence sur un marché A ne le sera pas automatiquement sur un marché B : tout dépend donc du cas analysé.

---

[209] CJCE, 14.juillet 1972, aff. 48,49 et 51 à 57/69, Imperial Chemical industries c/ Commission, Rec., 1972, 619.

[210] Voir CJCE, 31.10.74, Centrafarm BV et A. de Peijper c/Sterling Drug, aff. 15/74, Rec., 1147 et Centrafarm BV et A. de Peijper c/ Wintrop BV, aff. 16/74, Rec., 1183.

[211] Voir CJCE, 23.04.91, Höfner c. Macroton, aff. C. 41-90, Rec., 1979.

Dès le début, la CJCE a confirmé cette approche pragmatique de la notion de concurrence. Ainsi, à propos d'un contrat assorti d'une clause concédant un droit exclusif de vente, la Cour a jugé « qu'il y avait lieu de prendre en considération la nature et la quantité limitée ou non des produits faisant l'objet de l'accord, la position et l'importance du concédant et celles du concessionnaire sur le marché des produits concernés, le caractère litigieux de l'accord litigieux ou, au contraire, les possibilités laissées à d'autres courants commerciaux sur les mêmes produits par le moyen de réexportations et d'importations parallèles » et de conclure que « la seule nature du contrat n'est pas un élément constitutif de l'infraction à l'article 85 »[212]. La confirmation du principe posé en 1966 est venue dans l'affaire *Metro-Saba*[213] dans laquelle la Cour a affiné son raisonnement en décidant que « la concurrence non faussée visée aux articles 3 et 85 du traité CEE implique l'existence sur le marché d'une concurrence efficace (*workable competition*), c'est-à-dire la dose de concurrence nécessaire pour que soient respectées les exigences fondamentales et atteints les objectifs du traité et, en particulier, la formation d'un marché unique réalisant les conditions analogues à celles d'un marché intérieur. Cette exigence admet que la nature et l'intensité de la concurrence puissent varier en fonction des produits et services en cause et de la structure économique des marchés sectoriels concernés ». C'est donc d'une concurrence relative qu'il s'agit en droit de la concurrence, qui est analysée en fonction des objectifs libéraux du traité de Rome, ainsi que du marché en cause.

Dans l'application de l'article 36 a) de l'accord euro-méditerranéen, l'analyse se fera en prenant en compte l'objectif de création d'une zone de libre-échange, finalité de l'association entre le l'Union européenne et le Maroc.

Le fait de déceler une pratique anticoncurrentielle n'est pas en soi constitutif d'une infraction à l'article 85 CE. Il faut qu'il existe un lien de causalité entre l'entente et la restriction de concurrence observée.

---

[212] CJCE, 30 juin 1966, LTM/MBU, aff. 56/65, Rec., p. 337.

[213] Voir plus particulièrement les attendus 20 à 22, CJCE, 25 octobre 1977, Metro I, aff. 26/76, Rec., 1875.

3. Lien de causalité entre l'entente et la restriction de concurrence observée

a) L'alternative objet/effet

L'article 85 CE interdit les pratiques concertées qui « ont pour objet ou pour effet de restreindre le jeu de la concurrence ». La condition est alternative. Suivant la jurisprudence *LTM*, il faut d'abord considérer l'objet de l'accord en cause, puis l'effet : « le caractère non cumulatif, mais alternatif de la présente condition, marqué par la conjonction « ou », conduit d'abord à la nécessité de considérer l'objet même de l'accord (...) ; que les altérations de la concurrence doivent résulter de tout ou partie des clauses de l'accord lui-même ; qu'au cas cependant où l'analyse desdites clauses ne révélerait pas un degré suffisant de nocivité à l'égard de la concurrence, il conviendrait alors d'examiner les effets de l'accord (...) ». L'objet de l'accord se déduit en pratique de l'analyse des clauses juridiques qui le constituent. S'il s'avère que l'objet de l'accord en cause est anticoncurrentiel, l'analyse de l'effet devient inutile. Il est donc possible d'interdire un accord anticoncurrentiel avant sa mise en œuvre. En revanche, la détermination de l'effet d'un accord devient intéressante, lorsque l'objet n'est pas anticoncurrentiel. Cela permet de faire tomber sous l'interdiction de l'article 85 des accords pour lesquels il n'existe pas d'élément intentionnel de restreindre la concurrence ; mais cela permet aussi de prohiber des pratiques concertées qu'il n'est pas possible de détecter avant leur mise en œuvre. A ce stade, l'analyse est purement objective. On voit jusqu'à quel point l'interprétation extensive et finaliste de l'article 85 permet d'élargir le champ de l'interdiction.

Dans la pratique, il doit exister un lien de cause à effet entre l'accord ou la pratique concertée et la restriction de concurrence observée. Là aussi, l'interprétation par la Cour est finaliste : un accord peut tomber sous le coup de l'interdiction de l'article 85, même si pris isolément, il n'a aucun effet sur la concurrence. Ainsi dans une affaire *Haecht I*[214], la Cour a jugé que « l'existence de contrats similaires est une circonstance qui, avec d'autres, peut former un ensemble constitutif du contexte économique et juridique dans lequel le contrat doit être apprécié ».

---

[214] CJCE, 13 décembre 1967, Brasserie de Haecht I, aff. 23/67 ; Rec., 527.

b) La règle de la territorialité objective : la localisation de l'effet sur le marché euro-marocain

L'article 85 interdit les accords et pratiques concertées dont l'objet ou l'effet est restrictif de concurrence « à l'intérieur du marché commun ». L'effet anticoncurrentiel doit donc être localisé au sein du marché commun. Cette règle, dite de la territorialité objective, fait de la localisation des entreprises en cause un élément secondaire. L'article 36§1 al. a) ne précise pas la localisation de l'effet anticoncurrentiel, mais il est clair que cette règle de la territorialité objective appliquée à la zone de libre-échange fera que la restriction de concurrence devra être localisée sur le marché constitué par les territoires douaniers de l'Union européenne et du Maroc. Concrètement, cela veut dire que les entreprises responsables d'un tel effet pourront être localisées (avoir leur siège social) en dehors de la zone de libre-échange. Dans l'arrêt de principe *Béguelin*[215], la Cour a décidé que « le fait par l'une des entreprises participant à l'accord, d'être située dans un pays tiers, ne fait pas obstacle à l'application de cette disposition, dès lors que l'accord produit ses effets sur le territoire du marché commun ». Un an plus tard, dans l'affaire des « matières colorantes »[216], la CJCE a condamné plusieurs entreprises, dont certaines se trouvaient hors du marché commun, au motif que « la circonstance que la filiale a une personnalité juridique distincte ne suffit pas à écarter la possibilité que son comportement soit imputé à la société mère ». Enfin, à l'occasion de l'affaire « pâtes de bois », la CJCE a condamné des producteurs de pâte de bois ayant tous leur siège social hors de la Communauté pour une concertation sur les prix de vente au sein du marché commun. Et la Cour de souligner « qu'une infraction à l'article 85 implique deux éléments de comportement, à savoir la formation de l'entente et sa mise en œuvre (...) Ce qui est déterminant est donc le lieu où l'entente est mise en œuvre »[217].

A l'opposé, des entreprises localisées sur le marché euro-marocain, pourront passer des ententes à l'exportation à condition qu'aucun effet ne se fasse ressentir dans la zone de libre-échange. Ainsi, dans l'arrêt *Suiker Unie*[218], la CJCE a condamné une entente européenne à l'exportation.

---

[215] Voir plus particulièrement le point 11 de l'arrêt, CJCE, 25 novembre 1971, aff. 22/71, Rec., p. 949.

[216] Voir les points 125 à 146 de l'arrêt, CJCE, 14 juillet 1972,ICI / Commission, aff. 48/69, Rec., 619.

[217] Voir CJCE, 27 septembre 1988, Pâtes de bois, cit. *supra*.

[218] CJCE, 16 décembre 1975, Suiker Unie, aff. 40 à 48, 50, 54 à 56, 111, 113 et 114-73, Rec., 1663.

B. L'interdiction de l'abus de position dominante

En droit de la concurrence européen l'article 86 (82 nouveau) prohibe « le fait pour une entreprise d'exploiter de façon abusive une position dominante sur le marché commun ou une partie substantielle de celui-ci ». L'article 36§1 al b) pose le même principe pour l'ensemble « des territoires de la Communauté ou du Maroc ». La position de domination d'une entreprise n'est pas déterminante pour appliquer l'article 86 CE et le droit de la concurrence n'appréhende pas le simple fait pour une entreprise de dominer. Il faut que la domination soit abusive.

L'article 86 donne une liste non exhaustive de pratiques abusives, ce que ne fait pas l'article 36 de l'accord d'association : il peut s'agir du fait d'imposer des prix ou d'autres conditions de transactions non équitables, d'imposer des barrières à la production, aux débouchés ; d'imposer des conditions inégales pour des prestations équivalentes ou de subordonner la conclusion de contrats à l'acceptation de prestations supplémentaires sans liens avec l'objet desdits contrats. Cependant, les notions de « position dominante » et « d'exploitation abusive » ne font l'objet d'aucune définition dans le traité de Rome. Il convient donc d'étudier ces deux notions fondamentales pour évaluer l'impact de l'application de l'article 36§1 al b de l'accord d'association.

1. La position dominante : une influence notable sur les conditions de concurrence

Dans l'arrêt *United Brands*[219], la CJCE a jugé « que la position dominante visée par cet article (86) concerne une situation de puissance économique détenue par une entreprise qui lui donne le pouvoir de faire obstacle au maintien d'une concurrence effective sur le marché en cause en lui fournissant la possibilité de comportements indépendants dans une mesure appréciable vis-à-vis des concurrents, de ses clients et finalement des consommateurs ». Cette définition jurisprudentielle souligne l'indépendance de la firme en position de domination : cette indépendance donne une marge de manœuvre importante vis-à-vis des concurrents et revient en fait à restreindre le jeu de la concurrence praticable sur un marché donné. Ceci ne veut pas dire que la concurrence doit être éliminée pour que la firme soit en position dominante[220]. Cette définition a été confirmée et précisée par la jurisprudence *Hoffmann La Roche*[221] selon laquelle une telle

---

[219] CJCE, 14 février 1978, United Brands, aff. 22/76, Rec. 271.
[220] Voir le point no. 113 de l'arrêt United Brand, cit. *supra*.
[221] Voir les points no. 38 et 39 de l'arrêt, CJCE, 13 février 1979, Hoffmann La Roche, aff. 85/76, Rec. 641.

position « met la firme qui en bénéficie en mesure, sinon de décider, tout au moins d'influencer notablement les conditions dans lesquelles cette concurrence se développera et, en tous cas, de se comporter dans une large mesure sans devoir en tenir compte et sans pour autant que cette attitude lui porte préjudice ». La définition jurisprudentielle de la position dominante souligne l'importance du comportement de l'entreprise sur un marché en cause. C'est donc en fonction du marché en cause, puis de la restriction de concurrence sur ledit marché, que doit se faire l'analyse de la position de domination.

2. La détermination de la position dominante

a) La délimitation du marché en cause

Afin de déterminer la position de domination d'une entreprise, il faut délimiter le marché en cause. C'est ainsi que dans l'affaire *Continental Can*[222], la CJCE a jugé que « tant dans l'appréciation de la position dominante de SLW que dans celle des conséquences de la concentration litigieuse, la délimitation du marché en cause est d'une importance essentielle, les possibilités de concurrence ne pouvant être appréciées qu'en fonction des caractéristiques des produits en cause, en vertu desquelles ces produits seraient particulièrement aptes à satisfaire des besoins constants et seraient peu interchangeables avec d'autres produits ». La délimitation du marché des produits, qui est « d'une importance essentielle », se fait en analysant le degré d'interchangeabilité des produits entre eux. Lorsqu'un produit possède un faible degré d'interchangeabilité, il constitue un marché. La Cour a ainsi caractérisé un marché pour la banane « Chiquita » au motif que le produit commercialisé par UBC « bénéficie du prestige d'une marque connue et appréciée des consommateurs »[223], le distributeur ne peut se passer de mettre la marque « Chiquita » à la disposition du consommateur et que les clients continuent à acheter plus de marchandises à UBC qui est le vendeur le plus cher. Dans l'affaire *Continental Can*, la Cour a annulé une décision de la Commission au motif « qu'elle omet de préciser par quelles particularités ces trois marchés se distinguent l'un de l'autre, et devraient dès lors être considérés séparément » ; et la Cour de préciser « que pour pouvoir être considérés comme constituant un marché distinct, les produits en cause doivent s'individualiser non seulement par le simple fait de leur utilisation pour l'emballage de certains produits, mais encore par des

[222] CJCE, 21 février 1973, Europemballage Corporation et Continental Can Compagny c/ Commission, aff. 6/72, Rec. P. 215.
[223] Voir le point no. 182 de l'arrêt United Brands, cit. *supra*.

caractéristiques particulières de production qui les rendent spécifiquement aptes à cette destination »[224].

L'article 86 prohibe l'abus de position dominante « sur l'ensemble du marché commun ou une partie substantielle de celui-ci ». Il existe donc une délimitation géographique du marché. L'article 36 de l'accord d'association parle de « l'ensemble des territoires de la Communauté ou du Maroc ou dans une partie substantielle de celui-ci ». Suivant la jurisprudence de la CJCE, une partie substantielle du marché peut être constituée par un pays, une région ou même un port maritime[225]. L'interprétation de la délimitation géographique est extensive de manière à condamner les pratiques anticoncurrentielles dès qu'il est possible de caractériser un marché local.

b) La recherche des critères de domination sur le marché en cause

Une fois que la délimitation du marché en cause est faite, il faut rechercher les critères de domination. Tout est fonction de l'espèce et il n'existe pas de critère absolu.

Dans l'arrêt *United Brands*, la Cour a estimé « que la recherche, sur le point de savoir si UBC a le caractère d'une entreprise en position dominante sur le marché en cause, doit se faire en examinant d'abord sa structure et ensuite la situation concurrentielle sur ledit marché ». Cette analyse prend en compte la structure même de l'entreprise. Ainsi pour UBC, l'examen a porté sur ses méthodes de production (intégration verticale très poussée), d'emballage (traitement par ses propres usines), de transport (par sa propre flotte bananière), de vente et de présentation du produit (contrôle généralisé de la qualité par le biais d'accords avec les mûrisseurs-distributeurs) pour arriver à la conclusion que l'entreprise « se trouve, au stade de la vente, en position de force ». Ensuite, l'analyse doit porter sur la situation concurrentielle de manière à mettre en évidence la restriction de concurrence. La part de marché est un des critères pertinents dans la recherche. Dans la jurisprudence *Hoffmann La Roche*, la CJCE a jugé « que si la signification des parts de marché peut différer d'un marché à l'autre, on peut, à juste titre, estimer que des parts extrêmement importantes constituent par elles-mêmes, et sauf circonstances exceptionnelles, la preuve de l'existence d'une position dominante »[226]. Mais, le critère de la part de marché ne constitue pas à lui seul le critère constitutif de la position dominante de la firme sur le marché en cause, car « l'existence d'une position dominante résulte en général de la réunion de plusieurs facteurs, qui, pris isolément, ne seraient pas

---

[224] Voir l'attendu no. 33 de l'arrêt Continental Can, cit. *supra*.
[225] CJCE, 17 mai 1994, Corsica Ferries, aff. C. 18/93, Rec., 1783.
[226] Voir l'attendu no. 41 de l'arrêt Hoffmann La Roche, cit. *supra*.

nécessairement déterminants »[227]. Ces facteurs peuvent être le nombre et la puissance des concurrents ou les possibilités d'accès au marché eu égard aux barrières que constituent des investissements importants.

3. Possibilité d'une domination collective

La position dominante sur un marché est généralement le fait d'une entreprise. Mais le texte de l'article 86 prévoit la domination par « une ou plusieurs entreprises ». C'est ainsi qu'un groupe de sociétés peut être considéré comme une seule entreprise (affaire *United Brands*). La domination peut être aussi le fait de plusieurs sociétés indépendantes. C'est ainsi que la Commission européenne, dans l'affaire du « *Verre plat* »[228] a décidé qu'un oligopole étroit de sociétés entretenant des liens structurels pouvait constituer « une position dominante collective ». Bien que cette décision ait été annulée, le Tribunal de Première Instance des Communautés européennes n'en reconnaît pas moins « qu'on ne saurait exclure, par principe, que deux ou plusieurs entités économiques indépendantes soient, sur un marché spécifique, unies par de tels liens économiques que, de ce fait, elles détiennent ensemble une position dominante par rapport aux autres opérateurs sur le même marché »[229].

4. Effet de la domination sur le marché euro-marocain

Comme en matière d'ententes, le fait pour une entreprise d'avoir son siège social en dehors du marché commun, ou des territoires douaniers de la Communauté et du Maroc, n'est pas suffisant pour exempter les agissements anticoncurrentiels. Dans l'affaire *Continental Can*, La CJCE a jugé « que la circonstance que la filiale a une personnalité juridique distincte ne suffit pas pour écarter la possibilité que son comportement soit imputé à la société mère » et de conclure « que le fait que *Continental Can* n'est pas établi sur le territoire d'un des Etats membres de la Communauté ne suffit pas pour la soustraire de ce droit »[230]. Une entreprise dont le siège social serait en dehors du marché euro-marocain serait donc condamnable au titre de l'article 36§1 al b s'il y avait abus de domination sur ledit marché ou une partie substantielle de celui-ci.

---

[227] Voir le point no. 66 de l'arrêt United Brands, cit. *supra*.

[228] Pour les raisonnements de la Commission et du TPI voir l'arrêt, TPI, 10 mars 1992, SIV « Verre plat », aff. T. 68/89, Rec. II, p. 1403. Pour la décision annulée, voir la Décision Verre plat en Italie, JOCE,, no. L 33 du 04.02.89.

[229] Voir le point no. 158 de l'arrêt du TPI, cit. *supra*.

[230] Voir plus précisément les points no. 14 à 17 de l'arrêt Continental Can, cit. *supra*.

5. L'exploitation de la domination doit être abusive

Ce n'est pas tant la détention d'une position dominante sur un marché considéré, qui est anticoncurrentielle au sens de l'article 86, que le fait « d'exploiter abusivement » ladite position. Des exemples de l'exploitation abusive d'une position dominante sont cités dans l'article 86 aux al. a, b, c et d : il s'agit de prix et conditions de ventes non équitables, de discriminations appliquées aux partenaires commerciaux, et de ventes liées. Mais c'est dans la jurisprudence communautaire, pragmatique et finaliste dans sa méthode, qu'il faut trouver les critères de l'abus de position dominante, car il est impossible d'en faire une liste exhaustive. Dans l'affaire *Hoffmann La Roche*, La CJCE a défini « l'abus » comme « une notion objective qui vise les comportements d'une entreprise en position dominante qui sont de nature à influencer la structure du marché où, à la suite précisément de la présence de l'entreprise en question, le degré de concurrence est déjà affaibli, et qui ont pour effet de faire obstacle, par le recours de moyens différents de ceux qui gouvernent une compétition normale des produits ou des services entre opérateurs, au maintien du degré de concurrence existant encore sur le marché ou au développement de cette concurrence ». Cette définition a été confirmée régulièrement par la suite[231]. L'analyse doit donc se faire en fonction du marché en cause de manière à déceler, dans le comportement de l'entreprise en position de domination, le degré de restriction à la concurrence praticable. Suivant les cas observés, il peut y avoir des « abus de comportement » ou des « abus de structure ».

Dans l'affaire *United Brands*, la CJCE a conclu à une restriction de concurrence tombant sous le coup de l'article 86 après avoir analysé le comportement de l'entreprise UBC qui consistait à imposer des clauses d'interdiction de revente (de bananes à l'état vert), à refuser de poursuivre des livraisons à un client de longue date (lui causant ainsi un grave préjudice), et à appliquer des prix discriminatoires selon les Etats membres. Dans une autre affaire *Hilti*[232], le TPI a mis en évidence l'abus de comportement en analysant la politique de Hilti qui consistait à retarder l'octroi de licences de droit ainsi qu'à demander des redevances très élevées lors de l'octroi de ces licences, et à appliquer des mesures commerciales sélectives ou discriminatoires, ce qui avait pour conséquence de restreindre la concurrence sur le marché en cause[233] et d'empêcher l'implantation d'autres entreprises.

---

[231] CJCE, 3 juillet 1991, Akzo, aff. C. 62/86, Rec., I 3359.

[232] TPI, 12 décembre 1991, Hilti, aff. T. 30/89, Rec. , II. 1439.

[233] Il s'agissait en l'espèce de clous destinés aux pistolets de scellement.

Il y a abus de structure lorsque le comportement anticoncurrentiel porte atteinte à la structure de la concurrence. La Cour a eu l'occasion de mettre en lumière ce deuxième type d'abus, à propos d'un refus d'approvisionnement. Dans l'affaire *Zoja*[234], il a effectivement été jugé « que lorsque le détenteur d'une position dominante établi dans le marché commun tend par l'exploitation abusive de celle-ci à éliminer un concurrent également établi dans le marché commun, il est indifférent de savoir si ce comportement concerne les activités exportatrices de celui-ci ou ses activités dans le marché commun, dès qu'il est constant que cette élimination aura des répercussions sur la structure de la concurrence dans le marché commun ». La pratique de prix prédateurs constitue également un exemple d'abus de structure lorsque la structure concurrentielle est atteinte. C'est ainsi que la CJCE a jugé que « des prix inférieurs à la moyenne des coûts variables (c'est-à-dire de ceux qui varient en fonction des quantités produites) par lesquels une entreprise dominante cherche à éliminer un concurrent doivent être considérés comme abusifs »[235].

C. La notion d'affectation du commerce entre Etats membres

En droit européen, les ententes (art. 85 CE) et les abus de positions dominantes (art. 86 CE) « qui sont susceptibles d'affecter le commerce entre Etats membres » sont prohibés. Cette condition commune aux deux pratiques anticoncurrentielles se retrouve dans l'article 36 de l'accord d'association qui dispose que « sont incompatibles avec le bon fonctionnement du présent accord, dans la mesure où ils sont susceptibles d'affecter les échanges entre la Communauté et le Maroc », les ententes et les abus de position dominante. Notons ici que cette condition « d'affectation » est également commune à l'interdiction des aides d'Etats édictée par les articles 92 CE et 36§1 al b de l'accord d'association, étudiée dans la partie suivante.

La notion d'affectation du commerce entre Etats membres possède une dualité fonctionnelle : règle de compétence entre les autorités communautaires et les Etats membres et norme matérielle soumettant à un régime spécial les restrictions de concurrence susceptibles de cloisonner les marchés nationaux. Ainsi l'arrêt *Grundig* pose sans ambiguïté que « c'est en effet dans la mesure où l'accord peut affecter le commerce entre Etats membres, que l'altération de la concurrence provoquée par cet accord relève des prohibitions du droit communautaire, alors qu'au cas contraire elle y échappe ».

---

[234] Voir le point no. 32 de l'arrêt, CJCE, 6 mars 1974, Commercial Solvents, aff. Jointes, 6 et 7/73, Rec., p. 223.
[235] Voir les points 70 à 73 de l'arrêt Akzo, cit. *supra*.

1. Signification de l'exigence

a) Interprétation extensive du « commerce »

Le commerce est défini comme toutes opérations économiques portant sur des valeurs corporelles ou incorporelles et des prestations de services auxquelles s'applique le traité. Ainsi, à propos d'un parallélisme de comportement dans la perception d'une commission bancaire sur les transferts entre Etats membres, la CJCE a jugé que le droit de la concurrence était applicable aux services bancaires et à toute activité économique : « la notion de commerce figurant dans cet article (85) ayant une portée large qui recouvre également les échanges monétaires »[236].

b) La notion de l'expression « entre Etats membres »

Pour que le commerce entre Etats membres soit affecté, il suffit que le commerce soit affecté entre deux Etats membres seulement et une entente purement nationale pourrait avoir un effet indirect sur le commerce entre Etats membres. Ainsi dans l'arrêt *Grundig* précité, la Cour a souligné que « (...) l'accord dont il s'agit doit sur la base d'un ensemble d'éléments objectifs de droit ou de fait, permettre d'envisager avec un degré de probabilité suffisant qu'il puisse exercer une influence directe ou indirecte (...) sur les courants d'échanges entre Etats membres ». L'article 36 de l'accord d'association pourrait donc s'appliquer si le commerce est affecté entre le Maroc et l'Union ou si une entente nationale au Maroc ou dans un Etat membre a un effet indirect sur le commerce au sein de la zone de libre-échange. Un exemple d'affectation indirecte du commerce entre l'Union européenne et le Maroc pourrait être un ensemble d'accords d'approvisionnement exclusifs entre distributeurs et producteurs marocains (comme dans l'affaire *Haecht I* pour des faits en Allemagne) qui aurait un effet de cloisonnement du marché marocain au préjudice des opérateurs de l'Union européenne.

c) La double interprétation de « l'affectation »

L'interprétation traditionnelle de « l'affectation » a été donnée par la Cour dans l'arrêt *Grundig* : « il y a affectation lorsque la pratique litigieuse est susceptible de modifier les courants des échanges entre les Etats membres et

---

[236] Voir le point 18 de l'arrêt, CJCE, 14 juillet 1981, Zuchner, aff. 172/80, Rec., 2021.

contribuer au cloisonnement des marchés nationaux ». L'affaire *Zoja*[237] va être l'occasion d'inaugurer l'interprétation finaliste, prenant en compte les objectifs du traité de Rome et notamment ses articles 3f et 2, de manière à englober des pratiques anticoncurrentielles, telles les ententes à l'exportation, que l'interprétation traditionnelle ne permettait pas. Dans son attendu no. 32, la Cour écrit que «les interdictions des articles 85 et 86 sont à interpréter et à appliquer à la lumière de l'article 3f du traité prévoyant que l'action de la Communauté comporte l'établissement d'un régime assurant que la concurrence n'est pas faussée dans le marché commun et de l'article 2 du traité, qui donne pour mission à la Communauté de « promouvoir le développement harmonieux des activités économiques dans l'ensemble du marché commun ». Et la Cour de déduire logiquement « qu'en interdisant l'exploitation abusive d'une position dominante sur le marché, dans la mesure où le commerce entre Etats membres est susceptible d'en être affecté, l'article 86 vise dès lors tant les pratiques susceptibles de causer un préjudice direct aux consommateurs, que celles qui leur causent préjudice indirect en portant atteinte à une structure de concurrence effective, telle qu'envisagée à l'article 3, lettre f, du traité ». Désormais, il y a affectation du commerce entre Etats membres dans les cas de cloisonnement des marchés nationaux ou d'atteinte à la structure de la concurrence effective. La Cour va apporter une confirmation de principe dans son arrêt *United Brands*[238]

L'interprétation d'un cas d'affectation du commerce entre la Communauté et le Maroc devra donc se faire en fonction de l'objectif de l'accord de libre-échange qui est de « fixer les conditions de la libéralisation progressive des échanges de biens, de services et de capitaux ; développer les échanges et assurer l'essor de relations économiques et sociales équilibrées ; et encourager l'intégration maghrébine en favorisant les échanges et la coopération, entre le Maroc et les pays de la région ».

2. Appréciation *in concreto* de la restriction de concurrence

L'appréciation de la restriction de concurrence doit s'effectuer en analysant concrètement chaque cas d'espèce. Les autorités qui veillent à l'application des règles de concurrence doivent prendre en considération le contexte économique et juridique ainsi que la potentialité et la sensibilité de l'affectation.

---

[237] Voir plu précisément les points 32 à 35 de l'arrêt, Commercial Solvents, cit. *supra*.
[238] CJCE, 14 février 1978, United Brands, aff. 27-26, Rec., 207.

a) La prise en considération du contexte économique et juridique

Pour apprécier l'effet anticoncurrentiel d'une pratique prohibée par les articles 85 ou 86, il faut faire un bilan concurrentiel, c'est-à-dire replacer l'accord litigieux dans son contexte et tenir compte de toutes les données de fait ou de droit. Dans l'arrêt *LTM*, la Cour précisait que « le jeu de la concurrence doit être entendu dans le cadre réel où il se produirait à défaut de l'accord litigieux ». Le contexte économique et juridique doit permettre l'appréciation la plus fine possible des répercussions de l'accord sur le marché tout en essayant de préserver une dose suffisante de concurrence. Ainsi, dans l'arrêt *Béguelin*, il a été jugé « qu'il convient de prendre en considération, non seulement les droits et obligations découlant des clauses de l'accord, mais encore le contexte économique et juridique au sein duquel celui-ci se situe, et notamment l'existence éventuelle d'accords similaires passés par le même producteur avec des concessionnaires établis dans d'autres Etats membres »[239]. Le contexte économique implique donc une analyse poussée des faisceaux de contrats similaires, de leur incidence sur le marché et des données économiques relatives au marché analysé (barrières d'accès au marché, nombre et taille des producteurs, degré de saturation du marché, fidélité des consommateurs à la marque...).

Dans l'hypothèse d'accords verticaux de distribution ou d'approvisionnement, la Cour a recours à la méthode de l'effet cumulatif. Dans l'affaire *Haecht I*, la Cour a estimé « que l'appréciation des effets d'un tel accord impliquait la nécessité de prendre en considération le contexte économique et juridique au sein duquel celui-ci se situe et où il peut concourir, avec d'autres, à un effet cumulatif sur le jeu de la concurrence ». Dans une affaire *Delimitis*[240], relative aux contrats de fourniture de bière, la Cour a eu l'occasion d'affiner son analyse en jugeant qu'un accord est interdit par l'article 85, « s'il est satisfait à deux conditions cumulatives. Il faut en premier lieu que, compte tenu du contexte économique et juridique du contrat litigieux, le marché national soit difficilement accessible pour des concurrents (...). Le fait que le contrat litigieux relève, dans ce marché, d'un ensemble de contrats similaires, qui produisent un effet cumulatif sur le jeu de la concurrence, ne constitue qu'un facteur parmi d'autres pour apprécier si un tel marché est effectivement d'un accès difficile. Il faut en deuxième lieu que le contrat litigieux contribue de manière significative à l'effet de blocage produit par l'ensemble de ces contrats dans leur contexte économique et juridique ». L'effet cumulatif permet donc de condamner des accords qui, pris isolément,

---

[239] Voir les attendus 13 et suivants de l'arrêt Béguelin, cit. *supra*.
[240] Voir notamment le point 27, CJCE, 28 février 1991, Delimitis, aff. C. 234/89, Rec., 937.

n'auraient aucun effet sur la concurrence, mais qui, replacés dans un faisceau d'accords similaires ont un effet restrictif sur la concurrence.

b) Les caractères de potentialité et de sensibilité de l'affectation

L'affectation du commerce entre Etats membres peut être actuelle. Cette première possibilité découle du texte même de l'article 85, et dans la majorité des cas le raisonnement se fait sur la concurrence actuelle. Mais, suivant un tel raisonnement, certains accords ont une faible propension à devenir restrictifs de concurrence. Par contre, un raisonnement sur l'affectation potentielle peut les faire tomber sous le coup de l'article 85 ou de l'article 86. Il suffit donc que l'affectation soit potentielle, c'est-à-dire qu'elle soit « susceptible d'affecter le commerce entre Etats membres » (art. 85 et 86). Ainsi, dans l'affaire *LTM*, la Cour a jugé que « cette disposition (...) tend à fixer le champ d'application de l'interdiction par l'exigence d'une condition prévisionnelle reposant sur la possibilité d'une entrave à la réalisation d'un marché unique entre les Etats membres » et que « l'accord dont il s'agit doit, sur la base d'un ensemble d'éléments objectifs de droit ou de fait, permettre d'envisager avec un degré de probabilité suffisante qu'il puisse exercer une influence directe ou indirecte, actuelle ou potentielle, sur les courants d'échange entre Etats membres ». Le raisonnement prévisionnel sur la base d'éléments factuels et juridiques doit permettre de condamner des pratiques anticoncurrentielles non mises en œuvre. Toutefois, ce raisonnement ne doit pas être hypothétique[241].

L'introduction du caractère « sensible » de l'affectation permet de ne condamner que les pratiques concernant les entreprises d'une certaine importance. Ce caractère de sensibilité a été évoqué la première fois dans l'arrêt *Volk*[242] : « un accord peut échapper à la prohibition de l'article 85 lorsqu'il n'affecte le marché que d'une manière insignifiante, compte tenu de la faiblesse de la position qu'occupent les intéressés sur le marché des produits en cause ». Dans un souci de sécurité juridique, la Commission a établi une nouvelle communication dite *de minimis*[243] dans laquelle elle établit des seuils de pourcentage de marchés (5% pour les accords horizontaux et 10% pour les accords verticaux) en dessous desquels les règles de concurrence ne s'appliquent pas aux pratiques anticoncurrentielles. En vertu de cette communication, les accords entre PME échappent au droit de la concurrence. Ce caractère de sensibilité ne devrait pas être appliqué dans les

---

[241] Voir Christian GAVALDA et Gilbert PARLEANI, Droit des Affaires de l'Union européenne, Litec, 2ème édition, 1998, pp. 243-244.
[242] CJCE, Volk Vervaecke, 9 juillet 1969, aff. 5/69, Rec., 295.
[243] JOCE, no. C 372 du 09.12.97. Voir également la première communication de la Commission du 27 mai 1970 au JOCE, no. C. 64 du 02.06.70 ; Remplacée par la communication du 3 septembre 1986 au JOCE, no. C 231 du 12.09.86, modifiée au JOCE, no. C 368 du 23.12.94.

mêmes proportions pour analyser l'affectation du commerce entre la Communauté et le Maroc. Le tissu économique marocain étant surtout constitué de PME, les seuils devraient être logiquement revus à la baisse.

L'article 36§1 al. a) et b) prohibant les ententes et les abus de position dominante s'appliquera aux entreprises dont les effets se feront sentir sur le marché constitué par les territoires douaniers de la Communauté et du Maroc. Le droit de la concurrence s'applique donc aussi à l'Etat marocain. Par son comportement, l'Etat peut fausser la concurrence, portant ainsi atteinte à l'objectif d'établissement d'une zone de libre-échange. Il peut fausser la concurrence, non seulement, en aidant certaines entreprises, mais aussi, en maintenant des situations de monopole.

C'est dans cette optique que l'article 36 al c) pose le principe de l'interdiction des aides publiques. Toute pratique contraire à cet article devra être évalué sur la base des critères découlant de l'application de l'article 92 CE. L'article 38 de l'accord soumet les entreprises publiques ainsi que « les entreprises auxquelles des droits spéciaux ou exclusifs ont été octroyés » au droit de la concurrence. Toute pratique violant cet article sera évalué sur la base de l'article 90§1 CE.

§2. L'application des règles de concurrence à l'Etat marocain

En droit communautaire, les règles de concurrence s'appliquent à l'Etat en vertu d'une jurisprudence établie depuis l'arrêt *Inno/ATAB*[244] de 1977, qui dispose que « les articles 85 et 86, lus en combinaison avec l'article 5[245] du traité (10 nouveau), impose aux Etats membres de ne pas prendre ou maintenir en vigueur des mesures, même de nature législative ou réglementaire, susceptible d'éliminer l'effet utile des règles de concurrence applicables aux entreprises ». Nous verrons que le droit de la concurrence prohibe les aides d'Etat.

[244] CJCE, 16 novembre 1997, Inno/ATTAB, Rec., 1977.2215.

[245] L'article 5 du traité dispose que : « les Etats membres prennent toutes mesures générales ou particulières propres à assurer l'exécution des obligations découlant du présent traité ou résultant des actes des institutions de la Communauté. Ils facilitent à celle-ci l'accomplissement de sa mission.
Ils s'abstiennent de toutes mesures susceptibles de mettre en péril la réalisation des buts du présent traité. »

A. L'interdiction des aides d'Etat

L'article 36 dispose qu'est incompatible avec le bon fonctionnement de l'accord, toute aide publique qui fausse ou menace de fausser la concurrence en favorisant certaines entreprises ou certaines productions sauf dérogations autorisées en vertu du traité instituant la Communauté du charbon et de l'acier. Les pratiques contraires à l'article 36 de l'accord d'association devront être évaluées en fonction des critères découlant de l'application de l'article 92 du traité de Rome (86 nouveau) selon lequel « sont incompatibles avec le marché commun, dans la mesure où elles affectent le commerce entre Etats membres, les aides accordées par les Etats ou au moyen de ressources d'Etat sous quelques formes que ce soit, qui faussent ou qui menacent de fausser la concurrence en favorisant certaines entreprises ou certaines productions ».

1. Sur le principe d'interdiction des aides d'Etat

Le principe d'interdiction des aides d'Etat est clairement posé par le premier alinéa de l'article 92 CE (86 nouveau). Dans un régime de concurrence entre entreprises (articles 85 et 86 CE) devant aboutir à un décloisonnement des marchés nationaux, les Etats membres ne doivent pas fausser le jeu normal de la concurrence par des aides à certaines entreprises.

a) Une notion extensive de « l'Etat »

En droit de la concurrence, la notion « d'Etat » est prise dans un sens extensif et couvre toute entité détentrice de prérogatives de puissance publique. Ainsi, dans l'affaire *Bodson*[246], la CJCE a jugé que « cette disposition régit les obligations des Etats, notion qui inclut, dans ce contexte les autorités publiques au niveau régional, provincial ou communal ». Le droit de la concurrence retient ici une définition extensive : il peut donc s'agir de tout démembrement de l'Etat.

Par ailleurs, il suffit que l'aide « soit accordée au moyen des ressources de l'Etat sous quelques formes que se soit ». Le point important est donc l'origine publique de l'aide, peu importe l'écran par lequel elle transite. Ainsi, dans l'affaire *Van der Kooy*[247], la CJCE a jugé que le tarif préférentiel dont bénéficiaient les horticulteurs hollandais constituait bien une aide d'Etat, car la société distributrice était contrôlée par l'Etat hollandais. Il peut également s'agir d'aide provenant de

---

[246] CJCE, 4 mai 1988, Bodson, aff. 30/87, Rec., 2479.
[247] CJCE, 2 février 1988, Van der Kooy, aff. 67,68 et 70/85, Rec., 219.

ressources. L'essentiel ici est le caractère public de la source de l'aide, peu importe le caractère public ou privé de la personne morale qui gère l'aide.

b) L'aide, un avantage sélectif créant une charge à la collectivité

La notion « d'aide » visée par l'article 92 CE, s'entend d'un avantage consenti au profit de certaines entreprises ou de certaines productions. Ceci découle du texte même de l'article. Il faut qu'il y ait un avantage, donc une charge financière au préjudice de la collectivité, et que ledit avantage soit sélectif, c'est-à-dire qu'il ne bénéficie qu'à certaines entreprises[248] ou certaines productions. Les aides non sélectives, qui bénéficieraient à toutes les entreprises établies sur le marché d'un Etat, échappent donc à l'interdiction de l'article 92. Il faut en plus qu'il y ait une charge financière.

L'article 36§1 al. c) de l'accord d'association fait référence à « toute aide publique », formule large, permettant d'englober toutes les aides dont l'origine est publique sans s'attacher au statut du canal distributeur de l'aide, qui peut-être une institution privée, une association... .

Le texte de l'article 92 CE ne donne pas d'exemple d'aides d'Etat. La formule « sous quelque forme que ce soit » nous rappelle que la forme de l'aide importe peu. Il faut donc se référer à la jurisprudence de la CJCE, ainsi qu'aux décisions de la Commission, pour connaître les formes que peuvent prendre dans la pratique les aides. Peuvent constituer des aides aux entreprises, les allocations financières aux entreprises, les avantages (exonérations d'impôts ou prêts à taux préférentiels), et les garanties.

Il ne semble pas que l'apport public de l'Etat actionnaire soit assimilé à une aide d'Etat. En effet, conformément à l'article 222 du traité de Rome (295 nouveau) qui stipule que « le présent traité ne préjuge en rien le régime de la propriété dans les Etats membres », le droit européen de la concurrence ne dénie pas à l'Etat le droit d'être actionnaire, mais il conditionne l'exercice de ce droit. L'intervention de l'Etat actionnaire doit être assimilée à celle d'un investisseur privé guidé par les seuls critères du marché. La pratique communautaire et l'article 36§1 al. c admettent donc que l'Etat marocain prenne des participations (qui peuvent aller jusqu'au contrôle) dans le capital d'entreprises, à condition, toutefois, qu'il agisse comme un investisseur privé guidé par des critères de rentabilité.

Enfin, pour être interdite, l'aide d'Etat doit affecter le commerce entre Etats membres. Cette condition d'affectation est commune à l'application des

---

[248] Voir décision Maribel, 4 décembre 1996, JOCE, L 95 du 10.04.1996.

règles de concurrence des articles 85, 86 et 92 du traité CE. Nous renvoyons donc ici le lecteur à l'analyse de cette condition d'affectation du commerce entre Etats membres effectuée *supra*. Précisons tout de même, que la Commission a établi une communication *de minimis* en matière d'aide d'Etat aux entreprises[249], ce qui lui permet d'exonérer les aides d'Etat ne dépassant pas un certain seuil.

2. Les dérogations à l'interdiction des aides d'Etat

a) Les dérogations en droit communautaire

Il existe deux types de dérogations au principe d'interdiction des aides d'Etats. Aux dérogations de plein droit, relatives à trois catégories d'aides limitativement énumérées, s'ajoutent des dérogations pour lesquelles une appréciation, au cas par cas, de la Commission, ou du Conseil pour une dernière catégorie, est de rigueur.

i) Les dérogations de plein droit

L'article 92§2 dispose que sont compatibles de plein droit les trois catégories d'aides suivantes : les aides à caractère social octroyées aux consommateurs individuels, les aides destinées à remédier aux dommages causés par les calamités naturelles ou d'autres événements extraordinaires et les aides en faveur des régions de l'ex-Allemagne de l'Est.

ii) Les dérogations conditionnelles

Une seconde liste de dérogations au principe d'interdiction de l'article 92§1 (87§1 nouveau) est posée par le 3ème paragraphe de l'article 92 (87 nouveau). Ces aides sont, elles aussi, limitativement énumérées, mais elles ne sont pas compatibles de plein droit avec les objectifs du traité de Rome. C'est pour cela qu'un contrôle de la Commission s'exerce au cas par cas. Dans le cas de la dernière catégorie, c'est le Conseil qui détermine les dérogations.

1) Les aides régionales en cas de niveau de vie anormalement bas ou de grave sous-emploi. Ces aides, qui doivent être proportionnelles aux difficultés traversées par les régions défavorisées bénéficiaires, sont

[249] Voir JOCE, no. C 68 du 06.03.1997. En vertu de cette Communication *de minimis* de la Commission européenne, les aides d'Etat ne dépassant pas un seuil de 100 000 ECU par entreprise sur une période de trois ans, échappent à l'interdiction de l'article 92 CE.

classées par la Commission européenne en fonction des plafonds d'aides[250] ;

2) les aides sectorielles, pour la promotion d'un projet européen important ou pour mettre fin à une perturbation grave de l'économie d'un Etat membre ;

3) les aides sectorielles ou régionales à condition de ne pas altérer les conditions des échanges dans une mesure contraire à l'intérêt commun ;

4) les aides destinées à promouvoir la culture et la conservation du patrimoine : cette quatrième catégorie, insérée par le traité de Maastricht, est soumise à la même condition (ne pas altérer les conditions des échanges dans une mesure contraire à l'intérêt commun) que la précédente ;

5) les autres catégories d'aides déterminées par décision du Conseil. Cette catégorie d'aides a été utilisée dans le domaine de la construction navale[251].

b) L'assimilation du Maroc à une région de l'art. 92§3 al. a CE

i) Un délai de grâce de cinq ans renouvelables pour les aides d'Etat au Maroc

En vertu de l'article 36§4 al. a) de l'accord d'association, le Maroc est assimilé a une région défavorisée de l'article 93§3 al. a).

Pendant une durée de cinq ans, à compter de l'entrée en vigueur de l'accord d'association, l'Etat marocain pourra donc octroyer des aides publiques sans violer pour autant le principe d'interdiction des aides d'Etat. Cette période de grâce est renouvelable de cinq ans en cinq ans sur décision du Conseil d'association.

---

[250] Voir JOCE, no. C 212 la Communication de la Commission européenne du 12 août 1988. Remplacée par JOCE, no. C 163 du 4 juillet 1990.

[251] Voir, par exemple, la directive de Conseil du 21 novembre 1990 qui réglemente la construction navale, JOCE, no. L 380 du 31.12.90.

ii) Le principe d'une aide conditionnelle au secteur de l'acier

Une aide publique à la restructuration du secteur de l'acier sera exceptionnellement autorisée durant un délai de grâce de cinq ans à compter de l'entrée en vigueur de l'accord. Cette dérogation devra tout de même être soumise à une triple conditionnalité. L'aide doit contribuer à la viabilité des entreprises dans des conditions normales de marché, elle doit être proportionnelle (au niveau nécessaire pour établir cette viabilité) et dégressive jusqu'à l'élimination, elle doit enfin s'inscrire dans un plan global de rationalisation des capacités industrielles du Maroc.

B. La réduction des monopoles publics

1. Les monopoles de droits spéciaux

L'article 38 de l'accord d'association soumet les entreprises publiques au droit de la concurrence : « en ce qui concerne les entreprises publiques et les entreprises auxquelles des droits spéciaux ou exclusifs ont été octroyés, le Conseil d'association s'assure qu'à partir de la cinquième année suivant la date d'entrée en vigueur du présent accord, aucune mesure perturbant les échanges entre la Communauté et le Maroc dans une mesure contraire aux intérêts des parties n'est adoptée ou maintenue. Cette disposition ne fait pas obstacle à l'exécution, en droit ou en fait, des tâches particulières assignées à ces entreprises ». L'article 38 de l'accord est le pendant de l'article 90§1 CE (86§1 nouveau) qui dispose que, « les Etats membres, en ce qui concerne les entreprises publiques et les entreprises auxquelles ils accordent des droits spéciaux ou exclusifs, n'édictent ni ne maintiennent aucune mesure contraire aux règles du présent traité, notamment à celles prévues aux articles 7 et 85 à 94 inclus ».

Obligation est donc faite à l'Etat de ne pas prendre ou maintenir des mesures, via les entreprises qu'il contrôle *de jure* ou *de facto*, ou auxquelles il accorde des droits spéciaux ou exclusifs, qui seraient contraires aux règles de concurrence. Ces entreprises sont donc soumises aux règles de concurrence.

En droit européen, l'article 90§1 énonce une interdiction pour l'Etat de prendre des mesures contraires aux règles de concurrence. La notion « d'Etat » pour l'application de cet article est extensive. Il s'agit en effet, si l'on se réfère à la jurisprudence *Bodson* précitée, de l'autorité publique au sens large, ce qui implique que cette interdiction s'applique, non seulement à l'Etat au niveau central, mais aussi aux collectivités territoriales.

La notion d'entreprise publique, à laquelle l'article 90§1 fait référence, n'est pas précisée par le traité. Est une entreprise, au sens du droit de la concurrence, toute « unité économique »[252]. L'article 90 édicte une interdiction concernant les relations de l'Etat avec les entreprises du secteur public. Le critère retenu, pour qualifier une entreprise de publique, est le contrôle *de jure* ou *de facto* d'une telle entreprise par l'Etat au sens large. Cette définition extensive a été retenue par la Commission européenne dans la directive 80-773 du 25 juin 1980 sur la transparence des relations financières entre les Etats membres et les entreprises publiques[253] : « est une entreprise publique, toute entreprise sur laquelle les pouvoirs publics peuvent exercer directement ou indirectement une influence dominante du fait de la propriété, de la participation financière ou des règles qui la régissent ». L'entreprise publique peut être un office public : c'est ainsi que dans l'arrêt *Höfner* précité, la CJCE a jugé « qu'une entité, tel qu'un office public pour l'emploi exerçant des activités de placement, peut-être qualifié d'entreprise aux fins d'application des règles de concurrence communautaires »[254]. Il peut également s'agir d'une régie des postes[255], ou encore d'un organisme d'Etat dépourvu de toute personnalité juridique[256].

Les entreprises auxquelles l'Etat accorde des droits exclusifs ou spéciaux, peuvent être des entreprises publiques ou privées. Le point fondamental est le bénéfice, par ces dernières, de privilèges octroyés par l'Etat pour mener à bien une mission particulière. Ce privilège est dans la pratique assimilable à un monopole : tel est le cas du droit exclusif de la collecte, du transport et de la distribution du courrier dans toute l'étendue du pays accordé par l'Etat belge à la régie des postes[257].

Nous voyons donc que l'interdiction de l'article 90§1 s'applique aux mesures prises par les Etats en faveur des entreprises de droits spéciaux, et qui contredisent les objectifs fondamentaux du traité, à savoir, les articles 7 (clause de non-discrimination, devenue article 6 nouveau), 85 à 94. En vertu de la pratique communautaire, nous pouvons affirmer que les monopoles de droits spéciaux

---

252 CJCE, Sté. Hydrotherm Gerätebau c/ Entreprise Compact, cit. *supra*.

253 JOCE, no. L. 19, du 29 06.80 modifiée par la Directive 85-413 au JOCE, no. L. 229, du 28.08.85.

254 Voir le point 23 de l'arrêt Höfner, cit. *supra*.

255 Voir le point 8 de l'arrêt Corbeau, cit. *supra*.

256 Voir pour un organisme d'Etat italien, CJCE, 16 juin 1987, Commission c/ Italie, aff. 118/95, Rec., 2599.

257 Voir l'arrêt Corbeau, cit. *supra*.

pourront être créés ou maintenus par le Maroc à la seule condition qu'il existe « un intérêt public de nature non économique »[258]. Il va sans dire que l'utilisation de l'article 90§1, aboutit en fait à la réduction des monopoles de droits exclusifs. Ainsi, dans l'espèce *Höfner*, les juges de Luxembourg ont condamné l'Etat allemand, qui a accordé un droit exclusif de placement à l'office de placement des cadres, sur la base de l'article 90§1 car « il crée une situation dans laquelle l'office sera nécessairement amené à contrevenir aux termes de l'article 86 ».

Une autre catégorie de monopoles est, elle aussi, vouée à un aménagement ou un « ajustement », pour reprendre l'expression de l'article 37 de l'accord d'association. Cet article dispose en effet que les monopoles étatiques à caractère commercial doivent être ajustés progressivement de manière à mettre fin à toute discrimination dans le commerce des marchandises.

2. « L'ajustement » des monopoles d'Etat relatifs aux marchandises

En vertu de l'article 37 de l'accord d'association, les Etats membres et le Maroc ajustent progressivement tous les monopoles d'Etat à caractère commercial, sans préjudice des engagements souscrits au niveau multilatéral OMC de manière à garantir que pour la fin de la cinquième année de l'entrée en vigueur de l'accord, il n'existe plus de discriminations ce qui concerne les conditions d'approvisionnement et de commercialisation des marchandises entre les ressortissants et les Etats membres. L'article 37 de l'accord est la reprise de l'article 37§1 CE (31§1 nouveau) en vertu duquel « les Etats membres aménagent progressivement les monopoles nationaux présentant un caractère commercial de telle façon qu'à l'expiration de la période de transition soit assurée, dans les conditions d'approvisionnement et de débouchés, l'exclusion de toute discrimination entre les ressortissants des Etats membres. Les dispositions du présent article s'appliquent à tout organisme par lequel un Etat membre, *de jure* ou *de facto*, contrôle, dirige ou influence sensiblement, directement ou indirectement les importations ou les exportations entre les Etats membres. Ces dispositions s'appliquent également aux monopoles d'Etat délégués ».

L'article 37 CE s'applique aux monopoles d'Etat à caractère commercial. Il faut donc que « l'organisme » soit contrôlé ou influencé, même de façon indirecte, en fait ou en droit, par l'Etat. Cette première condition découle sans ambiguïté aucune du texte même de l'article.

---

[258] CJCE, 30 avril 1974, Guiseppe Sacchi, Aff. 155/73, Rec., p. 409.

Le caractère commercial, auquel font référence les articles 37 CE et 37 de l'accord d'association, signifie que ne sont appréhendés que les monopoles affectant des opérations sur marchandises. Les rédacteurs du traité ont inséré l'article 37 dans le chapitre II « L'élimination des restrictions quantitatives » du titre premier « La libre circulation des marchandises » de la partie I (Les fondements de la Communauté) du traité, ce qui, contrairement à l'article 90 CE, n'en fait pas une règle de concurrence. De plus, l'interprétation jurisprudentielle a, de façon constante, distingué entre le commerce des services et celui des marchandises. Ainsi, la CJCE a précisé dans l'arrêt *Costa-ENEL*[259] que « l'activité a pour objet des transactions commerciales sur un produit susceptible, d'une part d'être l'objet de concurrence et d'autre part de jouer un rôle effectif dans les échanges ». C'est donc le commerce des marchandises qui est visé par l'article 37 CE. Un monopole sur les services tomberait sous le coup de l'article 90§1 du traité. Dans une affaire *Sacchi*, la CJCE a jugé que « l'article 37 vise les échanges de marchandises et ne peut concerner un monopole de prestations de services ; qu'ainsi, la publicité commerciale télévisée, en raison de son caractère de prestation de services, échappe à l'application de ces dispositions »[260].

Pour tomber sous le coup de l'article 37, le monopole d'Etat sur le commerce des marchandises doit enfin être discriminatoire, c'est-à-dire soumettre les marchandises importées à des taxes plus fortes que celles frappant les mêmes marchandises nationales.

Les conditions d'application de l'article 37 ainsi définies, il convient de poser la question sur le sens réel des termes aménagement et ajustement ? Ces termes signifient-ils que les monopoles d'Etat à caractère commercial puissent maintenir des droits exclusifs (d'importation et d'exportation) tout en se conformant à l'objectif de non-discrimination ou que lesdits monopoles doivent être démantelés ? Dans l'affaire *Manghera*[261], la CJCE a décidé que le terme d'aménagement signifiait l'élimination des droits exclusifs, ce qui revient à remettre en question l'existence même de la situation monopolistique.

Le terme « d'ajustement » de l'article 37 de l'accord d'association signifie donc que le Maroc devra abolir les droits exclusifs dont bénéficient les monopoles d'Etat marocains pour ne pas être en infraction avec les règles relatives à la libre circulation des marchandises et notamment l'article 19§2 de l'accord d'association (pendant de l'article 30 CE [28 nouveau]) qui pose le principe d'abolition des restrictions quantitatives à l'importation.

---

[259] CJCE, 15 juillet 1964, Costa c./ ENEL, aff. 6/64, Rec., p. 1141.

[260] Voir le point 10 de l'arrêt Sacchi, cit. *supra*.

[261] CJCE, 5 février 1976, Ministère public italien c./ Manghera, aff. 59/75, Rec., p. 910.

Les articles 90§1 et 37 CE, en édictant des interdictions aux Etats membres de prendre des mesures incompatibles avec le traité, et notamment les articles 7 (devenu 6 CE), 85 à 94, ont pour objectif de veiller à l'égalité des entreprises publiques et privées face à la concurrence.

Leurs pendants, que sont les articles 38 (entreprises publiques et entreprises auxquelles des droits spéciaux ou exclusifs ont été octroyés) et 37 (monopole d'Etat à caractère commercial) de l'accord euro-méditerranéen d'association, ne devront être d'application qu'à partir de la cinquième année de l'entrée en vigueur de l'accord. Mais il est d'ores et déjà certain que l'application de ces deux instruments aura un effet réducteur sur l'existence même des monopoles publics au Maroc. Comme le démontre très justement Robert KOVAR[262], dans une perspective certes, purement communautaire, le juge européen a initialement limité son contrôle au seul exercice « des droits exclusifs » pour en arriver finalement a remettre en question la légitimité même des monopoles.

Bien entendu, il faut replacer cet important mouvement jurisprudentiel dans une perspective de dérégulation d'importants secteurs économiques tels que les télécommunications, les postes ou encore l'énergie. Il faut cependant rappeler ici que ce mouvement de libéralisation de pans entiers de l'économie a déjà commencé au Maroc : la récente privatisation de l'Office National des Postes et Télécommunications[263] n'est qu'une première étape vers un mouvement beaucoup plus large de réduction des monopoles publics marocains dans les domaines les plus importants de l'activité économique. Ainsi, pour reprendre l'exemple des télécommunications, seuls les infrastructures (réseaux) et les services de base (téléphonie vocale) pourront encore faire l'objet d'un monopole de la part de l'opérateur historique. Les services dits « à valeur ajoutée » seront, quant à eux, ouverts à la concurrence. En témoigne l'attribution en juin 1999 de la seconde licence GSM au consortium maroco-ibérique Telefonica/BMCE Bank[264].

Pour conclure sur ce point, à l'avenir, un monopole ne sera légitime, que si, et seulement si, il assure à lui seul la totalité des besoins du marché...

---

[262] Robert KOVAR, « La « peau de chagrin », ou comment le droit communautaire opère la réduction des monopoles publics », Ed. Techniques, Europe, juillet 1992, pp. 1-5.

[263] Voir le projet de loi marocain no. 24-96 relatif à la poste et aux télécommunications, adopté en Conseil des ministres le 24 octobre 1996.

[264] Outre le confortable droit d'entrée payé par le consortium au Gouvernement marocain - environs 1,1 milliard de $ - le cahier des charges impose des obligations précises en matière d'investissement - dans le temps et dans l'espace (zones rurales) - et de transfert de technologies.

Section II. La libéralisation progressive des mouvements de capitaux

Le chapitre I du titre IV de l'accord d'association est dédié aux « paiements courants et circulation des capitaux ». L'article 33 de l'accord pose le principe d'un engagement des parties à autoriser tous les paiements courants alors que l'article 34 pose le principe d'une libéralisation des mouvements de capitaux concernant les seuls investissements directs au Maroc. La distinction faite entre les paiements courants et les mouvements de capitaux par l'accord d'association s'inspire des traités de Rome (article 67§1 et article 106§1) et de Maastricht (article 73B§2 et 73B§1) qui se sont conformés aux statuts du FMI dont l'objectif est l'établissement d'un système multilatéral de règlement des transactions courantes entre tous les Etats membres.

Les paiements courants, parce qu'ils sont adossés à des transactions sur des biens ou des services, posent beaucoup moins de problèmes que les mouvements de capitaux qui sont des opérations financières sans contrepartie commerciale. Cette prudence, observée au niveau multilatéral (FMI) ou communautaire, se retrouve logiquement dans les articles pertinents de l'accord d'association.

Au niveau bilatéral Maroc-Union européenne, les paiements courants font l'objet d'un « engagement » de la part des parties, tempéré toutefois par la clause de sauvegarde de l'article 35, tandis que les mouvements de capitaux ne sont « qu'assurés », et ce, seulement pour l'investissement direct effectué au Maroc dans des sociétés constituées conformément à la législation en vigueur. La libéralisation complète des mouvements de capitaux est reportée *sine die*, « lorsque les conditions nécessaires seront assurées », tandis que des consultations entre l'Union européenne et le Maroc, sont prévues pour « faciliter » cette libéralisation intégrale.

Les paiements courants seront libéralisés avant les mouvements de capitaux car ils concernent directement le commerce, donc l'établissement effectif de la zone de libre-échange entre l'Union européenne et le Maroc. Par contre, la libéralisation des mouvements de capitaux prendra plus de temps car elle touche à des aspects de politique macro-économique, donc à la souveraineté même de l'Etat marocain. Faut-il rappeler que la libéralisation des mouvements de capitaux au sein de la Communauté n'a été effective qu'à compter du 1er juillet 1990, suite à l'adoption de la directive du 24 juin 1988[265] ?

---

[265] JOCE, no. L 178 du 8 juillet 1988. Pour plus de détails, voir E. GAILLARD, D. CARREAU, W. L. LEE, <u>Le Marché Unique européen</u>, pp. 244-251, cit. *supra*. Voir également Patrick JUILLARD,

Nous étudierons donc ces deux libertés séparément, tout en gardant à l'esprit qu'elles constituent des incidences d'une (même) importance fondamentale, eu égard au projet de zone de libre-échange commerciale entre l'Union et le Maroc, et que l'une représente le complément de l'autre.

§1. L'engagement à autoriser les paiements courants

A. Une conformité accrue aux obligations du FMI

En vertu de l'article 33 de l'accord d'association euro-méditerranéen, le Maroc et l'Union européenne « s'engagent à autoriser, dans une monnaie librement convertible, tous les paiements courants relatifs à des transactions courantes ».

1. Définitions conventionnelles et jurisprudentielles

Les paiements courants font l'objet d'une définition dans le traité de Rome ainsi que dans l'accord d'association. L'article 106 du traité de Rome parle de « paiements afférents aux échanges de marchandises, de services et de capitaux (...) » et l'article 33 de l'accord s'applique à « tous les paiements courants relatifs à des transactions courantes ». Les paiements courants sont, comme l'a reconnu la CJCE dans l'arrêt *Luisi et Carbonne*, « des transferts de devises qui constituent une contre-prestation dans le cadre d'une transaction sous-jacente »[266].

L'engagement des parties à autoriser les paiements courants dans une monnaie convertible est une conséquence directe de la libéralisation commerciale progressive mise en œuvre dans le cadre de la zone de libre-échange. Le libre-échange commercial va donner lieu à des transactions et il serait illogique d'opposer des restrictions de change relatives aux transferts de devises induits par ces mêmes transactions. Il s'en suivrait un arrêt des transactions commerciales. Pour preuve, l'accord de coopération de 1978, qui mettait en place un libre-échange industriel asymétrique, disposait que les paiements courants afférents à des transactions commerciales ne doivent être soumis à aucune restriction. Faute

« Libre circulation des capitaux/ Droit dérivé/ Directive du 24 juin 1988 », Fascicule no. 910, Jurisclasseurs Europe, 1989, pp. 1-14.

[266] Voir CJCE, 31 janvier 1984, Luisi et Carbonne, Aff. Jointes 286/82 et 26/83, Rec., 403.

de réel libre-échange, cette disposition de l'article 34 du précédent accord commercial est resté lettre morte.

2. Vers la libre convertibilité du Dirham

a) La libre convertibilité : une obligation au titre du FMI

La libéralisation des paiements courants entre le Maroc et l'Union européenne va être un puissant facteur en faveur de la libre convertibilité du dirham marocain. Car, et cela est précisé par le texte de l'article 33, les paiements courants seront autorisés « dans une monnaie librement convertible ». L'accord d'association introduit ici des obligations d'ordre monétaire complémentaires du commerce. Le principe de convertibilité monétaire est inscrit à l'article I iv) des statuts du FMI, dont l'objectif est de mettre sur pied un système multilatéral de règlement de transactions courantes.

Une monnaie est librement convertible lorsque « les résidents et les non-résidents peuvent effectuer des paiements courants relatifs à des transactions internationales courantes »[267]. Le dirham marocain connaît une convertibilité partielle depuis 1993 (année de clôture du programme), c'est-à-dire limitée aux comptes courants et aux transactions de capital pour les investisseurs non-résidents, et, depuis 1996, la banque centrale marocaine a partiellement libéralisé le cours de change. La libéralisation des paiements courants implique la libre convertibilité du dirham, ce qui est l'objectif de la banque centrale.

La déclaration commune relative à l'article 33 de l'accord[268] stipule que l'expression « convertibilité des paiements courants » est à interpréter au regard de l'article VIII des Statuts du FMI, ce qui signifie que la convertibilité de la monnaie marocaine devra être effective, car les pays de l'article VIII sont des pays à monnaie librement convertible. Enfin, l'article VIII des statuts du Fonds précise un certain nombre d'obligations que les pays à monnaies convertibles sont censés respecter. Il s'agit entre autres de s'abstenir de manipuler les taux de change, de ne pas introduire de discriminations en matière d'arrangements monétaires et surtout de ne pas imposer de restrictions sur les paiements courants. Enfin, il faut déduire *a contrario* de cette déclaration commune que le Maroc n'est pas considéré comme un pays de l'article XIV des statuts du Fonds.

---

[267] Voir D. CARREAU, P. JUILLARD, Droit International Economique, 4ème édition, cit. *supra*, p. 585.

[268] Cette déclaration commune fait partie intégrante de l'accord euro-méditerranéen d'association entre l'Union européenne et le Maroc, COM (95) 740 final.

b) Un rattachement *de facto* du DH à l'EURO

Il faut par ailleurs noter l'existence d'une recommandation de la Banque mondiale datant de 1992[269], selon laquelle les autorités monétaires marocaines devraient abandonner la fixation du taux de change du dirham par rapport à un panier de devises qui lui sont propres pour opérer un rattachement à l'EURO. Ce rattachement devrait être progressif, et aboutir à une proclamation officielle de parité entre le dirham et l'EURO. Durant la phase transitoire, le dirham devrait être intégré au sein du mécanisme du système monétaire européen (SME) afin de pouvoir fluctuer sous contrôle et offrir ainsi plus de lisibilité aux agents économiques. C'est par ailleurs ce que propose Eberhard RHEIN lorsqu'il écrit que « tout laisse à prévoir qu'un jour les pays méditerranéens s'inspireront du précédent autrichien, visant à maintenir une stabilité *de facto* du taux de change de leur monnaie par rapport à l'écu »[270].

Les avantages découlant du rattachement du dirham marocain à la monnaie unique européenne sont nombreux. Dans le cadre d'une zone de libre-échange commercial, la parité officielle entre les deux monnaies donnerait une grande lisibilité aux importateurs et exportateurs ainsi qu'aux investisseurs potentiels. De plus, cette parité constituerait un signal fort en direction de la communauté financière internationale. Il en découlerait une crédibilité accrue dans la poursuite des réformes macro-économiques internes entreprises par le Maroc (lutte contre l'inflation, déficits budgétaires), dans la création et la consolidation des marchés monétaires et financiers ainsi que dans l'objectif de libéralisation des mouvements de capitaux.

B. Les mesures restrictives sur les transactions courantes

L'accord offre la possibilité aux Etats membres de l'Union et au Maroc la possibilité d'adopter des « mesures restrictives sur les transactions courantes ». Ce droit d'appliquer, ce qu'il est convenu d'appeler une mesure de sauvegarde, ne peut-être exercé que sous certaines conditions. Il faut que le Maroc ou un ou plusieurs Etats membres rencontrent ou risquent de rencontrer « de graves

[269] Voir PNUD/Banque Mondiale, Maroc 2000 : une économie ouverte, une économie compétitive, Etude de pays no. 7, 1992, p. 1.43-1.46.
[270] Voir Eberhard RHEIN, « Le pari euro-méditerranéen/Quelques éléments de réflexion sur la mise en place d'une zone de libre-échange euro-méditerranéenne », in Euro-Méditerranée/Une région à construire, pp. 23-36, cit. *supra*.

difficultés en matière de balance des paiements ». Face à de telles difficultés, qui peuvent être actuelles ou simplement potentielles, le Maroc ou l'Etat membre concerné peut prendre des mesures restrictives dans le cadre défini par l'OMC et le FMI.

Dans le domaine monétaire, le FMI peut autoriser un Etat à prendre des dérogations temporaires en matière de restrictions sur les paiements courants (articles VIII et XVI des statuts du FMI). L'introduction de mesures restrictives sur les paiements courants pour des raisons de sécurité, n'a quant à elle été reconnue qu'en 1952 par une décision du FMI.

Dans le domaine commercial, possibilité est reconnue à un Etat de prendre des restrictions quantitatives à l'importation dans l'objectif de rééquilibrer sa balance des paiements. Toutefois, l'Etat auteur de la mesure doit se trouver dans un des deux cas de figure limitativement énumérés par l'article XII§2 OMC :

1) s'opposer à une baisse importante et imminente des réserves monétaires ou mettre fin à cette baisse ;
2) ou, relever ses réserves monétaires dans le cas où elles sont très basses.

L'appréciation de la réalité de l'état des réserves monétaires détermine donc le recours ou pas aux restrictions quantitatives à l'importation de marchandises. A cet effet, une passerelle est instituée entre les deux organisations OMC et FMI. L'article XI§2 OMC institue en effet une procédure de consultation entre l'Etat auteur de la mesure restrictive et le FMI, qui prend à cette occasion des recommandations. Un contrôle sur la réalité de l'état des réserves monétaires est donc effectué par le Fonds pour savoir si les restrictions quantitatives à l'importation prises dans le domaine des marchandises sont licites ou pas.

§2. La libre circulation des capitaux

A. Une libéralisation restrictive de la circulation des capitaux

1. Définitions des mouvements de capitaux

a) Définition jurisprudentielle communautaire

Les mouvements de capitaux ne sont définis ni par les statuts du FMI, ni par le traité de Rome. La CJCE, dans son important arrêt *Luisi et Carbonne*[271], a défini ces mouvements comme « des opérations financières qui visent essentiellement le placement ou l'investissement du montant en cause et non la rémunération d'une prestation ». D'après cette définition jurisprudentielle, les mouvements de capitaux sont donc des opérations financières qui ne correspondent pas à des contre-prestations, sauf, faut-il ajouter, dans certains cas : crédits liés à des transactions commerciales ou à des prestations de services auxquelles participe un résident, par exemple.

b) Une définition restrictive retenue par l'accord d'association

En vertu de l'article 34 de l'accord, le Maroc et l'Union « assurent, à partir de l'entrée en vigueur de l'accord, la libre circulation des capitaux concernant les investissements directs au Maroc, effectués dans des sociétés constituées conformément à la législation en vigueur, ainsi que la liquidation et le rapatriement du produit de ces investissements et de tout bénéfice en découlant ». Une grande prudence caractérise la libéralisation des mouvements de capitaux, qui ne concernera, dans un premier temps, que les seuls investissements directs, définis par la directive de 1988 comme une « opération financière dont l'objectif est de créer ou de maintenir des relations durables et directes entre le bailleur de fonds et l'entreprise à laquelle ces fonds sont destinés ». De manière plus générale, l'investissement direct se caractérise par l'apport en capital dans un but d'intérêt

[271] Voir CJCE, 31 janvier 1984, Luisi et Carbonne, cit. *supra*.

lucratif, le terme, c'est-à-dire le caractère différé de la rémunération, et le risque découlant de l'évolution des résultats par rapport au montant investi[272].

La libéralisation envisagée est restrictive car le terme « mouvements de capitaux » regroupe en fait des opérations financières diverses et variées. La directive du 24 juin 1988, qui ne contient pas moins de treize postes, en fournit un bon exemple :

1) investissements directs ;
2) investissements immobiliers ;
3) opérations sur titres normalement traités sur le marché des capitaux ;
4) opérations sur parts d'organismes de placements collectifs ;
5) opérations sur titres et autres instruments normalement traités sur le marché maritime ;
6) opérations en comptes courants et dépôts auprès des établissements financiers ;
7) crédits liés à des transactions commerciales ou à des prestations de services auxquelles participe un résident ;
8) prêts et crédits financiers ;
9) cautionnements d'autres droits de gages ;
10) transferts en exécutions de contrats d'assurances ;
11) mouvements de capitaux à caractère personnel ;
12) importation et exportation matérielles de valeurs ;
13) autres mouvements de capitaux.

Comme on peut le constater, les investissements directs ne représentent qu'une partie infime de la liste - non exhaustive (poste 13/ autres mouvements de capitaux)- des mouvements de capitaux.

---

[272] Voir D. CARREAU, P. JUILLARD, Droit International Economique, 4ème édition, pp. 396-398, cit. *supra*.

2. La spécificité des mouvements de capitaux

Cette timidité en matière de libéralisation des mouvements de capitaux est due à la nature même de ces opérations financières qui portent atteinte à la souveraineté monétaire des Etats. Certaines, plus que d'autres, sont déséquilibrantes, car spéculatives. C'est généralement le cas de la *hot money* très volatile (mouvements des capitaux à court terme). C'est ainsi que la CJCE a reconnu, dans l'affaire *Casati*[273], que « les mouvements de capitaux présentent également des liens étroits avec la politique économique et monétaire des Etats membres » et de continuer en affirmant que « au stade actuel, on ne saurait exclure que la liberté complète de tout mouvement de capital puisse compromettre la politique économique de l'un ou de l'autre des Etats ou provoquer un déséquilibre de sa balance des paiements ». Le risque de perturbation induit par des mouvements de capitaux libres est donc très important, car des décisions de politique monétaire intérieure (baisse des taux d'intérêts) ont des répercussions immédiates sur ces mouvements, ce qui entraîne des effets de distorsion sur les politiques macro-économiques internes, ainsi que des déséquilibres de la balance des paiements.

Cette prudence se retrouve dans les articles pertinents du traité de Rome. La clause de *roll-back* de l'article 67§1 CEE relative au volet interne, ne prévoyait qu'une suppression progressive « dans la mesure nécessaire au bon fonctionnement du marché commun ». Tandis que le volet externe de l'article 70 CEE, qui dispose que le Conseil « s'efforce d'atteindre le plus haut degré de libéralisation possible » est assimilable à une déclaration d'intention. Enfin, la clause de *standstill* de l'article 71 CEE, suivant laquelle « les Etats membres s'efforcent de n'introduire aucune restriction de change », s'apparente, elle aussi, à de la *soft law* : l'expression « s'efforcent » signifie qu'il n'existe pas d'obligation[274] et « aucune restriction de change » veut dire, *a contrario*, que l'introduction de réglementations qui ne sont pas de change reste possible.

On comprend mieux, dès lors, pourquoi il aura fallu pas moins de cinq directives (1960[275], 1962[276], 1985[277], 1986[278] et 1988[279]) pour arriver à la

---

[273] Voir le point 9 de l'arrêt, CJCE, 11 novembre 1981, Casati, aff. 203/81, Rec., p. 2595.
[274] Sur ce raisonnement à propos de la Directive du 11 mai 1960, voir Patrick JUILLARD, « Libre circulation des capitaux/Droit Dérivé/Directive du 24 juin 1988 », Fascicule 910, p. 4, cit. *supra*.
[275] JOCE, no. L 43 du 12 juillet 1960.
[276] JOCE, no. L 9 du 22 janvier 1963.
[277] JOCE, no. L 372 du 31 décembre 1985.
[278] JOCE, no. L 332 du 26 novembre 1986.

libéralisation *erga omnes* des mouvements de capitaux reconnue par l'article 73 B du traité de Maastricht, alors même qu'il s'agissait d'une « liberté fondamentale »[280] du traité de Rome.

Vu la nature des mouvements de capitaux, et vu le temps qu'a pris leur libéralisation effective en Europe (pas moins de 35 ans), la prudence qui caractérise les termes de l'article 34 de l'accord d'association est donc compréhensible.

Comme nous l'avons vu précédemment, la circulation des capitaux est intégralement assurée entre les Etats membres de l'Union et entre les Etats membres et les Etats tiers : l'article 73 B§1 dispose en effet que « toutes les restrictions aux mouvements de capitaux entre les Etats membres et entre les Etats membres et les pays tiers sont interdites ». Ceci signifie que la mise en œuvre de l'article 34 de l'accord est une obligation qui pèse sur le Maroc et non pas sur l'Union. C'est donc à la partie marocaine de prendre toutes les mesures pour se conformer à ses obligations relatives à la constitution, la liquidation et le rapatriement des investissements directs effectués sur son territoire. Tout au plus, l'Union européenne exprime, dans la déclaration commune relative à l'article 50 de l'accord, son attachement au développement des flux d'investissements directs au Maroc.

Mais dans un premier temps, il s'agit, pour le Maroc, de libéraliser les seuls investissements directs, selon un processus analogue, semble-t-il, à celui utilisé par la Communauté. Ainsi, la première directive, du 12 juillet 1960, prévoyait une libéralisation inconditionnelle pour les investissements directs en même temps qu'elle excluait les investissements financiers. En fait, l'article 34 libère les mouvements de capitaux dans la seule mesure où cela est nécessaire à l'exercice d'une autre liberté fondamentale du traité de Rome, la liberté d'établissement. La liberté de constitution et de liquidation des investissements directs est effectivement l'accessoire de la liberté d'établissement : l'article précise qu'il s'agit d'investissements directs au Maroc « effectués dans des sociétés constituées conformément à la législation en vigueur ». Ainsi il faut lire cette disposition en combinaison avec l'article 31§1 de l'accord qui vise notamment à libéraliser « le droit d'établissement des sociétés d'une partie sur le territoire de l'autre partie (...) ». Ainsi dans l'arrêt *Casati*, la CJCE a relevé que « la liberté de certains mouvements de capitaux est, dans la pratique, une condition de l'exercice

[279] Dir. 88/361, cit. *supra*.
[280] Voir le point 8 de l'arrêt Casati, cit. *supra*.

efficace d'autres libertés garanties par le traité, notamment du droit d'établissement »[281].

Cette liberté de circulation restera subordonnée aux autres, notamment à la circulation des marchandises, avant de devenir à son tour subordonnante. Ainsi, la libéralisation intégrale des mouvements de capitaux sera un préalable à la libéralisation des services financiers.

Toutefois, il faut souligner ici que, si la libéralisation des mouvements de capitaux est une condition *sine qua non* pour attirer l'investissement direct, elle n'est pas suffisante.

B. Lien entre la libéralisation des mouvements de capitaux et l'investissement direct étranger

Une des caractéristiques fondamentales de l'investissement direct étranger (IDE), c'est qu'il ne se décrète pas. La décision d'investir découle d'une multitude de facteurs, pris en compte par l'investisseur privé : 1) stabilité politique, 2) efficacité du système administratif et judiciaire, 3) taille du marché domestique, 4) perspectives de croissance, 5) productivité et coût de la main d'œuvre, 6) état des infrastructures, 7) état des réformes macro-économiques et libéralisation du régime des investissements[282]. En bref, il faut créer les conditions d'un climat favorable aux flux d'investissements. Les instruments relatifs à la promotion et à la protection de l'investissement direct doivent être interprétés dans ce sens.

L'article 50 et la déclaration commune y relative, constituent un signal positif. La promotion des investissements fait l'objet de l'article 50 al a), en vertu duquel le Maroc s'engage à établir des instruments de promotion (procédures harmonisées et simplifiées, mécanismes de co-investissements et dispositifs d'identification et d'information sur les opportunités d'investissements), ainsi que de la déclaration commune qui propose « de développer l'accès du Maroc aux instruments communautaires de promotion de l'investissement ». Pour rappel, une étude de la Banque Mondiale a révélé que « les différentes facettes de la promotion au Maroc sont éparpillées entre un ensemble assez vaste d'intervenants, sans réelle coordination et sans vision stratégique » [283]. C'est dire l'importance de la promotion des investissements !

---

[281] Voir le point 8 de l'arrêt Casati, cit. *supra*.

[282] Voir World Bank, Kingdom of Morocco/Countrie Economic Memorandum, Towards Higher Growth and Employment, Volume I, September 15, 1995, pp. 10-11.

[283] Les différents intervenants dans la promotion de l'investissement au Maroc sont 1) le Ministère du Commerce Extérieur, des Investissements Extérieurs et de l'Artisanat, 2) l'Office pour le Développement Industriel, 3) le Comité d'Impulsion et de Suivi des Investissements, 4) le secteur bancaire, 5) le Centre Marocain de Promotion des Exportations, voir Foreign Investment Advisory

La protection des investissements, qui se définit comme « l'ensemble des principes et des règles, de droit international comme de droit interne, qui ont pour objet ou pour effet d'empêcher ou de réprimer toute atteinte publique à l'existence ou à la consistance de l'investissement international »[284], fait l'objet de l'article 50 al. b) selon lequel les parties coopèrent en vue d'établir un cadre juridique favorisant l'investissement, notamment en passant des accords de protection des investissements avec chacun des Etats membres.

Nous touchons là à la problématique essentielle de l'investissement international. Le débat autour de la protection de l'investissement étranger dans les années 70 a été l'occasion pour les pays en développement d'affirmer leur indépendance politique. Ainsi la résolution no. 3281 (XXIX) de l'Assemblée Générale des Nations Unies, intitulée Charte des droits et devoirs économiques des Etats, reconnaissait le droit de l'Etat hôte de nationaliser les biens étrangers contre une indemnité adéquate conformément à la loi du for (article 2-2 point c). Cette déclaration d'indépendance économique, au lendemain du premier choc pétrolier, a été un facteur supplémentaire de dégradation du climat favorable aux flux Nord-Sud d'investissements directs. Faut-il rappeler qu'au Maroc, le boum des phosphates de 1974 permet d'absorber le choc jusqu'en 1982, « année d'un très grave déclin de l'investissement direct»[285]. L'adoption d'un programme d'ajustement structurel sous l'égide de la Banque Mondiale (1983) a permis, un retour de l'investissement direct à partir de 1989, et qui représente depuis lors une moyenne de 20% de l'investissement industriel[286].

Ce rappel permet de saisir les réels enjeux autour de la question de la protection des IDE. Les accords de protections des investissements serviront donc a restaurer et/ou consolider un climat de confiance favorable aux investisseurs étrangers et au premier lieu européens. L'Union européenne dominée par la France (60%) suivie de l'Espagne (13%) et de l'Allemagne (8%). représente 60% des investissements contre 19% pour les pays arabes (notamment dans le tourisme et

Service IFC/World Bank, Maroc/Une stratégie de promotion des investissements étrangers pour le Maroc : cibles et vecteurs, novembre 1994, pp.10-18.

[284] Voir D. CARREAU, P. JUILLARD, Droit International Economique, 4ème édition, pp. 483-501, cit. *supra*.

[285] Voir PNUD/Banque Mondiale, Maroc 2000 : une économie ouverte, une économie compétitive, Etude de pays no. 7, 1992, p. 1.37.

[286] Dans ce secteur, l'IDE bénéficie en priorité aux activités tournées vers l'exportation : textile-habillement (20,2% du total) et chimie (31,5% du total), voir Fouad ZAÏM et Larbi JAIDI, « La dynamique des investissements », in Euro-Méditerranée, Une région à construire, Publisud, 1995, pp. 289-329.

l'immobilier)[287]. Pour constituer un message significatif à la communauté des investisseurs, ces accords de protection devront se conformer aux standards internationaux de pleine et entière protection et sécurité, de non-discrimination et d'indemnisation juste, prompte et effective.

Enfin, les nouveaux instruments de l'accord d'association que sont le dialogue politique (titre I/ articles 3 à 5) ainsi que le respect des principes démocratiques et des droits fondamentaux de l'homme (article 2) sont, sans aucun doute, des éléments constitutifs d'un signal fort, dénué de toute ambiguïté, à destination des investisseurs potentiels. L'article 4 de l'accord d'association dispose que « le dialogue politique porte sur tous les sujets présentant un intérêt commun pour les parties et, plus particulièrement, sur les conditions propres à garantir la paix, la sécurité et le développement régional ». Et l'article 1er du premier protocole de la convention européenne de sauvegarde des droits de l'homme ne stipule-t-il pas que « toute personne physique ou morale a droit au respect de ses biens » et que « nul ne peut être privé de sa propriété que pour cause d'utilité publique et dans les conditions prévues par la loi et les principes généraux du droit international » ?

La proclamation de la liberté de circulation des capitaux relatifs aux investissements directs couplée aux différents instruments de promotion de protection de l'investissement (clause des droits de l'homme, dialogue politique régulier, protection des investissements de l'article 50) sont autant d'éléments qui mettent en lumière le rôle primordial de l'investissement direct étranger eu égard au projet de ZLE. Sans investissements directs, la zone de libre-échange aurait « un impact négatif »[288]. Seul un afflux important des investissements européens vers le Maroc permettrait à la croissance de repartir à la hausse, et seuls des taux de croissance élevés pourraient permettre de soutenir le train de réformes dans lequel s'est engagé le Maroc.

Mais la libération des mouvements de capitaux reste une condition *sine qua non* de la réussite du projet de zone de libre-échange. Cette liberté de circulation fondamentale est l'accessoire d'une autre liberté communautaire : celle relative au droit d'établissement et à la prestation de services. Ainsi dans l'arrêt *Casati*, la CJCE a relevé que « la liberté de certains mouvements de capitaux est,

---

[287] Voir Malika HATTAB-CHRISTMANN, « Les effets des investissements directs étrangers sur le secteur industriel marocain », in L'Europe et la Méditerranée : intégration économique et libre-échange, Collection Emploi, Industrie et Territoire, L'Harmattan, 1997, pp. 149-166.

[288] Voir Fouad ZAIM et Larbi JAÏDI, « Le nouvel accord de libre-échange entre le Maroc et l'Union européenne/Un pari à hauts risques », in Confluences Méditerranée, no 21 Printemps 1997, L'Harmattan, pp. 65-78.

dans la pratique, une condition de l'exercice efficace d'autres libertés garanties par le traité, notamment du droit d'établissement »[289]. Le droit d'établissement et de prestation de services (art. 31 de l'accord d'association) est en fait le prolongement naturel de la libre circulation des capitaux relatifs à l'investissement direct. La combinaison de ces libertés de circulation a pour objectif commun de stimuler l'investissement direct au Maroc.

Section III. L'articulation des libertés de circulation des personnes (établissement) et des services (prestation)

La libéralisation des mouvements de capitaux étudiée *supra* est une condition de l'exercice d'autres libertés fondamentales du traité de Rome. Plus précisément, la liberté des mouvements de capitaux est l'accessoire de la liberté d'établissement. Cette relation de subordination a été relevée par la CJCE dans son arrêt *Casati*[290]. La libération des capitaux entretien aussi des relations avec la libre circulation des services. Ainsi, l'article 61§2 CE (51§2 nouveau) dispose que « la libération des services des banques et des assurances qui sont liées à des mouvements des capitaux doit être réalisée en harmonie avec la libération progressive de la circulation des capitaux ». La libéralisation des services financiers ne peut donc avoir lieu sans la libéralisation préalable des mouvements de capitaux. Bien que distinctes, ces deux libertés communautaires d'établissement et de prestation de services sont liées entre elles : ainsi, possibilité est offerte à une même entreprise d'offrir une activité de services par le biais de l'établissement ou par celui de la prestation de services.

C'est ainsi que l'article 31 de l'accord d'association étend son champ d'application de manière à inclure « le droit d'établissement des sociétés d'une partie sur le territoire de l'autre partie et la libéralisation de la fourniture de services par les sociétés d'une partie envers les destinataires de services dans une autre partie ». Il aurait effectivement été illogique de proclamer la liberté des mouvements de capitaux relatifs à l'investissement direct au Maroc effectués dans des sociétés, d'une part, et de refuser le droit d'établissement ainsi que la libre prestation de services par ces mêmes sociétés, d'autre part. Mais une fois énoncé, ce principe se voit appliquer une limitation sévère : la notion de LE et LPS dont il

---

[289] Voir le point 8 de l'arrêt Casati, cit. *supra*.
[290] Voir le point 8 de l'arrêt Casati, cit. *supra*.

est question se trouve bien en deçà de la LE et LPS communautaire, car elle ne bénéficie qu'aux seules sociétés.

§1. Une liberté d'établissement conditionnée par l'exclusion de la libre circulation des personnes physiques

A. L'exclusion des personnes physiques du bénéfice de la LE

1. La définition du droit d'établissement en droit communautaire

Le droit d'établissement est défini par l'article 52§2 CE (43§2 nouveau) comme « l'accès aux activités non salariées et leur exercice, ainsi que la constitution et la gestion d'entreprises, et notamment de sociétés au sens de l'article 58§2 (48§2 nouveau) dans les conditions définies par la législation du pays d'établissement pour ses propres ressortissants, sous réserve des dispositions du chapitre relatif aux capitaux ».

Force est de constater que la notion retenue par l'article 31 de l'accord d'association est restrictive par rapport à la notion communautaire de LE. En vertu de l'accord, il s'agit en effet d'établissement des sociétés d'une partie sur le territoire de l'autre partie. Or la définition communautaire fait aussi mention de « l'accès aux activités non salariées et leur exercice », c'est-à-dire l'exercice, par une personne physique, d'une activité indépendante. L'accord n'envisage l'extension la liberté d'établissement qu'aux seules sociétés.

2. Un droit incompatible avec la discrimination à raison de la nationalité

a) Un principe posé par la jurisprudence Reyners

En matière de liberté communautaire d'établissement des personnes, l'affaire *Reyners*[291] a constitué l'arrêt de principe. Dans cette affaire, la CJCE a jugé que le droit d'établissement est d'effet direct, car il devait être lu en combinaison avec le principe fondamental de l'article 7 CEE qui interdisait « toute

[291] CJCE, 21 juin 1974, Reyners, aff. 2/74, Rec., p. 631.

discrimination en raison de la nationalité ». Or ce principe fondamental du traité de Rome n'est pas d'application dans le cadre de l'accord d'association avec le Maroc, qui reste un pays tiers.

b) Un principe exclu par l'accord d'association

i) Une non-discrimination limitée aux conditions de travail

L'accord d'association consacre l'exclusion de la liberté d'établissement pour les personnes physiques. Les travailleurs marocains régulièrement installés sur le territoire de l'Union bénéficient du principe de la non-discrimination en ce qui concerne les conditions de travail, de rémunération, de licenciement (art. 64) et de sécurité sociale (art 65). Pour les autres (travailleurs non-régulièrement installés), la liberté de circulation est exclue. Le traitement de la question est abordé sous l'angle de la gestion des flux migratoires.

ii) La circulation des personnes physiques sous l'angle de l'immigration clandestine

Les seules dispositions relatives à la libre circulation des personnes physiques de nationalité marocaine concernent la réadmission. Ainsi, l'article 69§3 al. b) pose le principe d'un dialogue (dans le domaine social) relatif à l'immigration clandestine et aux conditions de retour des personnes en situation irrégulière au regard de la législation relative au séjour et à l'établissement applicable dans le pays hôte. Dans le même registre, l'article 71§2 prévoit des actions de coopération en matière de réduction de la pression migratoire et de réinsertion des personnes rapatriées, et la « Déclaration commune relative à la réadmission » envisage l'adoption bilatérale des dispositions et les mesures appropriées pour la réadmission des ressortissants qui ont quitté leur pays. Par ailleurs, les réglementations relatives à l'entrée et au séjour des étrangers restent du seul ressort des Etats membres pris individuellement. Il n'y a là aucune compétence communautaire en la matière. Tout au plus, les accords de Schengen, entrés en vigueur le 26 mars 1995[292], envisagent-ils la suppression des contrôles aux frontières internes de l'Espace du même nom, contrebalancée par le renforcement des contrôles aux frontières externes. L'ensemble est coiffé d'un système informatique Schengen (SIS) unique.

---

[292] A l'entrée en vigueur, seuls l'Allemagne, la France, le Bénélux, l'Espagne et le Portugal faisaient partie de l'Espace Schengen. Depuis le 1er janvier 1997, l'Italie et l'Autriche ont rejoint l'espace Shengen. L'acquis de ces accords est intégré dans le cadre de l'Union européenne par le protocole no. 2 du traité d'Amsterdam.

La liberté d'établissement des personnes physiques n'est effective qu'avec le principe de non-discrimination à raison de la nationalité. Or, la politique de la Communauté en matière de libre circulation des personnes physiques nationaux d'Etats tiers est justement basée sur le principe de discrimination à raison de la nationalité. Ces mêmes observations s'appliquent à l'exclusion de la LPS par les personnes physiques.

Au sein de la Communauté les restrictions relatives à l'exercice de la LE ainsi que de la LPS par les ressortissants communautaires ont fait l'objet de la directive du 21 mai 1973[293] sur la suppression des restrictions au déplacement et au séjour des ressortissants des Etats membres à l'intérieur de la Communauté en matière d'établissement et de prestation de service. Au sein de l'espace euro-marocain, les restrictions aux déplacements et aux séjours des ressortissants marocains resteront, malheureusement, la règle.

B. Le bénéfice de la liberté d'établissement aux seules sociétés

La seule LE envisagée est donc celle relative aux sociétés. L'article 58§2 CE (48§2 nouveau) définit les sociétés comme « les sociétés de droit civil ou commercial, y compris les sociétés coopératives, et les autres personnes morales relevant du droit public ou privé, à l'exception des sociétés qui ne poursuivent pas de but lucratif ». Cette définition est différente de celle rencontrée en droit de la concurrence, car elle définit le groupement par personnalité morale ainsi que par son activité économique (« but lucratif »). L'article 31 de l'accord n'étend le bénéfice de la LE qu'aux seules sociétés.

1. La notion extensive de la nationalité des sociétés bénéficiaires de la LE

L'article 58§1 (48§1 nouveau) assimile « les sociétés constituées en conformité de la législation d'un Etat membre et ayant leur siège statutaire, leur administration centrale ou leur principal établissement à l'intérieur de la Communauté (...) aux personnes physiques ressortissant des Etats membres ». Le rattachement juridique du groupement avec la Communauté est fondamental pour bénéficier de la LE. Le traité a opté pour deux critères au choix du bénéficiaire, à savoir le critère de l'incorporation (siège social statutaire) ou celui du siège social

[293] Dir. 73/148/CEE du 21 mai 1973, JOCE, no. L 172 du 28 juin 1973 en remplacement de la Dir. 64/220/CEE du 25 février 1964, JOCE, du 4 avril 1964.

réel (administration centrale), tout en éliminant celui du contrôle (société à la nationalité de la majorité de ses actionnaires).

Si l'on s'en tient au critère de rattachement très libéral de l'article 58§1, les sociétés possédant un siège statutaire (critère de l'incorporation), une administration centrale (critère du siège social réel) ou un établissement principal au Maroc ou dans l'un des quinze pays de l'Union sera assimilé à un ressortissant marocain ou européen et bénéficiera de la liberté d'établissement. Il suffira en fait que l'entreprise, constituée selon la loi d'un Etat membre de l'Union ou du Maroc, soit incorporée, c'est-à-dire qu'elle possède son siège statutaire, dans la Communauté ou au Maroc sans y avoir nécessairement son siège social réel et sans être contrôlée par des capitaux marocains ou européens.

2. Les deux modalités d'exercice de la LE par les sociétés

Dans cette optique, certes restreinte, la liberté d'établissement des sociétés devrait s'effectuer selon l'établissement principal ou secondaire et ce, au choix de la personne morale bénéficiaire.

a) L'établissement principal

Dans l'hypothèse d'un établissement principal, l'entreprise est créée *ex nihilo* dans le pays d'accueil ou est transférée vers celui-ci après liquidation dans le pays d'origine. La seconde alternative de transfert après liquidation ne va pas sans poser d'importants problèmes : dans certaines législations, le transfert entraîne la liquidation pure et simple de l'entreprise notamment pour des raisons fiscales. C'est ainsi que la CJCE a jugé dans l'affaire *Daily Mail* que « les articles 52 et 58 du traité doivent être interprétés en ce sens qu'ils ne confèrent aucun droit, en l'état actuel du droit communautaire, à une société constituée en conformité de la législation d'un Etat membre et y ayant son siège statutaire, de transférer son siège de direction dans un autre Etat membre »[294]. La Cour a en fait reconnu le droit des personnes morales à l'établissement principal, mais a subordonné ce dernier à l'accomplissement de conditions non encore survenues car « le traité considère la disparité des législations nationales concernant le lien de rattachement exigé pour leurs sociétés ainsi que la possibilité, et, le cas échéant les modalités d'un transfert du siège, statutaire ou réel, d'une société de droit national, d'un Etat membre à l'autre, comme des problèmes qui ne sont pas résolus par les règles sur le droit d'établissement, mais qui doivent l'être par des travaux législatifs ou conventionnels (...) ». En bref, les Etats doivent passer des

[294] CJCE, 27 septembre 1988, Daily Mail, aff. 81/87, Rec., 1988, p. 5483.

conventions pour maintenir la personnalité juridique des entreprises en cas de transfert de siège.

b) L'établissement secondaire

Dans la seconde hypothèse, l'entreprise ne quitte pas son pays d'origine mais s'établit dans le pays d'accueil via une filiale, une agence ou une succursale. Dans le cas de la ZLE, le mode d'établissement secondaire par voie de filiales sera privilégié, car « la création d'une filiale a souvent des liens étroits avec la circulation des capitaux »[295].

Cette seconde modalité d'exercice de la liberté d'établissement pose un problème, car la société doit être préalablement établie dans l'espace communautaire. Cette exigence d'établissement préalable ne pose pas de problèmes particuliers lorsque la société en question possède son siège réel ou son administration centrale dans la Communauté. Par contre, si elle n'y possède que son siège statutaire, son activité doit présenter, selon les programmes généraux de 1961, « un lien effectif et continu avec la Communauté »[296]. Cette même exigence d'établissement préalable se pose en matière de liberté de prestation de service.

§2. Une liberté de prestation de services conditionnée par la libéralisation récente du commerce des services à l'échelle mondiale

Tout aussi restrictive est la LPS envisagée par l'article 31 de l'accord d'association qui stipule « la libéralisation de la fourniture de services par les sociétés d'une partie envers les destinataires de l'autre partie ».

Cette timidité en matière de LPS est due à plusieurs facteurs. La LPS implique le déplacement de personnes physiques (donc le bénéfice du traitement national), des franchissements de frontières et une libéralisation effective du commerce des services.

---

[295] Voir Christian GAVALDA et Gilbert PARLEANI, Droit des Affaires de l'Union européenne, pp. 120-121, cit. *supra*.

[296] Voir les deux programmes généraux du Conseil en date du 18 décembre 1961 pour la suppression des restrictions à la liberté d'établissement et à la libre prestation de services, JOCE, no. 2, 15.01.75.

A. Le caractère transfrontalier du commerce des services

1. Une notion « résiduelle » en droit communautaire

La notion communautaire de prestation de service présente quant à elle un caractère résiduel dans le sens ou « sont considérés comme services les prestations fournies normalement contre rémunération, dans la mesure où elles ne sont pas régies par les dispositions relatives à la libre circulation des marchandises, des capitaux ou des personnes » (art. 59§2 CE et 49§2 nouveau). D'après cette définition, la notion de service est caractérisée en droit communautaire par rapport aux grandes libertés de circulation. Tout ce qui n'est pas couvert par ces libertés de circulation tombe dans la notion de libre prestation de service.

Ensuite, et c'est là une caractéristique des services, la LPS donne lieu à des passages transfrontières. Cette spécificité est rappelée par la Cour, dans l'affaire *Van Binsbergen,* lorsque cette dernière reconnaît la licéité des mesures restrictives à la LPS « pour empêcher que cette liberté soit utilisée par un prestataire dont l'activité serait entièrement ou principalement tournée vers son territoire »[297].

2. La nouvelle approche du GATS : les modes de fourniture

L'accord du GATS[298] met en lumière le caractère transfrontalier du commerce des services dans tous les modes de fournitures. Ainsi, son article 1er définit « le commerce des services comme étant la fourniture d'un service :

a) en provenance du territoire d'un membre et à destination de tout autre membre ;
b) sur le territoire d'un membre à l'intention d'un consommateur de services de tout autre membre ;
c) par un fournisseur de services d'un membre, grâce à une présence commerciale sur le territoire de tout autre membre ;

---

[297] Voir le point 13 de l'arrêt Van Binsbergen, aff. 33/74, Rec, p. 1037 ; RTDE, 1975, p. 577.
[298] Accord général sur le commerce de services, JOCE, no. L 336 du 23.12.94.

d) par un fournisseur de services d'un membre, grâce à la présence de personnes physiques d'un membre sur le territoire de tout autre membre ».

Les quatre modalités de prestation de services envisagées par la définition GATS sont toutes caractérisées par le franchissement de frontière. La première modalité, passage du seul service vers le destinataire correspond à une libre prestation active (consultation électronique). La seconde, du destinataire vers le service, est une LPS passive (tourisme) ; Les deux dernières modalités ont en commun le déplacement du prestataire vers le consommateur de services. Dans le premier cas, le prestataire personne morale s'établit via une présence commerciale (filiale ou une succursale) pour fournir des services (bancaires par exemple), tandis que dans le second cas, le prestataire personne physique s'établit via l'expatriation temporaire ou permanente (services de consultants).

B. Une libéralisation très restrictive de la PS par l'accord d'association

1. La jurisprudence *Van Binsbergen* : non-discrimination à l'encontre du prestataire

En matière de libre prestation de services par les personnes physiques, l'arrêt *Van Binsbergen*[299] a posé le principe de l'applicabilité directe de la LPS dans la mesure où cette liberté « vise à l'élimination de toute discrimination à l'encontre du prestataire en raison de sa nationalité ou de la circonstance qu'il réside dans un Etat autre que celui où la prestation doit être fournie »[300]. Comme en matière de liberté d'établissement, le principe de non-discrimination à raison de la nationalité est rappelé par la CJCE. La libre prestation de services donne droit à la libre migration des personnes physiques bénéficiaires ainsi qu'au traitement national. Ainsi, l'article 60§2 CE (50§2 nouveau) prévoit que « sans préjudice des dispositions du chapitre relatif au droit d'établissement, le prestataire peut, pour l'exécution de sa prestation, exercer, à titre temporaire, son activité dans le pays où la prestation est fournie, dans les mêmes conditions que celles que ce pays impose à ses propres ressortissants ». Il faut donc qu'il existe une liberté de circulation des personnes ainsi qu'un droit d'établissement de ces mêmes personnes. Les mêmes

[299] CJCE, 3 décembre 1974, Van Binsbergen, cit. *supra*.
[300] Voir le point 27 de l'arrêt Van Binsbergen, cit. *supra*.

problèmes furent rencontrés par les personnes physiques bénéficiaires de la LPS au sein de la Communauté et firent l'objet de la directive de 1973, précitée.

Or, comme en matière de libre établissement, la discrimination en fonction de la nationalité est la règle dans la gestion des flux de migrants extra communautaires. Il ne peut donc y avoir de LPS pour les personnes physiques.

2. Une liberté tronquée dans le cadre de l'accord l'association

Ce caractère transfrontalier est la seconde raison pour laquelle la LPS n'est envisagée que pour les seules sociétés d'une partie envers les destinataires de l'autre partie.

L'article 31 de l'accord ne retient que la troisième modalité de fourniture de service, à savoir par un fournisseur de services grâce à une présence commerciale sur le territoire de tout autre Etat membre. Il n'est question ni du passage transfrontière du destinataire vers le prestataire du service (ce qui impliquerait au préalable la libre circulation des personnes), ni du passage transfrontière du prestataire de service vers le destinataire (pour la même raison évoquée précédemment), ni enfin du passage transfrontière du seul service vers le destinataire. Cette solution permet en effet d'éviter de prendre position sur les restrictions à l'entrée et au séjour des personnes physiques possédant la nationalité d'Etats tiers tout en liant la LPS à la LE, et ce dans la perspective d'attirer l'investissement direct effectué dans des sociétés constituées en conformité avec la législation locale.

3. Une libéralisation récente du commerce des services dans le cadre OMC

a) L'apport du GATS

Le secteur des services est un domaine relativement nouveau, dont le principe même de libéralisation au niveau mondial n'est reconnu que depuis les Accords d'Uruguay Round de 1994.

Conformément au GATS, qui constitue désormais le cadre juridique d'une libéralisation progressive du commerce des services au niveau mondial, les membres s'engagent à respecter des obligations et disciplines générales communes (partie II) en matière de CNPF (art. II), de transparence (art. III), de reconnaissance

(VII), et de concurrence (art. VIII) notamment[301]. Il existe par ailleurs des engagements spécifiques pris dans les listes nationales, concernant l'accès aux marchés et le traitement national.

La patrie IV pose les bases d'une libéralisation progressive du commerce du secteur des services. Cette libéralisation s'effectue par le biais de négociations (guidées par la réciprocité et l'équilibre des concessions) et de l'élaboration de listes nationales d'engagements. Enfin, les secteurs des services financiers, des télécommunications et télécommunications de base, du transport aérien, font l'objet d'annexes par secteurs.

b) La prise en compte du GATS par l'accord de libre-échange UE-Maroc

i) Des concessions limitées

Ce changement intervenu au niveau multilatéral est pris en considération par l'accord d'association, dont l'un des objectifs est « de fixer les conditions de la libéralisation progressive » des services. Mais il est possible d'affirmer que le commerce des services restera subordonné aux concessions que se feront les partenaires au sein du GATS.

Pour l'instant, seul le secteur des transports maritimes semble faire l'objet d'un engagement de libéralisation. Sur la base des avancées en matière de libéralisation du secteur des transports maritimes au sein du GATS, le Conseil d'association devra examiner ce secteur de manière à « recommander les mesures de libéralisation les plus appropriées », et ce dès l'entrée en vigueur de l'accord. Ce secteur étant le vecteur de la liberté de circulation des marchandises prévu par la zone de libre-échange, il est tout à fait logique qu'il soit placé en haut de l'agenda du Conseil d'association.

Pour le reste, les parties se contentent d'une déclaration d'intention en « réaffirmant leurs obligations en vertu du GATS et notamment de la clause de la nation la plus favorisée qui dispose que « chaque membre accordera immédiatement et sans condition aux services et fournisseurs de services de tout autre membre, un traitement non moins favorable que celui qu'il accorde aux services et fournisseurs de services similaires de tout autre pays ».

La liberté d'établissement et de prestation de services restera, dans un premier temps, subordonnée à l'évolution des concessions faites au sein du GATS. L'article 31§2 al. 2 dispose que « le Conseil d'association doit prendre en compte l'expérience acquise par l'octroi de la CNPF et les obligations respectives des parties conformément au GATS et notamment celles de son article V ». L'article V

[301] Voir D. CARREAU P JUILLARD, Droit International Economique, 4ème édition, pp. 340-371, cit. *supra*.

pose les conditions de licéité des intégrations économiques par rapport à la CNPF dans le commerce des services. L'accord d'association, qui prévoit la libéralisation progressive du commerce des services, ne respecte pas l'article V du GATS.

ii) Le non-respect de l'article V du GATS

L'article V du GATS, pendant de l'article XXIV OMC pour les marchandises, permet aux membres de conclure entre eux un accord régional prévoyant une libéralisation plus poussée du commerce des services sous certaines conditions. Conformément à cet article, il faut que l'intégration régionale se fasse dans un délai raisonnable (art. V§1 al. b), qu'elle couvre un nombre essentiel de secteurs, et qu'elle prévoie l'élimination de toute discrimination tout en ne relevant pas le niveau des obstacles à l'égard des pays tiers.

Premièrement, l'accord libéralisant le commerce des services « couvre un nombre substantiel de secteurs » (art. V§1 al. a), ce qui signifie qu'il « ne devrait pas prévoir l'exclusion *a priori* d'un mode de fourniture quel qu'il soit »[302]. Il faut aussi que le volume des échanges affectés ainsi que le nombre de secteurs soit important. C'est la transposition de la règle de « l'essentiel des échanges » de l'article XXIV OMC au secteur des services.

Deuxièmement, l'accord doit prévoir « l'élimination pour l'essentiel » de toute discrimination (art. V§1 al. b) par application du traitement national inscrit à l'article XVII du GATS. Concrètement l'accord doit en prévoir le *standstill* (art. V§1 al. b) i)), c'est-à-dire la prohibition de nouvelles mesures discriminatoires, et, le *roll-back* ou l'élimination des mesures discriminatoires existantes (art V§1 al. b) ii)).

Troisièmement, l'intégration ne doit pas « relever le niveau général des obstacles au commerce des services dans les secteurs et sous-secteurs respectifs par rapport au niveau applicable avant un tel accord » (art. V§4). Comme en matière d'intégration régionale dans le domaine des marchandises (art. XXIV OMC), la libéralisation du commerce des services ne doit pas être *trade diverting*.

Ces conditions ne sont pas d'interprétation stricte. En effet, et conformément à l'article V§3 al. a) du GATS, les pays en développement bénéficient d'une « certaine flexibilité » lorsqu'ils sont membres d'une intégration régionale qui couvre le commerce des services. Cette « flexibilité » prend en considération le niveau de développement global ainsi que par secteur et sous-

[302] La note de bas de page relative à l'article V§1a) du GATS, spécifie par ailleurs qu'il faut prendre en compte le nombre de secteurs, le volume des échanges effectués et les modes de fournitures pour remplir cette condition.

secteurs. Par ailleurs, la participation croissante des PED est facilitée en vertu de l'article IV du GATS.

Toutefois, l'accord d'association entre l'Union et le Maroc est loin de remplir les conditions de l'article V GATS, même en prenant en compte une « certaine flexibilité ». Et, de manière générale, « aucun des accords euro-méditerranéens ne libéralise le commerce des services » a écrit Eberhard RHEIN[303].

Ceci est vrai, au sens strict seulement. Il est compréhensible que les Etats adoptent une position extrêmement prudente en matière de LPS car ce domaine possède « une nature particulière »[304]. La jurisprudence de la CJCE a reconnu la légalité d'exigences spécifiques imposées au prestataire à condition qu'elles soient motivées par « l'application de règles professionnelles justifiées par l'intérêt général ». Et, le traité de Rome pose des exceptions à la LPS : il ne saurait y avoir de LPS en matière d'activités participant à l'exercice de l'autorité publique, et ce, même de manière occasionnelle. On sait, depuis l'arrêt *Reyners*[305], que cette exception est d'interprétation stricte. De plus, le Conseil statuant à la majorité qualifiée « peut excepter certaines activités ».

Bien que la seule libéralisation envisagée à ce stade par l'accord d'association concerne l'établissement et la prestation de services par les seules sociétés, nous pensons que les articles 31 et 32 de l'accord d'association constituent un cadre juridique de base qu'il convient d'interpréter à la lumière des objectifs de l'accord d'association. L'article 1§2 al. 2 prévoit en effet de fixer les conditions de la libéralisation progressive des échanges de services.

La liberté d'établissement et de prestation de services restera subordonnée à l'accomplissement de la libération des mouvements de capitaux relatifs à l'IDE ainsi qu'à l'état des négociations sur le commerce des services au niveau multilatéral. Il n'en reste pas moins évident que la libéralisation, à terme, du commerce des services est une des incidences les plus importantes de l'accord de libre-échange entre l'Union européenne et le Maroc.

---

303 Eberhard RHEIN, « The New Euro-Mediterranean Partnership », Trans Atlantic Workshop in Regionalism, Ebenhausen, july 4-6, 1996.

304 Voir le point 12 de l'arrêt Van Binsbergen, cit. *supra*.

305 Voir l'arrêt Reyners, cit. *supra*.

Chapitre II. Les incidences horizontales : La réactivation de l'intégration régionale maghrébine

En signant des accords de libre-échange avec chacun des douze PTM, l'Union européenne perpétue un schéma institutionnel traditionnel : tandis que cette dernière reste le centre d'un réseau en étoile, chacun des PTM en constitue une extrémité. Ce réseau institutionnel a pour objectif de créer une vaste zone euro-méditerranéenne commerciale de paix et de stabilité.

Dans un premier temps, les différents PTM devraient mettre en pratique, chacun de son côté, un libre-échange industriel avec l'Union européenne tandis que la question agricole devrait faire l'objet de concessions mutuelles, réciproques et progressives. Ensuite, ils devraient progressivement passer des accords de libre-échange entre eux. L'objectif final de création d'une zone euro-méditerranéenne de libre-échange à l'horizon 2010, implique donc le décloisonnement horizontal de tous les marchés nationaux méditerranéens. Ainsi, la Commission européenne, dans une communication de 1994 sur la politique méditerranéenne, estimait que la ZLE euro-méditerranéenne devrait permettre « le libre-échange entre les pays méditerranéens eux-mêmes »[306]. Ceci s'est retrouvé au niveau des principes politiques adoptés par les Quinze européens et les Douze méditerranéens réunis lors de la conférence de Barcelone les 27 et 28 novembre 1995. Dans cette déclaration, véritable charte constitutive du partenariat, les participants ont affirmé que « la zone de libre-échange sera réalisée à travers les nouveaux accords euro-méditerranéens et des accords de libre-échange entre les partenaires de l'Union européenne »[307]. En bref, la dynamique verticale enclenchée par les accords UE-PTM devrait permettre de créer les conditions favorables à une dynamique horizontale entre les PTM. C'est du moins ce qu'espère l'Union européenne ! Concrètement, quels sont les instruments réellement mis en œuvre pour atteindre cet objectif ?

Plusieurs instruments ont été introduits pour cela dans les accords bilatéraux passés par l'Union européenne et ses partenaires méditerranéens. Les règles d'origine en sont un. Au cours de la partie précédente, nous avions démontré que dans un premier temps au moins, la diversité des règles d'origine

---

[306] Voir plus précisément le point 10 de la Communication de la Commission, « Renforcement de la Politique méditerranéenne de l'Union européenne : établissement d'un partenariat euro-méditerranéen », Bruxelles, le 19.10.94, COM (94) 427.

[307] Voir conférence de Barcelone, Déclaration et Programme de travail, p. 7, cit. *supra*.

constituait un facteur de ralentissement de la fluidité de la circulation des marchandises. Une stratégie d'harmonisation est prévue par la Commission européenne de manière à permettre aux différents partenaires de la zone d'appliquer les mêmes règles. Cet instrument n'est pas suffisant, car il existe une intégration verticale de fait entre les économies méditerranéennes et européennes. Le décloisonnement ne peut donc se faire spontanément, d'autant plus, que l'entente politique entre les partenaires méditerranéens relève plutôt de l'exception. A cet égard, l'adjonction d'un volet politique dans les nouveaux accords euro-méditerranéens constituent, peut-être, l'occasion de créer la volonté politique qui a souvent fait défaut.

La Commission européenne voudrait mettre en place deux pôles à partir desquels se constitueraient des intégrations régionales. Dans sa communication de 1998 sur « le cumul euro-méditerranéen de l'origine »[308], la Commission fait des accords euro-méditerranéens d'association le vecteur de cette stratégie.

Section I. La problématique de l'intégration du Machrek

Dans la stratégie de la Commission européenne, Israël, pays considéré à jute titre comme le moteur économique de la région, devrait être le vecteur d'intégration économique et politique du Machrek et de la région dans son ensemble. Ce choix communautaire stratégique pose des problèmes d'ordre technique et politique.

Cette stratégie d'intégration du Machrek pose des problèmes techniques. En effet, l'accord entre Israël et l'Union européenne[309]signé le 20.11.95, et complété par l'accord intérimaire du 18.12.95 en vigueur depuis le 01.01.96 en attendant la ratification de l'accord d'association, prévoit un cumul bilatéral en matière de règles d'origine. Ces règles sur l'origine diffèrent de celles contenues dans les autres accords passés entre l'Union européenne et la Jordanie signés en novembre 1997, ou de l'Autorité palestinienne pour le compte de la Cisjordanie et la bande de Gaza signé le 24.02.97 et en vigueur depuis 01.07.97[310], notamment pour des raisons tenant à la différence de niveau de développement économique.

---

[308] SEC (1998) 739 final.

[309] JOCE, no. L 71 du 20.03.96 et Bull. 11- 1995, point 1.4.69. Pour les directives de négociations relatives à l'accord, se reporter au Bull. 12 -1993 point 1.3.31.

[310] JOCE, no L 187 du 16.07.97. Pour plus de développements sur les directives de négociations relatives à l'accord se reporter au Bull. 10 - 1996 point 1.4.71 ; sur le paraphe, voir Bull. 12 - 1996 point 1.4.69 et pour la conclusion, voir le JO C 128 du 24.4.1997.

Par ailleurs, Israël est le seul PTM à appliquer la règle de non-rebours dans ses relations avec l'Union européenne, ce qui pose un problème technique supplémentaire en vue de l'harmonisation des règles sur l'origine. Cette règle est un instrument de lutte contre les détournements de trafics qui peuvent avoir lieu, suite à l'introduction sur le marché local, par des importateurs bénéficiant du régime préférentiel, de matières ayant une origine non préférentielle et pour lesquelles aucun droit de douane n'a été perçu[311].

Les règles d'origine qui s'appliquent aux produits palestiniens font l'objet du protocole no. 3 de l'accord intérimaire d'association entre l'Union européenne et l'OLP, tandis que le protocole no. 4 de l'accord intérimaire entre l'Union européenne et Israël s'applique aux produits israéliens. En vertu des dispositions pertinentes de ces accords, les produits provenant des territoires de Cisjordanie, de Gaza, de Jérusalem-Est et du Golan ne peuvent pas bénéficier des préférences tarifaires au titre de l'accord intérimaire Union européenne - Israël. De l'avis même de la Commission européenne, l'application de l'accord intérimaire entre Israël et la Communauté doit se limiter géographiquement « au territoire d'Israël dans ses frontières d'avant 1967 »[312] en attente de la définition d'un statut permanent sur cette question. Nous touchons là, à la composante politique du problème : Israël considère dans son droit interne que la Cisjordanie, la bande de Gaza, Jérusalem Est et le Golan font partie intégrante de son territoire, ce qui n'est pas le cas des résolutions de l'ONU ni de la Commission européenne. Or il semblerait qu'Israël utilise le régime préférentiel octroyé par l'Union pour exporter des produits originaires des territoires occupés. Dans l'optique de la constitution d'un pôle Machrek porté par Israël, il faudrait préalablement modifier les règles d'origine contenues dans l'accord intérimaire Union européenne - Israël de manière à les aligner sur l'accord bilatéral Union européenne-OLP. Dans la même optique, une suspension de la règle de non-rebours de l'accord conclu entre la Communauté et Israël paraît inévitable de manière à harmoniser l'ensemble des accords bilatéraux Union européenne - PTM. Cette règle de non-rebours serait introduite dans un deuxième temps, de manière à bénéficier à toute la zone euro-méditerranéenne. Ces problèmes d'ordre technique et politique mettent en lumière la difficulté de constituer un pôle Machrek avec Israël comme vecteur principal.

---

[311] Il existe une obligation de payer les droits de douane sur les matières importées des pays tiers, doublée d'une interdiction de remboursement des droits lors de l'exportation de ces mêmes matières, après ouvraison ou transformation suffisante, sous régime préférentiel.

[312] Voir « Mise en œuvre de l'accord intérimaire sur le commerce et les mesures d'accompagnement conclu entre la Communauté européenne et Israël », Bruxelles, le 12.05.98, SEC (98) 695 final, p. 8.

Le conflit qui règne au Proche-Orient depuis de nombreuses années[313] a déjà hypothéqué une bonne partie de l'avenir de cette région du monde. Le pari de la Commission européenne, faire de la Méditerranée une zone de stabilité et de paix, est d'autant plus risqué que le processus de paix enclenché à Oslo paraît aujourd'hui extrêmement fragilisé. En outre, le parrainage par les Etats Unis de ce processus, ainsi que son importante présence militaire en Méditerranée, sont des éléments qui tendent à prouver que l'Union européenne n'est pas le seul gendarme de la région. Israël peut très bien développer une coopération économique avec l'Union européenne (c'est d'ailleurs ce qu'il fait), c'est-à-dire remplir ses obligations de nature commerciale dans un cadre bilatéral, tout en continuant une coopération politique et militaire et financière fructueuse - et qui s'est avérée payante jusqu'à aujourd'hui eu égard aux intérêts géopolitiques israéliens - avec les Etats Unis.

A côté de ce pôle Machrek, l'intégration économique du pôle Maghreb est parallèlement encouragée par une multitude d'instruments juridiques. Le renforcement de ce pôle constitué de l'Algérie, du Maroc et de la Tunisie, est une des incidences les plus importantes de l'accord d'association. Mais, elle est aussi, et surtout, une des incidences les moins évidentes ! Nous verrons qu'à la stratégie d'intégration proposée par l'Union européenne, s'oppose une réalité économique et politique (les pays maghrébins sont intégrés institutionnellement au sein de l'Union du Maghreb arabe) - qui rend l'entreprise périlleuse, mais non moins nécessaire.

---

[313] Pour une analyse du processus de paix à la lumière de l'histoire des quatre-vingts dernières années, voir l'indispensable ouvrage de Charles ENDERLIN, Paix ou Guerres/ Les secrets des négociations israélo - arabes 1917-1997, cit. *supra*.

Section II. La réactivation du pôle Maghreb

§1. La genèse de l'idée des « relations avec le Maghreb »

A. La volonté de sortir de la relation globalisante de la coopération

L'idée de privilégier un pôle Maghreb remonte en fait au début des années 1990. Après la chute du mur de Berlin (1989), le Maroc s'est fortement inquiété du rapprochement de l'Union européenne avec les PECO ainsi que des conséquences économiques et politiques de la nouvelle donne d'après guerre froide. Il a donc proposé l'idée d'un partenariat avec la Communauté, basée sur quatre éléments : zone de libre-échange, dialogue politique, coopération économique, technique et culturelle et coopération financière. Dans une importante communication au Conseil et au Parlement européen, intitulée « l'avenir des relations entre la Communauté et le Maghreb »[314], la Commission européenne a jeté les bases de ce nouveau partenariat « euro-maghrébin », qui, comme son nom l'indique, ne devait concerner que les pays du Maghreb central[315]. Ainsi, la Commission insiste sur « la mise au point d'un nouveau concept qui soit l'épine dorsale d'une nouvelle approche des relations entre la Communauté et ses plus proches voisins du Sud »[316]. Le Maghreb a été privilégié pour différentes raisons.

En premier lieu, pour des raisons d'opportunité politique. En pleine crise de confiance entre le Maroc et la Communauté à propos du refus parlementaire d'accorder son avis conforme au 4ème protocole financier[317], l'Espagne - relayée par son Commissaire MATUTES - a proposé à la Commission européenne d'entreprendre la révision (dans un sens plus intégrationniste) du cadre de coopération avec le Maghreb. C'est le sens de cette Communication, qui aura pour premier effet de détendre considérablement l'atmosphère. Ensuite, pour des raisons sécuritaires et commerciales qui en font un ami obligé. Enfin, pour des raisons institutionnelles communes au Maghreb qui dispose, avec le traité de l'UMA signé le 17 février 1989, d'un instrument juridique intégrationniste.

---

[314] SEC (92) 401, Bruxelles, le 30 avril 1992.

[315] Voir Michael SUTTON, « Euro-Maghreb Partnership : A New Form of Association ? », European Trends, The Economist Intelligence Unit, London, no. 3, 1992, pp. 61-67.

[316] Voir les pp.4-5 de la Communication, cit. *supra*.

[317] Cette crise est développée dans la partie III, chap. II, section I, §2, B, « L'application de la doctrine des droits de l'homme aux PTM dès 1990», voir *infra*.

Par ailleurs, des raisons d'opportunité historiques liées au processus de paix au Proche Orient, ont joué en faveur du Maghreb par rapport au Machrek. Au moment même de la gestation du projet euro-maghrébin, se déroulent des négociations secrètes entre l'OLP et le gouvernement israélien qui aboutiront aux accords d'Oslo de juillet 1993[318]. Mais à cette époque les perspectives de paix au Proche Orient ne sont pas évidentes.

B. Un concept étendu par la suite à tous les PTM

Dans un Avis sur la « Coopération économique avec les pays du Maghreb »[319], le Comité économique et social européen avait d'ailleurs reproché à la Commission de ne pas prendre en compte le contexte euro-méditerranéen dans sa globalité : « l'une des faiblesses de la Communication réside dans le fait que l'objectif de l'ancrage du Maghreb à l'Europe n'est pas explicitement inscrit dans un contexte plus large, comme cela serait nécessaire, à savoir celui de la zone stratégique euro-méditerranéenne ». Et le CES de poursuivre, en affirmant « qu'il convient à tout prix d'éviter cette erreur, comme le confirment les réactions négatives déjà manifestées par les gouvernements du Machrek »[320]. La paix devenue désormais chose possible entre Israël et ses voisins, l'Union européenne va donc étendre le nouveau concept de partenariat euro-maghrébin à l'ensemble de la zone méditerranéenne. Cette orientation politique de la Communauté européenne est arrêtée dans une communication sur « l'avenir des relations et de la coopération entre la Communauté et le Moyen Orient »[321]. Cette communication de la Commission ouvre la voie au partenariat euro-méditerranéen.

Dès 1992, l'approche maghrébine de l'Union européenne a privilégié le dialogue avec les Etats, c'est-à-dire le l'Algérie, le Maroc et la Tunisie pris chacun séparément, plutôt qu'avec l'organisation régionale qu'est l'UMA. « Les Etats resteront les interlocuteurs privilégiés de la Communauté au Maghreb » insiste la Commission dans sa Communication de 1992[322], avant de poursuivre que « l'objectif reste une plus grande intégration de ces trois pays ». Toutefois, la Commission reconnaît que « l'UMA est à ce jour la seule forme institutionnalisée de coopération maghrébine et doit être à ce titre encouragée », et ce, « malgré ses

---

[318] Voir Charles ENDERLIN, « Paix ou guerres/Les secrets des négociations israélo-arabes 1917-1997 », pp. 563-660, cit. *supra*.
[319] CES 1041/92 sl, Bruxelles, le 24 septembre 1992.
[320] Voir les points 4.6 à 4.8 de l'Avis du Comité Economique et Social sur la « Coopération économique avec les pays du Maghreb », cit. *supra*.
[321] Voir COM (93) 375, Bruxelles, le 8 septembre 1993.
[322] Voir les pp. 12-13, « L'avenir des relations entre la Communauté et le Maghreb », cit. *supra*.

difficultés ». Nous verrons quelles sont les « difficultés » que connaît l'UMA, avant d'analyser les instruments qui seront mis en œuvre dans le cadre d'une relance de l'intégration régionale.

§2 Les facteurs de blocage de l'UMA

L'idée d'une union maghrébine trouve ses origines les plus proches dans le rejet de la colonisation[323]. Les premières manifestations concrètes en faveur d'une unité ont eu lieu au Caire, avec la création d'un Comité de libération du Maghreb en 1948, puis dix ans plus tard, à la Conférence de Tanger (avril 1958) qui a regroupé les trois partis de libération maghrébins, l'Istiqlal marocain, le Néo-Destour tunisien et le FLN algérien. En 1964 est créé un Comité permanent consultatif maghrébin (CPCM) et en juin 1988 se tient le premier sommet maghrébin à Zeralda (Algérie).

Le traité de l'UMA, signé à Marrakech le 17 février 1989 entre le Maroc, la Tunisie, l'Algérie, la Mauritanie et la Libye, a pour objet la mise en œuvre d'une politique commune dans les domaines de la diplomatie, de la défense, de l'économie et de la culture (art. 2§4 et art. 3) ainsi que la réalisation progressive de la libre circulation des personnes, des services, des marchandises et des capitaux (art. 2§5). Cette organisation, pour de nombreuses raisons - dont les plus importantes seront évoquées *infra* -, n'a pas pu atteindre la totalité des objectifs qu'elle s'était fixé.

L'Union du Maghreb arabe a rencontré des difficultés d'ordre économique, politique et institutionnelle. A la faiblesse des échanges commerciaux intra-zone doublée d'une forte intégration verticale des économies, viennent s'ajouter des dissensions politiques importantes entre les membres fondateurs de l'UMA, découlant notamment des différends territoriaux post-coloniaux. Cet état de fait a longtemps donné lieu à ce que Paul BALTA nomme « le jeu des alliances »[324] qui se font et se défont en fonction de la perception qu'a chaque acteur de la lutte pour le leadership régional.

---

[323] Voir Paul BALTA, « L'UMA et le défi de la CEE » in Confluences Méditerranée, « l'Europe et la Méditerranée », l'Harmattan, Paris, no. 7, Eté 1993, pp. 55-65.

[324] Voir Paul BALTA, chapitre 9 « Le jeu des alliances » in Le Grand Maghreb des indépendances à l'an 2000, la Découverte Essais, Paris, 1990, pp. 197-235.

A. Les difficultés économiques de l'UMA

1. Un commerce régional extrêmement faible

Au lendemain des indépendances (1956 pour le Maroc et la Tunisie ; 1962 pour l'Algérie), les pays du Maghreb central ont hérité d'économies désarticulées où coexistaient deux secteurs agricoles (l'un traditionnel, l'autre moderne), spécialisées dans l'exportation de matières premières non-transformées et dépendantes du marché de la métropole[325]. Il s'ensuit logiquement une situation caractérisée par une forte intégration entre les économies maghrébines et communautaires au préjudice d'une intégration intra-maghrébine.

a) Une forte intégration des économies maghrébines et européennes

La Communauté est le principal partenaire des pays de l'Union du Maghreb arabe. Pour l'Algérie, l'Union européenne représente 68,2% des exportations contre 64,4% des importations. Le Maroc connaît une intégration encore plus poussée avec 70% de ses exportations à destination du marché communautaire contre 62,7% en provenance de ce marché. Enfin, la Tunisie est le pays maghrébin commercialement le plus intégré à l'Union avec des exportations équivalent à 79,4% du total contre des importations en provenance de l'UE représentant 76,6% de ses importations totales.

Contrairement à cette très forte intégration géographique vers le marché de l'Union européenne, les chiffres du commerce intra-méditerranée sont très faibles.

b) Une faible interpénétration des économies maghrébines entre elles

A cette forte intégration commerciale des pays du Maghreb central à l'Union européenne, s'oppose une très faible intégration intra-méditerranéenne et intra-maghrébine. Ainsi, les trois pays du Maghreb réalisent une moyenne de 4,3% de leurs exportations totales sur le marché méditerranéen contre une moyenne de 3,7% des importations totales. L'Algérie réalise 2,1% de ses exportations vers le marché méditerranéen contre 4,4% de ses importations en provenance de ce marché. Avec 3,9%, le Maroc exporte plus, et importe moins (2,6%) que son voisin algérien. Par contre, la Tunisie est, encore une fois, beaucoup mieux

325 Voir Salah MEZDOUR, « Les relations économiques Maghreb-CEE : suggestions pour une nouvelle politique », Revue du Marché commun, no. 357, avril 1992, pp. 300-302.

intégrée au niveau horizontal. Ce pays réalise effectivement 6,3% de ses exportations totales vers la Méditerranée contre 4,3% de ses importations[326].

Ce qui retient l'attention est l'extrême faiblesse des chiffres relatifs à l'intégration horizontale entre les pays maghrébins. Avec un commerce intra-méditerranéen (donc intra-maghrébin) inférieur en moyenne à 5%, l'UMA est l'une des zones commerciales au monde au sein de laquelle le commerce intra-zone est le plus faible. Ces chiffres témoignent d'une très forte intégration verticale entre l'Union européenne et chaque partenaire maghrébin pris individuellement.

Cette forte intégration géographique sur l'Union européenne est renforcée par une intégration sectorielle sur les branches textile-habillement pour le Maroc et la Tunisie ainsi que sur la branche hydrocarbures pour l'Algérie.

2. Une forte intégration euro-maghrébine sectorielle (textiles et hydrocarbures)

Comme le démontrent Isabelle BENSIDOUN et Agnès CHEVALLIER[327], l'Algérie, la Tunisie et le Maroc étaient spécialisés dans le début des années 70 sur les produits primaires : pétrole algérien, gaz tunisien et phosphates marocains. Petit à petit, et ce dès la décennie 80, la Tunisie et le Maroc vont se spécialiser sur les biens de consommation et plus particulièrement les produits textiles au préjudice des produits primaires (chimie et agroalimentaire au Maroc et énergie en Tunisie). Cette spécialisation de la Tunisie et du Maroc sur l'exportation des produits textile-habillement ne doit pas masquer l'importance du trafic de perfectionnement passif (TPP) au préjudice des importations directes. Ils importent des fils et tissus et exportent des produits d'habillement. Cette spécialisation sur les activités d'assemblage, très gourmandes en main d'œuvre non qualifiée[328], met en lumière la très forte intégration des industries textiles européennes, spécialisées sur les stades amonts (avec des exportations textiles vers le Maroc 23,7% des

---

[326] Pour une analyse qualitative et quantitative détaillée du commerce bilatéral au sein de l'UMA, voir Fathallah OUALALOU, « Le commerce extérieur intra-maghrébin », in Après Barcelone... le Maghreb est nécessaire, Les éditions Toubkal-L'Harmattan, Casablanca/Paris, 1996, pp. 99-128.

[327] Isabelle BENSIDOUN, Agnès CHEVALLIER, Europe-Méditerranée : le pari de l'ouverture, Economica, Paris, Août 1996, pp. 84-93.

[328] Au Maroc la branche textile emploie une main d'œuvre à majorité féminine (60%) qui représente 16% de la main d'œuvre industrielle totale, voir pour plus de détails, Royaume du Maroc/Ministère du Commerce de l'Industrie et de l'Artisanat, La situation des industries de transformation, décembre 1995, pp. 48-55.

produits industriels et de 30,8% vers la Tunisie)[329], et maghrébines, spécialisées sur les stades avals. En bref, le schéma caractéristique de sous-traitance, avec les implications traditionnelles que cela entraîne au niveau de la division internationale du travail est respecté, à savoir une localisation des activités intensives en matière grise et technologie en Europe et une délocalisation des activités intensives en main d'œuvre - peu qualifiée - au Maghreb.

Quant à l'Algérie, elle est restée spécialisée sur les produits primaires de la filière énergie sans spécialisation sur les produits de consommation. Toutefois, on note, là aussi, une évolution vers les stades avals. Des produits pétroliers primaires, l'Algérie s'est spécialisée dans les produits pétroliers raffinés à forte valeur ajoutée. Par ailleurs, la concentration géographique sur l'Union européenne est également très importante, puisque ce pays exporte ses hydrocarbures vers l'Italie (30%) et la France (30%) et représente près de 9% des importations énergétiques totales de l'Union européenne.

Cette double situation de forte intégration commerciale des économies maghrébines dans l'économie de l'Union européenne, d'une part, et de faible intégration des économies maghrébines entre elles, d'autre part, signifie-t-elle qu'il n'existe aucune complémentarité intra-maghrébine ?

Il existe des complémentarités entre les économies maghrébines mais elles sont, le plus souvent, très mal (ou pas du tout) exploitées. Deux pays présentent d'importants excédents en hydrocarbures : l'Algérie et la Libye. A ce propos, le gazoduc Algérie-Maroc-Espagne et Algérie-Tunisie-Italie représente un exemple de complémentarité dans le domaine des hydrocarbures, mais il ne faut pas perdre de vue que la destination finale de ces pipelines reste l'Union européenne.

Dans un autre domaine, celui de l'agriculture, le Maroc et la Tunisie possèdent des excédents qu'ils ont de plus en plus de mal à écouler sur le marché européen. Mais tous ont un point commun : un important besoin en devises étrangères. D'où la préférence, voire la nécessité, de vendre les surplus à l'Union européenne plutôt que de les réorienter sur le Maghreb, le reste des PTM, ou vers l'Afrique.

Quant à la spécialisation du Maroc et de la Tunisie sur les produits textiles, elle ne fait qu'exacerber la concurrence que se livrent ces deux pays pour attirer des investissements directs étrangers.

Toutefois, l'importance (toute relative) du commerce informel tendrait à prouver que des complémentarités existent entre les économies des pays maghrébins.

---

[329] Voir Isabelle BENSIDOUN et Agnès CHEVALLIER, « Les échanges commerciaux euro-méditerranéen », Economie Internationale , no. 58, 2ème trimestre 1994, pp. 111-130.

B. Les difficultés institutionnelles et politiques

Le second type de blocages de l'UMA est politique. En effet, de nombreux facteurs politiques ont retardé le fonctionnement effectif et réel de l'Union du Maghreb arabe. Au sein même des institutions de l'UMA, la concentration des pouvoirs au sein de l'exécutif maghrébin (le Conseil de présidence) est en lui-même un important facteur de blocage du traité. Au niveau politique ensuite, une série de crises ont mis à mal l'idéal maghrébin et le fonctionnement pratique de l'Organisation régionale. Pour n'en retenir que les plus importantes, nous citerons la crise saharienne (1975), la crise du Golfe (août 1990), la crise algérienne consécutive à l'arrêt des élections législatives de 1992, et l'embargo onusien concernant la Libye.

1. Les faiblesses institutionnelles de l'UMA

Le traité de Marrakech de 1989 met en place une architecture institutionnelle dominée au niveau de la prise de décision par le Conseil présidentiel détenteur du pouvoir exécutif. En effet, le Conseil présidentiel (art. 4) composé des Chefs des Etats membres est « seul habilité à prendre des décisions » (art. 5). Les prises de décisions se font à l'unanimité, ce qui revient à « la reconnaissance du droit de veto », donc à un « fonctionnement étroitement dépendant de la volonté des Chefs d'Etats »[330]. Les autres institutions ont un rôle de préparation, de consultation ou de suivi des affaires de l'union. Il s'agit des institutions suivantes qui ont, dans les faits, peu de pouvoir réel :

1) un Conseil des Ministres des Affaires Etrangères dont la tâche principale est la préparation des sessions du Conseil, d'une part, et l'examen des questions du Comité de suivi et des Commissions ministérielles spécialisées (art. 8) ;
2) un Comité de suivi des affaires de l'Union (art. 9) ;
3) des Commissions ministérielles spécialisées (art. 10) qui sont au nombre de quatre : sécurité alimentaire,

[330] Voir sur ce point Pierre-Sateh AGATE, « Coopération CEE-UMA : alternative ou morcellement », Annuaire de l'Afrique du Nord, tome XXIX, 1990, Editions du CNRS, pp. 113-125.

ressources humaines, infrastructures, et économie et finance ;

4) un Secrétariat Général (art. 11) ;
5) un Conseil Consultatif composé de 10 membres par Etat dont la fonction est de rendre des avis sur tout projet soumis par le Conseil présidentiel (art. 12) ;
6) une Instance Judiciaire composée de 2 juges par Etat et dont la compétence est de statuer sur les différends nés de l'application du traité ou de la conclusion d'accords dans le cadre de l'Union et de rendre des avis juridiques consultatifs (art. 13).

L'entente commune des cinq Chefs d'Etat est donc la condition *sine qua non* du fonctionnement de l'UMA. Le manque d'unanimité entraîne le gel immédiat du traité dans son ensemble. La concentration des pouvoirs au niveau du Conseil de la présidence n'est en fait que la transcription institutionnelle du manque de confiance caractéristique des relations politiques intra-maghrébines.

2. Les crises politiques

a) Les contentieux territoriaux entre Etats maghrébins

De nombreux contentieux de nature territoriale vont éclater entre Etats maghrébins, et déclencher ainsi de graves tensions dans la région. Il s'agit notamment des différends entre le Maroc et l'Algérie (Guerre des sables de 1963 : réglé en 1969 par le traité d'Ifrane, puis en 1972 en marge du sommet de l'OUA à Rabat ; rupture des relations diplomatiques de 1976 à 1988), entre le Maroc et la Tunisie (à propos de la Mauritanie que la Tunisie reconnaît en 1960 : réglé en 1969 et en 1970 par l'échange d'ambassadeurs entre le Maroc et la Mauritanie), entre l'Algérie et la Tunisie (borne 233 : réglé en janvier 1970) et entre la Libye et la Tunisie (le plateau continental du Golfe de Gabès : réglé en 1988).

De toutes ces crises, celle du Sahara, qui trouve ses origines directes dans la décolonisation du territoire marocain[331], retarde l'édification du Maghreb. Ainsi, comme le note Paul BALTA, « pendant ces quinze ans, la coopération multilatérale inter maghrébine, considérée comme un idéal a atteindre le plus vite

[331] Pour un développement historique complet, voir Bernard LUGAN, chapitre 12 « la réunification nationale et la marocanité du Sahara occidentale », in Histoire du Maroc/Des origines à nos jours, CRITERION, Paris, 1992, pp.277-306.

possible, a été totalement bloquée »[332]. De plus, les nombreux retournements d'alliances et marchandages auxquels a donné lieu ce conflit, ont mis en lumière l'intensité de la lutte que se livrent le Maroc et l'Algérie, « les deux piliers de la région », pour le leadership. Malgré la politique sécuritaire commune instituée par les articles 14 et 15 de l'UMA, des opérations de déstabilisation ont continué entre les pays membres. En vertu de l'article 14, pendant de l'article 5 du traité de l'OTAN, « toute agression contre un des Etats membres est considérée comme une agression contre tous les Etats membres ». Son complément, l'article 15 du traité de l'UMA, dispose que « les Etats membres s'engagent à ne permettre sur leurs territoires respectifs aucune activité ni organisation portant atteinte à la sécurité, à l'intégrité territoriale ou au système politique de l'un des Etats membres. Ils s'engagent également à s'abstenir d'adhérer à tout pacte, ou alliance militaire ou politique, qui serait dirigée contre l'indépendance politique, ou l'unité territoriale des autres Etats membres ». Ces violations ont eu pour effet de décrédibiliser un peu plus l'Organisation régionale.

b) La crise du Golfe (1990) : cinq membres, cinq positions

Au lendemain de l'invasion du Koweït par l'Irak (2 août 1990), les cinq pays de l'UMA ont adopté, à l'occasion du sommet du Caire, cinq positions différentes, mettant en lumière la diversification et le manque d'harmonisation en matière de politique étrangère. Le Maroc a fermement condamné l'invasion irakienne en envoyant un contingent militaire appuyer la coalition internationale. La Libye a fermement appuyé l'Irak et l'OLP. Après un début de condamnation, l'Algérie a opéré un revirement vers une position qui lui aurait permis de retrouver un rôle diplomatique de premier plan. Un rôle comparable à celui qu'elle a eu lors de la médiation réussie dans la crise des otages de l'ambassade américaine de Téhéran en janvier 1981[333]. La Tunisie a condamné l'internationalisation de la crise tout en permettant la constitution de « Comités populaires de soutien à l'Irak » ; elle ne participe pas au sommet arabe du Caire. Enfin, la Mauritanie, officieusement favorable à l'Irak, émet des réserves.

---

[332] Voir Paul BALTA, plus précisément le chapitre 8 : « l'inextricable Conflit : le dessous des cartes », in Le grand Maghreb. Des indépendances à l'an 2000, pp. 183-195, cit. *supra*.

[332] Pour plus de précisions sur le rôle joué par l'Algérie dans la résolution de la crise des otages de l'ambassade de Téhéran, voir Bahgat KORANY, « From Revolution to Domestication : The Foreign Policy of Algeria », in The Foreign Policies of Arab States : the Challenge of Change, Westview, Second Edition, 1991, pp. 103-155.

[333] Voir Saïd HAMDOUNI, « Les tentatives d'intégrations des pays du Maghreb face à l'élargissement de la Communauté économique européenne », Revue Etudes internationales, vol. XXIII, no. 2, juin 1992, pp. 319-348.

Au niveau psychologique, il semblerait que la crise du Golfe, et les nombreuses alliances (en fonction des intérêts individuels) auxquelles elle a donné lieu, ait fait voler en éclat l'idée, pour ceux qui y croyaient encore, d'une union basée sur l'appartenance à un monde maghrébin ou plus largement arabe.

Pour notre part, nous nous bornerons à souligner que le réalisme politique (besoins de garantir les sources d'approvisionnement en hydrocarbures, allégement du fardeau d'une dette asphyxiante, respect des alliances traditionnelles) ainsi que le conformisme juridique (respect des résolutions onusiennes) l'ont emporté sur l'idéologie et la démagogie.

c) La crise algérienne (1991)

Depuis 1989, l'Algérie est rentrée dans un cycle de violence ininterrompue. La classe politique a pris conscience de l'urgence d'entreprendre une réforme rapide et profonde du système. C'est le début du processus démocratique algérien qui va prendre fin de manière précoce, entre le premier (décembre 1991) et le second tour (janvier 1992) des élections législatives. Les prévisions au lendemain du premier tour ne laissaient plus de place au doute : le Front islamique du Salut (FIS) était assuré d'une victoire absolue et, le basculement de l'Algérie dans le giron islamique, chose acquise[334]. L'armée reprend les choses en main très rapidement et les événements se succèdent : démission du président en exercice Chadli BENDJEDID, annulation du second tour des élections législatives, et report du processus de démocratisation de l'Algérie à des jours meilleurs. Cette instabilité politique chronique algérienne s'accompagne aujourd'hui de la dégradation de tous les indicateurs socio-économiques du pays[335].

d) L'embargo onusien sur la Libye (levé en 1999)

La Libye est soupçonnée par les Nations Unies d'avoir commis deux attentats, l'un en 1988, contre un avion américain de la Pan-Am (affaire de Lockerbie), l'autre, un an plus tard, contre un avion français DC 10 d'UTA. Depuis lors, la Libye est officiellement mise au ban des nations par l'ONU. Cette mise à l'écart pose un problème pratique pour l'établissement d'une politique de partenariat euro-méditerranéen. Bien qu'appartenant à l'Union du Maghreb arabe, ce pays n'a pas été invité à la conférence de Barcelone sur le partenariat euro-méditerranéen au prétexte qu'il ne possède aucun accord avec l'Union européenne.

---

[335] Voir Hélène BRAVIN, « L'inquiétante détérioration de la situation économique en Algérie », in Le Maghreb face à la mondialisation, Confluences Méditerranée, L'Harmattan, no. 21, Printemps 1997, pp. 93-97.

L'embargo total qui frappe la Libye, pose également des problèmes de cohésion interne à l'UMA. Enfin, le projet d'établissement d'une grande zone euro-méditerranéenne de libre-échange à l'horizon 2010, ne peut faire l'impasse sur cet important producteur d'hydrocarbures, qui reste par sa position géographique le trait d'union entre les pôles Maghreb et Machrek.

C'est dans cette optique qu'il faut replacer la visite au Parlement européen des ambassadeurs maghrébins (septembre 1996) qui ont souligné « la nécessité d'associer la Libye au processus de Barcelone »[336].

Il semblerait que la normalisation des relations avec la Libye soit en cours. Depuis que ce pays a livré deux de ses ressortissants soupçonnés dans l'affaire de Lockerbie, l'ONU a levé son embargo. Au niveau euro-méditerranéen, ce revirement (préparé de longue date) libyen s'est traduit par l'invitation de ce pays avec un « statut spécial transitoire »[337] à la 3ème conférence euro-méditerranéenne de Stuttgart (15 avril 1999).

Un rapide tour d'horizon nous permet de prendre conscience de l'importance des « difficultés » auxquelles la Commission européenne fait allusion dans sa communication de 1992. Or, une question se pose aujourd'hui avec acuité : comment réaliser l'intégration du pôle Maghreb, alors que celui-ci ne représente que 5% du commerce intra-zone ? Par ailleurs, que dire des blocages politiques persistants, et ce, - paradoxe supplémentaire - malgré l'existence de l'UMA ?

§3. La zone de libre-échange : quel nouvel apport ?

L'Union européenne semble apporter deux réponses à ce même problème, ou plutôt une seule réponse mais sous deux approches différentes. Il existe une approche purement technique qui fait de l'octroi européen du cumul de l'origine, l'instrument de base pour encourager le commerce intra-maghrébin dans un premier temps et intra-méditerranéen ensuite. Par ailleurs, une approche politique devrait être mise en œuvre par le biais du dialogue politique inauguré par la Conférence de Barcelone.

---

[336] Nicole GRIMAUD, « le Maghreb et le partenariat euro-méditerranéen », RAE, 1996, pp. 341-349.
[337] Le Monde, samedi 17 avril 1999.

A. L'octroi du cumul euro-maghrébin de l'origine

1. Les modalités conventionnelles du cumul

L'un des objectifs de l'accord annoncé à l'article 1er est « d'encourager l'intégration maghrébine en favorisant les échanges et la coopération entre le Maroc et les pays de la région ». Concrètement, l'Union européenne propose à ses trois partenaires maghrébins l'octroi du cumul d'origine à condition qu'ils s'engagent mutuellement dans le libre-échange. Le paragraphe premier de la déclaration de la Communauté annexée à l'accord d'association dispose que « si le Maroc conclut avec d'autres pays méditerranéens des accords en vue d'établir le libre-échange, la Communauté est disposée à envisager le cumul de l'origine dans son commerce avec ces pays ».

Le protocole no. 4 sur les règles d'origine annexé à l'accord d'association entre l'Union européenne et le Maroc contient les règles d'origine applicables aux échanges dans le cadre de la zone de libre-échange. Plus spécifiquement, les articles 4 et 5 dudit protocole constituent la base juridique du cumul euro-maghrébin. En vertu de l'article 4, les matières originaires d'Algérie ou de Tunisie sont considérées comme des matières originaires du Maroc ou de la Communauté à condition, toutefois, que le Maroc et l'Algérie ainsi que la Communauté et l'Algérie, d'une part, et que le Maroc et la Tunisie et la Communauté et la Tunisie, d'autre part, appliquent les mêmes règles d'origine. Logiquement, l'article 5 du protocole no. 4 étend le bénéficie du cumul aux opérations d'ouvraison ou transformations suffisantes. Ainsi, les ouvraisons ou transformations effectuées au Maroc, en Algérie ou en Tunisie, sont considérées comme étant effectuées dans la Communauté et vice versa. Par ailleurs, la condition territoriale de transport direct au sein de la zone de libre-échange pour conférer le caractère originaire, donc bénéficier du régime préférentiel, s'applique également aux territoires géographiques de l'Algérie et de la Tunisie. Ainsi, l'article 15 du protocole pose le principe selon lequel « le régime préférentiel prévu par l'accord est applicable uniquement aux produits et aux matières qui sont transportées entre le territoire de la Communauté et celui du Maroc, ou lorsque les dispositions des articles 4 et 5 s'appliquent, de l'Algérie ou de la Tunisie, sans emprunter aucun autre territoire ».

La fonction principale des règles d'origine est de réserver le régime préférentiel de la zone de libre-échange aux seuls produits originaires des pays membres de ladite zone commerciale. Une des conséquences de l'application de ces règles est l'utilisation des matières premières originaires des pays membres de la zone préférentielle au profit des produits ou matières premières des pays non-membres : l'utilisation de produits originaires de la zone est encouragée. Ainsi, le cumul euro-maghrébin de l'article 4 est un instrument qui permettrait, par exemple, d'importer du tissu de Tunisie qui va servir de matière première à des chemises fabriquées au Maroc, et exportées vers l'Italie sous le régime préférentiel, car « les matières qui sont originaires d'Algérie ou de Tunisie sont considérées comme des matières originaires du Maroc, et il n'est pas exigé que ces matières y aient fait l'objet d'ouvraisons ou de transformations suffisantes » (art. 4§2 du protocole no. 4). Reprenons l'exemple précédent mais avec du tissu importé du Bangladesh, pays non-membre de la zone euro-méditerranéenne de libre-échange. Une fois la chemise confectionnée au Maroc, l'Italie, pays importateur au sein de l'Union européenne, percevra des droits sur le tissu qui constitue une matière première non originaire de la zone. Voici comment les règles d'origine préférentielles jouent, dans la pratique, un rôle de maintien de l'activité de transformation dans les pays de la même zone préférentielle. Ces règles sont donc une incitation puissante à l'intégration économique.

2. Une première application : l'accord de libre-échange entre le Maroc et la Tunisie

La Tunisie et le Maroc devaient conclure un accord bilatéral mettant en œuvre une coopération administrative et des règles d'origine identiques que celles figurant aux accords euro-méditerranéens d'association passées entre l'Union européenne et le Maroc, d'une part, et la Tunisie, d'autre part.

Conformément à ces engagements, un accord bilatéral de libre-échange a été signé le 16 mars 1999 au Maroc[338]. En vertu de cet accord, les deux partenaires maghrébins devraient établir une zone de libre-échange avant le 31 décembre 2007. Cet accord met en place une suppression immédiate des droits de douane concernant plus de 2000 produits (qui étaient taxés à 17,5%)[339] échangeables librement, ainsi qu'un calendrier de démantèlement tarifaire progressif pour les autres produits.

L'Algérie, actuellement en négociation avec l'UE pour un accord euro-méditerranéen d'association, devrait conclure, au cours d'une étape ultérieure, des accords bilatéraux (coopération administrative et règles identiques d'origine) avec

---

338 L'Economiste, « Maroc-Tunisie : L'accord de libre-échange signé », mercredi 17 mars 1999, p. 29.

339 Il s'agit des produits suivants : éoliennes de pompage, ventilateurs industriels, épandeurs de fumiers, éleveuses à gaz, autres machines et appareils pour l'aviculture, niveaux à bulle d'air.

le Maroc et la Tunisie. A partir de ce moment seulement, le cumul euro-maghrébin de l'origine sera envisageable dans la pratique. L'incidence la plus importante de l'intégration économique horizontale est la relance de l'intégration institutionnelle et politique du Maghreb.

Enfin, l'Egypte a signé un accord de ZLE industrielle ainsi qu'un protocole sur les règles d'origine avec le Maroc dans le cadre du partenariat euro-maghrébin[340]. Cet accord prévoit une suppression des droits de douane sur une période maximale de 12 ans. Une première étape de cinq ans concerne les produits les plus importants. Pour les autres produits, un démantèlement est prévu sur 7 ans. Enfin, une liste négative exclut certains produits tels les explosifs, le textile et les voitures.

Mais peut-être convient-il ici de s'interroger sur la pertinence de la démarche européenne vis-à-vis du pôle Maghreb : l'octroi du cumul de l'origine est-il un instrument suffisant pour dynamiser des échanges commerciaux intra-maghrébin inférieurs à 5% du commerce extérieur ? Faut-il par ailleurs rappeler que l'octroi du cumul euro-maghrébin était déjà prévu par les accords de seconde génération, dits de coopération, signés entre la Communauté et les pays maghrébins dans la fin des années 70 ? Enfin, affirmer vouloir développer l'intégration intra-maghrébine, d'une part, et exclure deux membres de l'UMA, c'est-à-dire la Libye (soupçonnée de terrorisme dans deux affaires : l'affaire de Lockerbie et celle du DC 10 d'UTA) et la Mauritanie - qui poursuit sa relation européenne dans un autre cadre préférentiel, celui de la Convention de Lomé - , d'autre part, souligne le paradoxe de la démarche européenne. A la différence des accords de seconde génération, les accords euro-méditerranéens mettent en œuvre un nouvel instrument intéressant qui est le dialogue politique.

B. Le dialogue politique euro-méditerranéen

1. Un nouvel instrument dans les relations entre l'Union européenne et les PTM

Ces nombreuses crises, dont certaines - et pas des moindres - ne sont pas encore résolues, rendent le fonctionnement pratique et effectif de l'UMA assez

340 L'Economiste, « Les rendez-vous attendus et redoutés du commerce extérieur/Maroc-Egypte : le programme », jeudi 7 janvier 1999, p. 11.

aléatoire. Or l'intégration régionale du pôle Maghreb ne pourra avoir lieu sans ce que le Comité économique et social de l'Union européenne (CES) nomme « une force politique d'entraînement »[341]. Cette force politique, puisqu'elle ne peut, pour l'instant, émaner de l'UMA, viendra de l'Union européenne par le biais de l'instrument du dialogue politique mis en œuvre à la Conférence de Barcelone.

L'une des nouveautés introduites par la conférence de Barcelone, ainsi que par les accords euro-méditerranéens d'association, consiste en l'établissement d'un dialogue suivi de nature politique. De nombreuses incertitudes pèsent aujourd'hui sur la portée réelle de cet instrument novateur. Mais il est possible de prévoir, dès aujourd'hui, que les bénéfices seront largement positifs : un forum de négociations euro-méditerranéennes multilatérales ne peut qu'accélérer le règlement de nombreux conflits ou différends qui caractérisent la zone. C'est au sein de ce forum euro-méditerranéen flexible que la discussion entre maghrébins et européens sera possible. Le forum euro-méditerranéen n'est d'ailleurs en rien concurrent des autres initiatives. C'est ainsi que les participants ont souligné « que cette initiative euro-méditerranéenne n'a pas vocation à se substituer aux autres actions et initiatives entreprises en faveur de la paix, de la stabilité et du développement de la région, mais qu'elle contribuera à contribuer à leur succès »[342].

Le parallèle avec le mécanisme instauré par la Conférence sur la sécurité et la coopération en Europe (CSCE) s'impose de lui-même ! Cette conférence (juillet 1973-juillet 1975) a donné naissance à l'Acte final d'Helsinki, déclaration d'intentions sans valeur juridique (*soft law*). Toutefois, la reconnaissance du partage de Yalta (principe de non-intervention dans les affaires intérieures ; intégrité territoriale et inviolabilité des frontières) par l'Europe et les Etats Unis en échange de l'inclusion du principe du respect des droits de l'homme et des libertés fondamentales (y compris la liberté de pensée, de conscience ou de religion) tendrait a prouver que la forme juridique importe peu. Seul le résultat compte, et il ne faut pas oublier les résultats géopolitiques auxquels a abouti cette conférence : la dislocation du bloc soviétique !

Au niveau bilatéral, le dialogue politique instauré en vertu du titre I de l'accord d'association accorde une importance primordiale à l'intégration régionale intra-maghrébine. Cette coopération politique, inaugurée par cette troisième génération d'accords, se déroule au niveau ministériel, au niveau des hauts fonctionnaires de la Commission européenne du Maroc et du Conseil

---

[341] Voir p. 12 de l'Avis du CES sur « la Coopération économique avec les pays du Maghreb », cit. *supra*.

[342] Voir le 5ème considérant de la déclaration de Barcelone, cit. *supra*.

d'Association et enfin par le biais de tout canal diplomatique ou autre, susceptible de contribuer positivement au dialogue

En vertu de l'article 3§2 alinéa c), le dialogue politique a pour objectif « d'œuvrer à la consolidation de la sécurité et de la stabilité dans la région méditerranéenne et au Maghreb en particulier ». Par ailleurs, l'article 4 renforce l'importance du Maghreb en tant qu'entité propre. Effectivement, le dialogue doit porter en général sur « tous les sujets présentant un intérêt commun pour les parties » et surtout « sur les conditions propres à garantir la paix, la sécurité et le développement régional, en appuyant les efforts de coopération, notamment au sein de l'ensemble maghrébin ». Le renforcement effectif du pôle Maghreb est donc placé en priorité sur l'agenda de la l'Union européenne qui a pris conscience du rôle qu'elle pouvait jouer dans l'intensification des relations sub-régionales.

Il paraît évident aujourd'hui qu'une des incidences les plus importantes de l'établissement d'une zone de libre-échange entre l'Union européenne et le Maroc est le renforcement de l'intégration entre PTM eux-mêmes. Le dialogue politique instauré au niveau multilatéral par la conférence de Barcelone et institutionnalisé au niveau bilatéral par les accords euro-méditerranéens d'association va permettre de lier entre elles toutes les questions qu'elles soient de nature économique ou sécuritaire.

Nous pensons que le volet politique, qui, rappelons-le, existe au niveau bilatéral (accord euro-méditerranéen d'association et Conseil d'association) et multilatéral (conférence de Barcelone complétée par un processus de suivi), va permettre d'intensifier le dialogue entre tous les partenaires et donc de résoudre de nombreux problèmes qui se posent sur le plan politique.

Pour preuve, la Tunisie et le Maroc ont conclu un accord de libre-échange suite à la visite d'Etat du président BEN ALI à Rabat (son premier déplacement officiel au Maroc depuis la signature du traité de l'UMA) et la Libye a été invitée à la troisième conférence euro-méditerranéenne de Stuttgart.

2. Vers un élargissement de l'UMA ?

Dans ce nouveau contexte, les relations entre les pays de l'UMA et l'Union européenne vont entrer dans une nouvelle ère. Les nombreuses crises que connaît l'organisation régionale maghrébine ne vont pas disparaître du jour au lendemain, mais la prise de conscience, de part et d'autre, de l'importance de cette intégration maghrébine régionale - et des difficultés qu'elle rencontre - devrait pousser les partenaires à réfléchir dorénavant dans une double optique : verticale pour l'Euro-méditerranée et horizontale pour le Maghreb. Tel est le pari pour la région ! Ainsi, dans les considérants de l'accord d'association entre l'Union européenne et le Maroc, les parties sont « conscientes, d'une part de l'importance de relations se situant dans un cadre global euro-méditerranéen et, d'autre part, de l'objectif d'intégration entre les pays du Maghreb ».

Cette incidence est également de nature géopolitique ou géostratégique, car, pour que le projet euro-méditerranéen réussisse dans son intégralité, il faudra que les PTM deviennent une réelle base arrière de croissance pour l'arc latin (France, Espagne et Italie) de Union européenne, au même titre que les PECO le sont pour l'Allemagne réunifiée. Cette région doit être capable d'attirer les investissements européens de manière à enclencher une croissance suffisante. Il faut donc un Maghreb stable, unifié et désireux de coopérer au niveau de ses membres, ainsi qu'avec ses voisins les plus proches, ce qui implique au préalable la résolution des différentes crises qui hypothèquent encore l'avenir de la région.

De plus, le traité de l'UMA, instrument à géométrie variable, pourrait être modifié de manière à intégrer d'autres pays de la zone au fur et à mesure. Ainsi, l'article 17 de l'UMA dispose que « les autres Etats de la nation arabe ou de la communauté africaine pourront s'associer à ce traité si les pays membres acceptent cette association ». Il s'agit donc d'un traité régional ouvert, c'est-à-dire, que d'autres membres peuvent s'y joindre sous certaines conditions. Une première condition est objective : le pays désireux de devenir membre doit appartenir à la nation arabe ou à la communauté africaine. La seconde condition est purement subjective : les pays membres ont un droit de contrôle concernant l'admission du candidat. L'on ne sait pas si la majorité est requise, mais vu le fonctionnement du Conseil présidentiel, il semblerait qu'une question aussi sensible que l'admission d'un nouveau membre requiert l'unanimité. L'article 17 du traité de l'UMA est un instrument qui prend toute sa dimension dans le cadre du partenariat euro-méditerranéen. Il permettra en effet de réaliser une intégration horizontale des Etats de la région beaucoup plus poussée englobant, à terme, les pays du Machrek.

Les instruments qu'il contient, notamment en matière de libre circulation des personnes, des marchandises et des capitaux, pourraient être étendus aux autres pays de la région d'autant plus qu'ils ne sont pas en contradiction avec les instruments contenus dans les accords bilatéraux passés entre l'Union européenne et chacun des Etats méditerranéens.

Contentons-nous pour l'instant de souligner ici l'ironie de l'Histoire. L'Union du Maghreb arabe va, selon toute vraisemblance, se consolider par le biais du partenariat euro-méditerranéen conçu bien après le traité de l'UMA. Peut-être que l'UMA est née trop tôt ? Ou peut-être que la politique de partenariat est arrivée trop tard ? L'Histoire tranchera sur ce point ! Cette réactivation de l'intégration régionale maghrébine est, dans tous les cas, une des incidences les plus importantes des accords euro-méditerranéens de libre-échange.

CONCLUSIONS DE LA PARTIE II

L'établissement d'une zone de libre-échange entre l'UE et le Maroc aura de très importantes incidences.

Sur le court terme, c'est-à-dire dès l'entrée en vigueur de l'accord d'association, la baisse des barrières tarifaires et non tarifaires va entraîner une ouverture progressive et irréversible de l'économie marocaine. La baisse du prix des intrants devrait stimuler les importations (du moins pour les biens d'équipement non produits localement), donc l'investissement, ainsi que les exportations. Par ailleurs, la déprotection de l'économie entraînera une profonde restructuration interne : les entreprises qui ne pourront rester compétitives, devront s'adapter ou disparaître. Il s'agit là des incidences en rapport direct avec la libéralisation des échanges de marchandise. Enfin, la baisse des droits de douane aura une importante conséquence sur les rentrées budgétaires qui iront en diminuant au fur et à mesure que le libre-échange deviendra effectif.

L'établissement progressif de la zone de libre-échange aura de puissantes incidences dynamiques, c'est-à-dire allant bien au-delà de l'aspect commercial *stricto sensu*. Ces incidences, relatives à la mobilité des facteurs de production, constituent le véritable enjeu du projet euro-méditerranéen.

Sur le plan vertical, les instruments juridiques inclus dans les accords euro-méditerranéens d'association ont pour objectif l'extension des normes économiques européenne au Maroc : règles de concurrence et grandes libertés communautaires de circulation des capitaux (limitée aux investissements directs), des personnes (limitée à l'établissement pour les sociétés) et des services (liberté de prestation pour les sociétés). Là, réside le véritable enjeu de la zone de libre-échange. Créer un cadre macro-économique inspiré des standards européens, lisible par tous, de manière à favoriser une prise de décision rapide par les investisseurs potentiels. En bref, créer un cadre incitatif à la mobilité des facteurs de production.

Mais les incidences dynamiques ne se résument pas à leur dimension verticale entre l'Union européenne et le Maroc. La mise en œuvre d'une gigantesque zone de libre-échange à l'horizon 2010, nous invite à réfléchir dans une double optique : au niveau vertical mais aussi au niveau horizontal.

En effet, au plan horizontal, une dynamique bénéfique est attendue par l'Union et ses partenaires méditerranéens. Lorsque les PTM joueront avec les mêmes règles économiques et financières incluses dans les accords bilatéraux, et qu'ils seront dans une situation de libre-échange avec l'Union européenne, il leur sera plus aisé de discuter entre eux pour ouvrir mutuellement leurs marchés. La relance des intégrations régionales au Maghreb et au Machrek est d'une importance fondamentale pour atteindre l'objectif final du projet : créer une vaste zone euro-méditerranéenne de paix et de stabilité à l'horizon 2010. C'est peut-être là l'incidence la plus importante du partenariat, mais dans le même temps, la moins évidente à quantifier et à appréhender. De nombreuses inconnues, notamment de nature politique, menacent la stabilité de la région méditerranéenne depuis des décennies (différends territoriaux, politiques étrangères non-harmonisées...). L'octroi du cumul de l'origine, ainsi que l'existence d'une multitude d'autres instruments juridiques de coopération dans le domaine économique et financier constituent-ils une incitation assez puissante pour l'intégration horizontale de la région ?

Le véritable impact est en fait politique. C'est ce qui nous fait écrire qu'il s'agit bien d'une intégration régionale stratégique. L'objectif fondamental de cette alliance, est de garantir aux participants « une plus grande sécurité dans leurs relations économiques internationales dans un contexte où leur vulnérabilité extérieure à tous va croissant »[343]. Le monde se scinde en trois blocs économiques régionaux que sont le bloc nord-américain (ALENA), le bloc du sud est asiatique et le bloc européen (UE/PECO/PTM). Dans ce contexte de globalisation/régionalisation, l'économie marocaine doit créer de la croissance. Il faut donc s'arrimer à l'Union européenne pour deux raisons au moins. Premièrement, sécuriser un accès à son marché principal, et, deuxièmement, utiliser cet accès pour négocier sa globalisation dans les meilleures conditions.

Sur le premier point, le Maroc, qui est déjà fortement dépendant du marché communautaire, doit sécuriser l'accès à son marché naturel, c'est-à-dire essayer d'obtenir des concessions toujours plus préférentielles tout en rendant le protectionnisme européen de moins en moins possible. En contrepartie, l'Union sécurise son approvisionnement en énergie[344]. La conférence euro-méditerranéenne

---

[343] Voir Christian DEBLOCK et Dorval BRUNELLE, « Une intégration régionale stratégique : le cas nord-américain », Revue Etudes internationales, 1993, cit. *supra*.

[344] Voir la Communication de la Commission au Parlement européen et au Conseil concernant « le partenariat euro-méditerranéen dans le secteur de l'énergie », Bruxelles, le 03.04.96, COM (96) 149 final.

des ministres de l'énergie (Trieste, 7-9 juin 1996) a mis en lumière l'importance de la région méditerranéenne dans la stratégie d'approvisionnement de l'Union[345]. Dans ce contexte, le Maroc jouera désormais un rôle stratégique de transit du gaz naturel algérien (via le gazoduc Maghreb Europe)[346].

Sur le second point, la création de cette zone est un véritable appel à la communauté des investisseurs internationaux. Les réformes qu'impliquent la création de cette zone, sont autant de garanties que le Maroc entend utiliser comme un nouveau statut international. C'est là, l'instrument principal qui lui permettra de négocier parallèlement l'internationalisation de son économie. Pour l'UE, le maintien d'une politique de diversification de ses débouchés commerciaux est vital (PTM, ACP, PECO, SPG). Il lui faut éviter une marginalisation dans la course à la globalisation/régionalisation (ALENA).

Au-delà de l'aspect stratégique que constitue le développement en commun de certains avantages compétitifs sur le marché mondial, cette alliance poursuit également des objectifs de type sécuritaire. Garantir à l'Union européenne une plus grande sécurité à sa frontière sud (qui est par la même occasion la frontière sud de l'OTAN à l'exception de la Turquie) en échange d'un investissement plus soutenu dans le développement économique, social et politique de ses voisins. Un mariage de raison en quelque sorte ! Un mariage guidé par le seul souci d'un partage équitable des risques. Le dialogue politique est là pour nous rappeler cet aspect spécifique du partenariat euro-méditerranéen. Il s'agit d'une « intégration active »[347] dans le sens où le volet économique est « envisagé comme la partie constitutive d'un projet politique ». Non encore défini, serions-nous tenté d'ajouter !

A cet égard, le projet euro-méditerranéen entre l'Union européenne et le Maroc (ainsi que les autres PTM) va plus loin que ce qui est prévu entre les Etats Unis, le Canada et le Mexique dans l'accord ALENA[348]. Il aurait plutôt tendance à se rapprocher du projet européen, qui, dès le départ, fut un projet économique tourné vers des fins politiques. Construire une communauté économique européenne pour ne plus avoir à détruire les nations d'Europe. Ce projet politique est lui aussi présent en filigrane dans le projet méditerranéen : faire de l'Euro-

---

[345] La Vie Economique, « L'énergie, objectif inavoué du partenariat », vendredi 5 juillet 1996, p. 38.

[346] Pour des développements sur la question énergétique au Maroc, voir « L'énergie au Maroc », Cahiers de la Documentation marocaine, no 3, février 1997, 122 p.

[347] Christian DEBLOCK et Dorval BRUNELLE, « Une intégration régionale stratégique : le cas nord-américain », Revue Etudes internationales, 1993, cit. *supra*.

[348] Pour une comparaison ALENA-CE, voir Jean-Yves GRENON, « L'accord de libre-échange nord-américain comparé à la Communauté économique européenne », Revue du Marché commun et de l'Union européenne, no. 367, avril 1993, pp. 306-320.

méditerranée une « vaste zone de paix et de prospérité » par le biais du libre-échange. C'est là que réside toute la finalité politique du projet proposé.

Mais un projet d'une telle envergure implique une rénovation complète de la coopération financière traditionnelle. Pour faire face au processus de réformes découlant de l'établissement de la zone de libre-échange, l'Union a mis en place un nouveau programme financier. Cet instrument intitulé MEDA, est en partie calqué sur le modèle du programme PHARE d'assistance aux PECO. Ce programme unique pour les 12 PTM vient en remplacement des protocoles financiers bilatéraux qui étaient la règle jusqu'à la conférence de Barcelone. MEDA implique de très nombreux changements, tant au niveau de la nature de l'aide, qu'au niveau des objectifs.

PARTIE III. UNE NOUVELLE PHILOSOPHIE DE L'AIDE : LES REFORMES STRUCTURELLES ET DEMOCRATIQUES

L'appui financier communautaire mis en œuvre dans le cadre du partenariat avec le Maroc constitue une importante innovation en matière d'aide au développement. Il se situe dans l'optique de l'établissement d'une zone de libre-échange euro-méditerranéenne à l'horizon 2010. L'objectif du libre-échange impulse une dynamique fondamentale au partenariat : les réformes sont un des enjeux majeurs du projet. C'est ainsi, que la coopération financière doit accompagner l'établissement progressif de la zone de libre-échange. Toutefois, l'accord d'association se garde bien de définir les modalités de cette coopération, qui font l'objet « des instruments les plus appropriés »[349]. Avant d'analyser ces « instruments », il nous paraît utile de faire ici un bref bilan de la coopération financière, afin de mieux comprendre les origines de ce nouveau type de coopération.

La politique communautaire d'aide a connu des débuts plutôt hésitants. Alors que les premiers accords commerciaux datent de 1963 (notamment avec le Maroc), l'aide communautaire n'est institutionnalisée qu'en 1978. La politique globale méditerranéenne (1978-1993) était une coopération de type inter-étatique classique, c'est à dire que l'Etat marocain en était le bénéficiaire direct, conformément aux protocoles financiers bilatéraux (premier protocole : 130 MECU ; second protocole : 199 MECU ; troisième protocole : 324 MECU)[350]. Il lui revenait de déterminer et d'arrêter son programme de développement économique pour bénéficier d'une aide, qui se voulait complémentaire des efforts accomplis par ce dernier. En échange, le Maroc concédait une clause de non-discrimination aux entreprises communautaires en matière d'attribution de marchés publiques financés par Bruxelles. Les appuis financiers de la Communauté ont bénéficié en priorité aux infrastructures (ports, électricité, eau potable), au monde rural et à la formation professionnelle, puis accessoirement, au développement de l'entreprise.

Dès 1992, la politique méditerranéenne rénovée[351] a le mérite de proposer des nouvelles solutions, eu égard à la dégradation de la conjoncture internationale. Cette approche consiste en trois composantes principales : 1) le renouvellement des protocoles financiers de quatrième génération (1992-1996) avec la mise en œuvre d'une assistance à l'ajustement structurel, 2) la mise en œuvre d'un nouvel instrument de coopération financière concernant l'ensemble des PTM, et 3) l'amélioration relative de l'accès au marché communautaire pour les produits

---

[349] Voir l'article 75§2 de l'accord euro-méditerranéen d'association entre la Communauté et le Maroc.

[350] Voir pour les 2nd et 3ème protocoles, JOCE, no. L 337 du 29.11.82 et no. L 224 du 13.08.88.

[351] Dès 1989 la Commission invite le Conseil a l'adoption du principe d'une PMR, voir SEC(89) 1961 final, p. 6, cit. *supra*.

agricoles suite à l'élargissement à l'Espagne et au Portugal. Le renouvellement du 4ème protocole n'a apporté qu'une légère augmentation du montant de l'aide (438 MECU). De plus, le montant de l'aide communautaire sur la période 1978-1996 équivaut à 2,9% du total de l'aide publique dont bénéficie le Maroc (Etats membres pris individuellement, Banque mondiale, pays du Golfe, Etats-Unis)[352]. L'ajustement structurel a été abordé trop tard et trop timidement. Ce n'est qu'à partir de 1989, que la Communauté prend en compte ce problème dans le cadre de la Convention de Lomé IV. Comme l'écrit Bernard PETIT, « comme tout bailleur de fonds important, la Communauté s'est trouvée prise *de facto* dans les contraintes de l'ajustement structurel »[353]. Il faut attendre 1992, pour qu'elle étende son expérience ACP aux pays tiers méditerranéens. Même cas de figure pour la coopération décentralisée : le règlement communautaire relatif à la coopération financière intéressant l'ensemble des PTM[354] a pour origine la Convention de Lomé IV[355]. La gestion pratique de ces instruments de coopération a donné lieu à certains abus, surtout en ce qui concerne les programmes MED[356].

Toutes ses insuffisances de la coopération telle qu'elle a été menée depuis 1978 - et améliorée en 1992 - laissent une impression de bilan mitigé, voire morose. Ainsi, pour Eberhard RHEIN, « la Communauté aurait pu faire mieux et son impact a été insignifiant »[357] dans ce domaine. Et de préciser que le plus grand échec de cette politique de coopération a été « son incapacité à attirer des investissements privés pour prendre le relais des investissements publics », totalement absorbés par les infrastructures (barrages, routes, traitement des eaux, télécommunications...). Dans le même sens, Salah MEZDOUR juge l'apport des protocoles financiers « modeste » surtout lorsqu'il est comparé aux multiples besoins du Maroc[358]. Il suggère la création d'une institution financière dont l'objet serait le développement du Maghreb. Comparant l'aide européenne (Communauté

---

[352] Alfred TOVIAS, « Les tribulations de la politique méditerranéenne de l'Union européenne », in L'Europe et la Méditerranée : intégration économique et libre-échange, cit. *supra*.

[353] Voir Bernard PETIT, « L'ajustement structurel et la position de la Communauté européenne », Revue Tiers Monde, t. XXXIV, no. 136, oct.-déc. 1993, pp. 827-850.

[354] Règlement no. 1763/92 du Conseil du 29 juin 1992, JOCE, no. L 181 du 01.07.92.

[355] Voir JOCE, no. L 229 du 17.08.91. En vertu de l'article 20 de la Convention de Lomé IV, « (...) la coopération appuie également, dans les limites fixées par les Etats ACP intéressés, les actions de développement d'acteurs économiques, sociaux et culturels dans le cadre d'une coopération décentralisée (...) ». L'article 21 §4 encadre de près « cette forme de coopération », qui « est organisée dans le plein respect du rôle et des prérogatives des pouvoirs publics des Etats ACP ».

[356] La coopération décentralisée a été gelée par la Commission européenne suite au sévère Rapport 1/96 de la Cour des Comptes des Communautés, JOCE, no. C 240 du 19.08. 96.

[357] « La politique méditerranéenne de la Communauté européenne », in L'Europe et la Méditerranée, Confluences Méditerranée, L'Harmattan, Paris, no. 7, Eté 1993, pp. 31-40.

[358] Salah MEZDOUR, « Les relations économiques Maghreb-CEE : suggestions pour une nouvelle politique », RMC, no. 357, avril 1992, pp. 300-302.

et Etats membres) aux autres apports publics L. BLIN et B. PARISOT louent un « effort non négligeable » avant de préciser qu'il est « cependant limité »[359]. Quant à la coopération décentralisée, Jean ALEGRE avait jugé, dans un article prémonitoire, qu'il fallait « mettre au point rapidement une évaluation systématique des programmes MED pour aboutir à une méthodologie d'évaluation adaptée à ce nouveau type de coopération »[360].

Ces très nombreuses critiques, ajoutées à l'expérience accumulée avec les protocoles financiers, les instruments régionaux d'appui à l'ajustement et à la coopération décentralisée, vont amener la Communauté à repenser les instruments de coopération financière. C'est la naissance du programme MEDA[361]. Ce règlement prévoit une enveloppe initiale de 3425,5 MECU pour la totalité des PTM sur la période 1995-1999[362].

Ce programme est un instrument d'appui aux réformes des structures économiques et sociales des PTM, ce qui le distingue nettement de l'aide classique au développement[363]. Il constitue donc une importante rupture avec la période précédente (1978-1996). L'appui financier européen transitait par des protocoles financiers quinquennaux annexés à l'accord de coopération de 1976. A partir de 1996, l'appui transite par un règlement unique, qui institue de nouvelles règles financières.

Cette communautarisation de l'aide implique une révision du système traditionnel de coopération caractérisé par la fixation de montants quinquennaux d'aide. C'est ainsi que les crédits MEDA (inscrits au budget communautaire en dépenses obligatoires) font l'objet d'une programmation indicative triennale. En fait, l'ensemble de la programmation financière est désormais rythmé par le principe de l'annualité budgétaire.

De plus, l'allocation des crédits MEDA est conditionnelle. La détermination des montants prend en compte des critères macro-économiques et

---

[359] Louis BLIN et Benoît PARISOT, « Les Relations économiques entre la CEE et les Pays du Maghreb », Annuaire de l'Afrique du Nord, Editions du CNRS, t XXIX, 1990, pp. 57-85.
[360] Jean ALEGRE, « La coopération décentralisée en Méditerranée », cit. *supra*.
[361] Règlement (CE) no. 1488/96 du Conseil du 23 juillet 1996 relatif à des mesures d'accompagnement financières et techniques (MEDA) à la réforme des structures économiques et sociales dans le cadre du partenariat euro-méditerranéen in JOCE, no. L 189 du 30.16.96.
[362] Le montant fixé par le sommet des chefs d'Etats et de gouvernements réunis à Cannes était à l'origine de 4 685 MECU auxquels devrait s'ajouter une somme équivalente en prêts de la BEI. Il a été revu à la baisse.
[363] Voir le dernier considérant du règlement MEDA « considérant que les mesures prévues au présent règlement dépassent le cadre de l'aide au développement et qu'elles sont destinées à s'appliquer à des pays ne pouvant être que partiellement assimilés à des pays en développement ».

politiques. Les progrès enregistrés sur la voie des réformes sont d'une importance fondamentale. Par ailleurs, et c'est là une nouveauté, les droits de l'homme sont élevés au rang d'élément essentiel du partenariat, dont la violation justifie la suspension de la coopération financière.

Chapitre I. La communautarisation de l'aide dans le cadre de la ZLE
Chapitre II. La double conditionnalité du programme MEDA

Chapitre I. La communautarisation de l'aide dans le cadre de la ZLE

La coopération financière et technique mise en œuvre par le programme MEDA constitue un important changement de nature juridique. Désormais, la coopération est basée sur un règlement communautaire qui remplace les protocoles bilatéraux. Au-delà de la forme, ces changements ont des incidences très importantes sur le fond. Ainsi, la classification des crédits en dépenses non obligatoires introduit le principe de l'annualité budgétaire dans la coopération financière et technique avec les pays tiers méditerranéens (section I). Cette communautarisation, soumet l'ensemble de la programmation financière à l'annualité, ce qui implique une révision des règles et comportements établis jusqu'alors (section II).

Section I. Une coopération financière « autonome »

La coopération financière et technique mise en œuvre à partir de la conférence de Barcelone doit remplacer les protocoles financiers bilatéraux. Le nouveau programme d'appui aux réformes économiques et sociales (MEDA) est un règlement communautaire dont les crédits sont inscrits au budget dans la catégorie dépenses non obligatoires. Le choix de l'instrument juridique (un règlement) ainsi que de la classification (dépense non obligatoire) emporte de nombreuses conséquences, et correspond en fait à un rééquilibrage des compétences, donc des pouvoirs, entre le Conseil et le Parlement européen au bénéfice de ce dernier.

A. Le remplacement du protocole international par un règlement communautaire : une force juridique moindre

Le programme MEDA est régi par un règlement financier, instrument de droit interne communautaire, adopté en juillet 1996. Le choix d'un nouvel instrument juridique constitue un changement très important, puisque depuis ses débuts la coopération financière transitait par des protocoles financiers bilatéraux, instruments de droit international.

En vertu de l'article 189 CE « le règlement a une portée générale. Il est obligatoire dans tous ses éléments et il est directement applicable dans tout Etat membre ». Dans l'ordre juridique communautaire, le règlement fait partie du droit dérivé par opposition au droit originel découlant des traités constitutifs[364] ainsi que des traités et actes modificatifs.

Par sa « portée générale » et ses prescriptions impersonnelles, le règlement communautaire est comparable à la loi au niveau interne. Cette caractéristique le différencie de la directive, qui ne lie que ses destinataires[365]. Deuxièmement, le règlement est « obligatoire dans tous ses éléments » ce qui signifie qu'il ne laisse aucune marge de manœuvre aux Etats destinataires : là aussi, le règlement va plus loin que la directive qui lie l'Etat destinataire quant à l'obligation de résultat. Enfin, le règlement est « directement applicable dans tous les Etats membres ». Il s'agit en effet d'un acte unilatéral qui se passe de tout processus interne de transposition (contrairement à la directive). De plus il est *« self executing »* c'est-à-dire qu'il « transperce » l'ordre juridique national pour stipuler directement des droits au bénéfice des sujets de droit interne.

Dans la hiérarchie des normes juridiques communautaires, le règlement de l'article 189 CE est au sommet du droit dérivé, qui se trouve toutefois dans une position inférieure par rapport au droit originel ou primaire. Il est intéressant d'analyser la place des actes internationaux, tels que les protocoles financiers bilatéraux, dans la hiérarchie des normes communautaires. Le protocole financier a été conclu sur la base de l'article 238 CEE qui dispose, dans son second alinéa, que « ces accords sont conclus par le Conseil, agissant à l'unanimité et après avis conforme du Parlement européen qui se prononce à la majorité absolue des membres qui le composent ». Comme tout accord conclu entre un pays tiers et la Communauté, il oblige cette dernière eu égard au droit international, et s'intègre dans son propre ordre juridique interne. Ainsi, à propos d'un accord d'association conclu entre la Communauté et la Grèce sur la base de l'article 238 CE, la CJCE a jugé que « les dispositions de l'accord font partie intégrante, à partir de l'entrée en vigueur de celui-ci, de l'ordre juridique communautaire »[366].

---

[364] Les traités constitutifs sont constitués du traité CECA de Paris du 18 avril 1951 ainsi que des traités CEE et CEEA de Rome du 25 mars 1957. S'y ajoutent les protocoles additionnels de Bruxelles du 17 avril 1957 (CJCE et privilèges et immunités).

[365] En vertu de l'article 189 CE, les autres catégories d'actes unilatéraux sont la directive, la décision et les recommandations et avis :
« la directive lie tout Etat destinataire quant au résultat à atteindre, tout en laissant aux instances nationales la compétence quant à la forme et aux moyens.
La décision est obligatoire en tous ses éléments pour les destinataires qu'elle désigne.
Les recommandations et avis ne lient pas ».

[366] Voir CJCE du 30.04.74, Haegeman, aff. 131/73, Rec., p. 459.

Dans la hiérarchie communautaire, le règlement MEDA, qui a pour base juridique l'article 235, se positionne en dessous du protocole financier conclu entre la Communauté et le Maroc. De manière générale, le droit dérivé (règlements, directives, recommandations et avis) est inférieur aux engagements externes des Communautés, eux-mêmes inférieurs au droit originel (traités CECA, CEE, CEEA et protocoles d'adaptation).

A ce propos, lors des débats au Parlement européen, M. MARIN, vice-président de la Commission, a expliqué la position de son institution concernant le refus de certains amendements parlementaires du programme MEDA, en invoquant la hiérarchie communautaire des normes : « certains amendements présentés cherchent à introduire dans le règlement MEDA - qui est une norme interne de l'Union européenne en termes techniques et financiers - un ensemble d'éléments qui en réalité devraient être introduits dans le corps de l'accord d'association, qui a le caractère d'un traité international ». Et M. MARIN de poursuivre : « ce n'est pas que la Commission rejette le principe de ces propositions du PE, surtout en matière de droits fondamentaux, mais ces propositions auront plus de force si elles sont introduites dans le corps même de l'accord d'association »[367].

Nous pouvons conclure, sur le premier point, que le règlement MEDA, présenté comme une amélioration qualitative de la coopération financière représente, eu égard à la hiérarchie des normes communautaires, une régression par rapport à l'instrument juridique international qu'est le protocole financier. Ce changement d'instrument permet de classifier les dépenses dans une autre catégorie, soumise au contrôle parlementaire.

B. La classification des dépenses obligatoires (DO) en dépenses non obligatoires (DNO)

La nature de l'instrument emporte une seconde conséquence sur la qualification même des dépenses qui peuvent être désormais classées dans la catégorie des DNO. Quelle est la définition des DO et DNO et que signifie le classement d'une dépense en DO ou DNO ?

[367] Voir Débats du Parlement européen, no. 4-472 du 13.12.95, p. 231.

1. La lutte de pouvoir entre le Parlement européen et le Conseil en matière budgétaire

Cette distinction entre les DO/DNO a été introduite en droit communautaire en 1975, suite aux modifications financières apportées successivement par les traités de Luxembourg (22.04.1970.)[368] et de Bruxelles (22.07.1975). Le nouvel article 203§4 du traité de Rome (modifié en 1970) définit les DO comme des « dépenses découlant obligatoirement du traité ou des actes arrêtés en vertu de celui-ci ». Les DNO, qui ne sont pas définies par l'article 203 CEE (devenu 272 du traité d'Amsterdam), sont, *a contrario*, toutes les autres dépenses qui ne correspondent pas à la définition de l'article 203§4 du traité de Rome. Cette définition conventionnelle incomplète a été affinée par la Déclaration commune du Parlement du Conseil et de la Commission du 30 juin 1982[369] : les DO sont « les dépenses que l'autorité budgétaire est tenue d'inscrire au budget pour permettre à la Communauté de respecter ses obligations internes et externes, telles qu'elle résulte des traité ou des actes arrêtés en vertu de ceux-ci ». Selon cette définition, les DO servent à honorer les obligations internes ou externes souscrites par la Communauté et la classification d'une dépense en DO, entraîne son inscription au budget communautaire.

L'introduction de la distinction DO/DNO en droit communautaire a permis d'institutionnaliser le partage des compétences budgétaires entre le Conseil et le Parlement européen. Avant 1971, date de l'entrée en vigueur du nouveau système de financement de la Communauté par « ressources propres », le Parlement européen ne possédait qu'un pouvoir consultatif en matière budgétaire. Après la réforme de 1971, il devient codétenteur de l'autorité budgétaire[370]. Plus précisément, il possède un pouvoir de décision sur les DNO - tempéré par la règle du taux maximal d'augmentation (TMA)[371] instituée par l'article 203§9 CEE - alors qu'il ne bénéficie que d'un simple droit de propositions concernant les DO. Ainsi, en seconde lecture, le PE peut « statuant à la majorité des membres qui le composent et des trois cinquièmes des suffrages exprimés, amender ou rejeter les

---

[368] JOCE, no. L 2 du 02.01.1971.

[369] JOCE, no. C 194 du 28.07.1982.

[370] Voir Guy ISAAC, Droit communautaire général, pp. 70-72, cit. *supra*.

[371] Un taux maximal d'augmentation (TMA) par rapport aux dépenses de même nature de l'exercice en cours est fixé chaque année par la Commission européenne en ce qui concerne les DNO. La Commission prend en compte : 1) l'évolution du PIB communautaire, 2) la variation moyenne des budgets des Etats membres et 3) l'évolution du coût de la vie au cours du dernier exercice.

modifications apportées par le Conseil à ses amendements et arrêter en conséquence le budget » (art. 203§6 CEE). Il faut ajouter à cela, le fait que le Président du Parlement européen constate l'arrêt définitif du budget (art. 203§7).

En matière de DO - il s'agit de dépenses agricoles - c'est le Conseil qui est compétent[372]. Le Parlement ne possède qu'un droit d'amendement, à la majorité des membres qui le composent, et de proposition de modifications au Conseil, à la majorité absolue des suffrages exprimés (art. 203§4 CEE).

L'enjeu autour du classement des dépenses en DO ou en DNO est d'une importance capitale, car il permet de déterminer la compétence de l'une ou l'autre des institutions, et de mettre en évidence la lutte de pouvoir[373] (sous le prétexte de lutter pour le pouvoir budgétaire) que le Parlement mène contre l'autre branche de l'autorité budgétaire. Cette lutte va aboutir à l'extension de la catégorie pour laquelle le PE est compétent, à savoir celle des DNO. Toutes les révisions postérieures à 1975, qu'il s'agisse de la Déclaration commune du Parlement du Conseil et de la Commission du 30 juin 1982, de l'Accord interinstitutionnel du 29 juin 1988[374] ou de l'Accord interinstitutionnel du 29 octobre 1993[375], vont porter, sous la pression constante du Parlement européen, sur l'élargissement de la catégorie DNO au préjudice de la catégorie DO (la part des DNO dans le budget est passée de 3,5% en 1970 à 47,3% en 1993).

Les aides financières dont bénéficiait le Maroc avant 1996 étaient classées en DO, car la base juridique était constituée de l'accord global de coopération, complété par les protocoles financiers bilatéraux. Il existait donc des accords externes qui liaient la Communauté en vertu d'une règle fondamentale de droit international : *pacta sunt servanda*. Cette règle, codifiée par l'article 26 de la Convention de Vienne sur le droit des Traités, stipule que « tout traité en vigueur lie les parties et doit être exécuté de bonne foi ».

La classification de l'aide au développement en DO découlait des engagements juridiques internationaux de la Communauté qui obligeaient cette dernière en vertu de la règle *pacta sunt servanda*. Le non-respect de cette règle aurait entraîné la mise en œuvre de la responsabilité internationale de la Communauté[376].

---

[372] Sur l'évolution de la procédure budgétaire, voir Philippe MANIN, Les Communautés européennes/L'Union européenne, Pédone, 2ème édition, Paris, 1996, pp. 226-227.

[373] Voir Catherine REGNIER-HELDMAIER, « La distinction DO-DNO : instrument de lutte pour le pouvoir budgétaire », Revue du Marché commun et de l'Union européenne, no. 375, février 1994, pp. 94-102.

[374] JOCE, no. L 185 du 15.07.1988.

[375] JOCE, no. C 331 du 07.12.1993.

[376] Sur le déclenchement de la mise en œuvre de la responsabilité internationale de l'Etat, voir D. CARREAU, Droit international public, Pédone, Paris, 1991, pp. 417-456, cit. *supra*.

Cette classification des DO en DNO correspond donc à une lutte de pouvoir entre le Parlement européen et le Conseil. Au départ, les DNO ne correspondaient qu'à une infime part du budget communautaire. Aujourd'hui, c'est la majorité des dépenses qui est concernée. En effet, depuis 1970-75, nous assistons à une lente, mais progressive, montée en puissance du PE face au Conseil[377]. Ce retour en force, s'est par ailleurs confirmé dans d'autres domaines, lors de chaque modification des traités constitutifs : Acte unique (adjonction de la procédure de l'avis conforme), traité de Maastricht (codécision) ou, plus près de nous, du traité d'Amsterdam (extension de la procédure de codécision aux domaines de la non-discrimination, des transports de la lutte contre la fraude, ou coopération au développement)[378].

2. La soumission de la coopération financière au principe de l'annualité budgétaire

Le caractère de DO excluait l'application du principe de l'annualité budgétaire, ce qui avait pour conséquence la possibilité de pouvoir disposer des fonds pendant toute la durée du protocole. Dans la pratique, les fonds sont disponibles jusqu'à épuisement des engagements par le biais du report des reliquats sur la période quinquennale suivante. Ainsi, en vertu de l'article 6§2 du 4ème protocole financier, « le reliquat non éventuellement engagé à la fin de la période visée (du 31.10.91 au 31.10.96) sera utilisé jusqu'à épuisement ». Bien que la date limite du programme quinquennal soit dépassé, le Maroc dispose toujours des fonds non engagés sur le montant global des 438 MECU au titre du dernier protocole bilatéral [379].

Les crédits MEDA, contrairement aux protocoles bilatéraux, sont classés en DNO : les crédits d'engagement MEDA ne sont pas la conséquence d'un engagement juridique international de la Communauté. La classification des

---

[377] Toutefois, il semblerait qu'un souci de rigueur anime désormais le Parlement européen. C'est ainsi que cette assemblée a, pour la première fois en 1998, adopté un montant de DNO inférieur aux propositions de la Commission européenne, voir Le Monde (supplément Economie), du mardi 23 mars 1999.

[378] Pour une liste exhaustive des nouveaux domaines auxquels s'applique désormais la procédure parlementaire de la codécision, voir Catherine HAGUENAU-MOIZARD, « Le traité d'Amsterdam : une négociation inachevée », Revue du marché commun et de l'Union européenne, no. 417, avril 1998, pp. 240-252.

[379] Voir l'article 2 du protocole, JOCE, no. L 352, cit. *supra*.

crédits MEDA en DNO entraîne l'application du principe de l'annualité budgétaire[380] caractérisé par les éléments suivants :

- périodicité annuelle du vote parlementaire correspondant à une autorisation préalable ;
- portée annuelle des autorisations budgétaires ;
- période annuelle d'exécution.

Ces trois caractéristiques du principe de l'annualité budgétaire vont avoir de très importantes incidences sur la programmation même des crédits MEDA et constituent à elles seules un changement de philosophie de la coopération financière. Concrètement, tout crédit attribué par le Parlement européen et non engagé par le PTM bénéficiaire à la fin de l'année budgétaire (au 15 décembre), tombera en annulation.

Sur ce second point, il existe une régression par rapport à la stabilité que représentaient les protocoles financiers bilatéraux. La classification des DO en DNO, de par le contrôle qu'elle implique, va changer la philosophie même de la coopération financière entre l'UE et le Maroc (et les autres PTM). Le contrôle parlementaire va désormais s'exercer chaque année par le biais de la procédure de vote du budget général de la Communauté de l'article 203 CE (et non plus tous les cinq ans comme auparavant). Les crédits accordés qui ne seront pas dépensés au 15 décembre, tomberont automatiquement en annulation. Il faut rappeler à ce propos, qu'il est politiquement délicat pour la Commission européenne de se présenter chaque année devant le PE pour demander de nouveaux crédits au titre de la coopération financière pour l'exercice budgétaire suivant, si les pays bénéficiaires n'ont pas absorbé les crédits accordés sur l'exercice précédent.

L'abrogation du bilatéralisme des protocoles quinquennaux retire aux PTM leur rente quinquennale. Désormais, les pays bénéficiaires sont en situation de concurrence dans un même « pot commun »[381] que représente le programme MEDA.

---

[380] Pour plus de développements sur les autres principes budgétaires que sont 1) l'unité, 2) l'universalité et 3) la spécialité, voir pour le Droit français André PAYSANT, Finances Publiques, Coll. Droit-Sciences Economiques, Editions Masson, Paris, 1988, 340 p.

[381] Entretien avec M. Louis-Luc CAMIER, DG IB, Commission européenne, Bruxelles le 26.01.96.

3. Une mise en concurrence entre PTM

Au niveau du pays bénéficiaire, la communautarisation de l'aide européenne est perçue comme un « pot commun », ce qui est un avantage en cas de bonne gestion mais peut également se révéler être un handicap dans le cas contraire. La performance du pays devient un élément déterminant : plus la capacité d'absorption des crédits d'un pays est importante, et plus il pourra en obtenir, au préjudice des autres. En revanche, plus ses performances par rapport aux objectifs inscrits dans la programmation indicative seront mauvaises, et plus il verra une part importante des crédits lui échapper au profit de meilleurs gestionnaires.

Cette « prime à la bonne gestion » a été vivement critiquée par les PTM qui y ont vu une sorte de conditionnalité déguisée entraînant une perte des avantages acquis. Les PTM les moins développés pourraient être affectés par une telle mise en concurrence. Peut-être aurait-il fallu que les instances communautaires réfléchissent ici à des correctifs au profit des pays tiers méditerranéens les moins organisés, car l'objectif du programme reste néanmoins, et il faut ici le rappeler, la réalisation d'une vaste zone euro-méditerranéenne de paix et de stabilité à l'horizon 2010.

Le classement en DNO ainsi que son corollaire direct, à savoir l'application du principe de l'annualité budgétaire, conditionnent tout le programme financier. Effectivement, l'application de l'annualité budgétaire a une influence directe sur la programmation qui se trouve désormais caractérisée par la périodicité triennale glissante, la programmation indicative et une gestion renforcée concernant les rythmes d'engagement des crédits de la part de la Commission et une répartition entre le bilatéral (programme indicatif par pays) et le régional (programme indicatif concernant l'ensemble des PTM).

Section II. L'annualisation de l'ensemble de la programmation financière

A. Une programmation financière indicative triennale

1. La programmation triennale glissante

La durée du programme MEDA I est de cinq ans (1995-1999). Toutefois, on parle de programmation triennale glissante. « Triennale », car le règlement MEDA a été adopté avec retard (juillet 1996) : pour des « raisons opérationnelles »[382], il a donc paru plus logique d'effectuer la programmation sur la période 1996-1998, puis, l'année suivante, sur 1997-1999. « Glissante », car l'application du principe de l'annualité budgétaire implique la révision annuelle du programme pour les trois années suivantes. Le montant des crédits disponibles pour l'année suivante n'est connu que lors de l'adoption du budget général de la Communauté. C'est pour cette raison qu'en pratique, bien que la programmation indicative soit arrêtée sur une période de trois ans, la révision des objectifs a lieu chaque année. C'est lors de l'adoption du budget que le Parlement européen peut intervenir sur le montant et l'affectation de ces crédits qui sont, rappelons-le, classés dans la catégorie DNO.

La programmation triennale glissante présente par ailleurs des avantages, notamment au point de vue de la flexibilité. Elle permet, par exemple, des reports d'un exercice budgétaire sur l'autre. Si le rythme des dépenses du Maroc est trop lent sur une année, il est possible de reporter la suite sur l'année suivante. Il existe donc un système de « vases communiquants »[383] : de manière plus générale, il est désormais possible de modifier un programme indicatif triennal chaque année en fonction des avancées ou du retard pris par le rythme d'exécution des projets dont bénéficie le PTM. Cela dépend notamment de sa capacité d'absorption. La périodicité triennale glissante devrait donc introduire de la souplesse dans la gestion de la coopération financière. Les rythmes d'engagement des crédits MEDA attribués aux PTM vont connaître une surveillance accrue, ce qui aura plusieurs conséquences :

---

[382] Voir Commission européenne, DG I B Relations extérieures, « Programme MEDA/Modalités et mise en œuvre », Bruxelles le 20 novembre 1995, MP, p.2. Voir par ailleurs l'entretien avec M. Raphaël GELABERT, DG IB, Commission européenne, Bruxelles le 25.01.96.

[383] Entretien avec M. Raphaël GELABERT, DG IB, Commission européenne, Bruxelles le 25.01.96.

- le respect du principe de saine gestion des deniers publics ;
- l'introduction de flexibilité dans la gestion de la programmation financière.

L'application du principe de l'annualité budgétaire implique que l'exécution du budget se fasse dans le cadre annuel. La Commission doit, chaque année, demander au Parlement européen des crédits pour la coopération financière au titre de l'année budgétaire suivante. Il est, nous l'avons déjà souligné auparavant, politiquement délicat pour la Commission européenne de demander des fonds dans l'hypothèse où les bénéficiaires ne les épuisent pas entièrement. Ainsi, lors des discussions au PE, relatives à la proposition du Conseil sur le règlement MEDA, M. MARIN a déclaré : « je préfère la sanction politique de n'avoir pas été capable de dépenser ces fonds - bien que cela me paraisse injuste parce qu'en réalité on ne nous l'a pas permis - à ce que la Commission dépense tout au mois de septembre pour essayer d'échapper à la « clause guillotine » du règlement. Ce serait faire preuve d'irresponsabilité de la part de la Commission et, bien entendu je ne vais pas proposer à la Commission, de dépenser le montant total du programme financier de cette année (1996), soit 900 MECU, en un mois parce que ce n'est ni possible ni crédible ni sérieux et qu'en dernière instance, cela finirait par ruiner la crédibilité du programme MEDA »[384].

Le problème de l'absorption complète des fonds attribués a toujours existé, mais le classement de ces dépenses en DO, l'occultait de fait. Comme souligné précédemment, les PTM bénéficiaient en fait des reliquats sans aucune limite de temps, jusqu'à leur épuisement.

Désormais, la Commission doit appliquer une gestion s'inscrivant dans le cadre annuel en matière de programmation des crédits MEDA. La seule perspective de la sanction de la « clause guillotine », entraînant *de facto* une annulation des crédits non dépensés à la fin de l'année budgétaire (15 décembre), devrait pousser les PTM à une gestion optimale des deniers publics européens.

2. Une programmation indicative

La programmation indicative bilatérale permet de mettre au point les principaux objectifs et les grandes lignes d'intervention par secteur tout en respectant le principe de l'annualité budgétaire. La programmation est dite « indicative », car la périodicité annuelle du vote parlementaire porte sur une autorisation budgétaire annuelle devant être exécutée durant l'année même pour laquelle ladite autorisation a été accordée. Cela signifie qu'il peut y avoir des

[384] Voir Débats du Parlement européen, no. 4-484 du 19.06.96, p. 194.

changements suivant différents paramètres. L'autorisation parlementaire en est assurément un. Les autres éléments à prendre en compte sont les besoins du pays bénéficiaire, sa capacité d'absorption, les progrès accomplis dans la voie des réformes structurelles, et « les priorités dégagées avec les partenaires méditerranéens »[385]. Ces éléments sont développés plus longuement dans le chapitre suivant.

Les programmes indicatifs bilatéraux comprennent des montants indicatifs globaux et par secteurs. Les domaines concernés par la programmation sont 1) la transition économique incluant l'appui aux programmes d'ajustement structurels, 2) l'équilibre socio-économique et 3) la coopération régionale et transfrontière.

La programmation indicative initiale pour la période 1996-1999 a porté sur un montant de 450 MECU. A la demande du gouvernement marocain, des changements sont intervenus en cours d'exécution. L'adjonction d'une importante ligne de projets concernant le Nord du Maroc fait porter le total de la programmation MEDA 1996-1999 à 580 MECU.

3. Une répartition bilatérale de la programmation au détriment du régional

Le programme MEDA comprend un volet régional, complémentaire des programmes bilatéraux. Toutefois, le montant alloué au volet régional ne dépasse pas les 10% de l'enveloppe globale MEDA, soit approximativement 45 MECU pour la période 1995-1999.

Le programme régional a pour objectif général une meilleure compréhension des problèmes régionaux dans les trois domaines couverts par la déclaration de Barcelone, à savoir la politique et la sécurité commune, l'ajustement économique et financier et le social, culturel et humain.

1. La corbeille « politique et sécurité commune » : il s'agit de développer la démocratie et le respect des droits de l'homme, d'améliorer l'efficacité des institutions gouvernementales, d'instaurer des mesures de confiance ; le volet politique du programme régional a pour objet de renforcer la stabilité régionale à l'échelle de la Méditerranée. Pour ce faire, priorité est donnée à l'appui des mesures allant dans le sens d'un renforcement de la démocratie, des droits de l'homme et de la transparence des institutions politiques ;

2. la corbeille « ajustement économique et financier » : l'objectif de la seconde corbeille est de faciliter la transition économique en vue de

---

[385] Voir l'article 5§2 du règlement MEDA, cit. *supra*.

l'établissement effectif du libre-échange à l'horizon 2010 en encourageant l'harmonisation des politiques sectorielles ou encore la constitution de réseaux entre acteurs non gouvernementaux ;

3. la corbeille « sociale, culturelle et humaine » dont l'objectif est la promotion de la compréhension mutuelle : programmes décentralisés d'échange, institution de dialogue et projets d'intérêt commun, assistance technique en matière de lutte contre la drogue, le terrorisme et la criminalité internationale). A noter que le domaine social est pris au sens large puisqu'il couvre des domaines aussi divers que les programmes d'échange, la lutte contre le crime organisé, ou le terrorisme.

MEDA régional a porté sur 14 MECU pour 120 activités en 1997[386] : processus de Barcelone (3 MECU) coopération économique (1,8 MECU), actions culturelles (2,1 MECU), micro-actions (4,5 MECU) et coopération euro-arabe (2,35 MECU).

Le principe de l'annualité budgétaire est une caractéristique principale du programme financier, car elle conditionne en fait toute la programmation ainsi que la gestion, par la Commission européenne, de l'appui aux structures économiques et sociales.

B. La Commission européenne : une gestion dans le cadre annuel

En vertu du principe de l'annualité budgétaire, la mise en œuvre de la coopération financière MEDA doit être soumise à un examen périodique de la part de la Commission, afin de ne pas perdre les fonds à la fin de l'exercice budgétaire. L'article 15§1 du règlement MEDA dispose en effet que « la Commission en collaboration avec la Banque examine l'état d'avancement des actions entreprises (en vertu du présent règlement) et soumet un rapport annuel au Parlement européen et au Conseil, au plus tard le 30 avril. Ce rapport contient des informations sur les actions qui ont été financées au cours de l'exercice dans le respect de la confidentialité, ainsi qu'une évaluation des résultats obtenus ». La Commission doit surveiller le rythme des engagements à deux niveaux : au niveau des pays bénéficiaires pris individuellement et au niveau global. Il lui faut pour cela établir un pipeline de projets sur une durée qui dépasse le cadre annuel, de façon à faire face à une absorption trop rapide des sommes allouées, puis faire un examen annuel du rythme des engagements effectifs au 3ème trimestre.

---

[386] Voir COM (1998) 524 final, Bruxelles le 14.09.98, cit. *supra*.

Cet examen annuel doit permettre de reporter les crédits qui n'ont aucune chance d'être engagés au cours de l'exercice, sur d'autre PTM bénéficiaires du programme MEDA et qui possèdent une meilleure capacité d'absorption. A cet égard, la Commission a élaboré un premier « Rapport 1996-1997 sur la mise en œuvre du programme MEDA »[387] dans lequel sont retracés, conformément à l'article 15§1 du règlement, les principaux résultats du programme MEDA en 1997, la mise en œuvre de la coopération au niveau bilatéral et régional et un rapport détaillé sur l'exécution financière du programme en 1996 et 1997 ainsi qu'une prévision relative à l'exécution jusqu'en 2003.

Par ailleurs, les projets financés par la Commission et la BEI sont évalués en commun « afin de déterminer si les objectifs ont été atteints et de dégager des orientations en vue d'augmenter l'efficacité des activités futures »[388]. La Commission, qui est, entre autres[389], un organe d'exécution des traités et des actes du Conseil, participe à ce titre à la gestion financière des politiques communautaires : son rôle de surveillance est particulièrement renforcé - elle est en fait responsabilisée - par les dispositions même du règlement 1488/96 du 23 juillet 1996.

Il existe une seconde nouveauté d'une importance fondamentale : l'inclusion dans le programme MEDA, ainsi que dans l'accord d'association, d'une clause relative au respect des droits fondamentaux et des principes démocratiques. Cette clause conditionne la coopération financière, économique et politique avec les PTM.

La communautarisation de l'aide européenne, c'est-à-dire son intégration dans un instrument juridique unique (en l'occurrence, un règlement financier), emporte de nombreuses conséquences. L'application du principe de l'annualité budgétaire à l'ensemble de la coopération financière avec les PTM va transformer la philosophie même de l'aide. La contrainte découlant de la « clause guillotine » va contraindre le Maroc (et les autres PTM) a plus de rigueur dans le choix et l'exécution des projets MEDA. Le programme MEDA sonne le glas de l'ère de la rente quinquennale renouvelable *ad vitam æternam*.

Cela peut être perçu par les PTM comme une perte des avantages acquis en matière d'aide au développement. Toutefois, et c'est là aussi un changement de taille, il ne s'agit plus de faire aujourd'hui de l'aide au développement. La signature d'un accord d'association entre l'Union européenne et tous ses

---

[387] COM (1998) 524 final, cit. *supra*.

[388] Voir l'article 15§2 du règlement MEDA, cit. *supra*.

[389] La Commission possède deux autres attributions fondamentales : 1/ « gardienne des traités » (pouvoir d'information de sanction) et 2/ organe d'initiative (pouvoir de proposition au Conseil), voir pour plus de détails Guy ISAAC, Droit communautaire général, cit. *supra*.

partenaires du pourtour méditerranéen est, à cet égard, significative. La communautarisation de l'aide inaugure l'entrée dans l'ère de l'appui à l'ajustement. Aider oui, mais dans le cadre de l'ajustement économique et, nouveauté là encore, démocratique.

C'est dans cette optique que nous étudierons, dans le chapitre suivant, la double conditionnalité économique et politique qui caractérise le nouvel instrument financier MEDA.

Chapitre II. La double conditionnalité du programme MEDA

La programmation indicative caractérise la nouvelle coopération financière. Les crédits sont affectés en fonction de nombreux paramètres. Il en existe en fait deux sortes, ce qui fait de MEDA, un programme financier soumis à une double conditionnalité, politique et macro-économique.

Le programme MEDA est fondé sur « le respect des principes démocratiques et de l'Etat de droit ainsi que des droits de l'homme et des libertés fondamentales ». La référence au principe de légalité ainsi qu'aux droits de l'homme est en fait une condition expresse, dont la violation par l'Etat bénéficiaire entraînerait la suspension du programme. Il s'agit là de la condition politique de la coopération financière (section I).

En pratique, l'allocation des fonds se fait en tenant compte de critères macro-économiques dont le plus important est indéniablement celui des progrès accomplis sur la voie des réformes. C'est là que l'intitulé du règlement prend tout son sens : MEDA est un instrument d'appui aux réformes économiques et sociales dans les PTM. L'appui financier européen se fait dans un cadre déterminé de réformes entreprises - ou à entreprendre - par le bénéficiaire. Il s'agit là de la condition macro-économique de la coopération financière (section II).

Section I. La conditionnalité politique : la clause des droits de l'homme et des libertés fondamentales.

Le programme MEDA fait du respect des droits de l'homme et des libertés fondamentales un élément essentiel, dont la violation pourrait entraîner la suspension de l'appui financier européen. Cette clause des droits de l'homme et des libertés fondamentales est par ailleurs incluse dans le corps même de l'accord euro-méditerranéen d'association. Les droits de l'homme conditionnent non seulement la coopération financière, mais aussi la coopération économique et politique entre les deux partenaires.

L'opportunité de l'insertion de cette clause des droits de l'homme est en fait assez difficile à apprécier. La Commission européenne ne risque-t-elle pas de se voir reprocher par les pays bénéficiaires une attitude néocolonialiste ? La politique consistant à lier l'aide financière au respect de valeurs dont, *a priori*, l'universalité est contestée par de nombreux pays[390] ne risque-t-elle pas d'être vue comme un instrument d'ingérence dans les affaires intérieures des PTM susceptibles de violer cette clause ? Et si cette politique est perçue comme telle, ne

---

[390] Samuel P. HUNTINGTON, Le choc des civilisations, éditions Odile Jacob, Paris, 1997, 402 p.

serait-ce pas au préjudice de ces mêmes droits de l'homme dont l'Europe est censée faire la promotion et assurer la consolidation ?

§1. La clause « démocratique » un élément essentiel du partenariat

A. Un élément essentiel de l'accord euro-méditerranéen d'association : la clause de non-exécution

La condition de respect des droits de l'homme se retrouve d'abord dans tous les accords euro-méditerranéens d'association entre l'Union européenne et les PTM. En effet, l'article 2 de l'accord conclu entre l'UE et le Maroc dispose que « le respect des principes démocratiques et des droits fondamentaux de l'homme, tels qu'énoncés dans la déclaration universelle des droits de l'homme, inspire les politiques internes et internationales de la Communauté et du Maroc et constitue un élément essentiel du présent accord. »

La déclaration commune à l'article 90[391] explicite la notion d'élément essentiel de l'accord. La violation des éléments essentiels de l'accord repris à l'article 2 est assimilée à une violation substantielle dudit accord et à un cas d'urgence spéciale. En vertu de l'article 90§2, la partie qui considère que l'autre partie a violé ses obligations peut prendre des mesures appropriées sans en référer au Conseil d'association lorsqu'il s'agit d'un cas « d'urgence spéciale ». Le second cas « d'urgence spéciale » est celui du rejet de l'accord non autorisé par les règles générales du droit international.

La combinaison de l'art. 90 et de la déclaration commune relative à ce même article constitue une clause de non-exécution de l'accord en cas de violation des droits de l'homme. Dans l'hypothèse d'un cas d'urgence spéciale, la suspension de l'application de l'accord aurait des conséquences sur tous les domaines de coopération, notamment le volet financier dont le titre IV dudit accord constitue la base juridique.

---

[391] Voir la partie « déclarations communes », annexée à l'accord euro-méditerranéen d'association entre l'Union européenne et le Maroc, cit. *supra*.

En outre, cette violation de tout ou partie d'un engagement international serait de nature à engager la responsabilité juridique internationale de l'Etat contrevenant[392].

L'inscription de la clause dans le corps même de l'accord lui donne une force juridique supérieure à sa seule inclusion dans le règlement communautaire MEDA.

La clause des droits de l'homme fait également partie intégrante du règlement financier MEDA. L'article 3 stipule en effet que « le présent règlement se fonde sur le respect des principes démocratiques et de l'Etat de droit, ainsi que des droits de l'homme et des libertés fondamentales, qui en constituent un élément essentiel dont la violation justifie l'adoption de mesures appropriées. »

B. Une condition suspensive du volet financier du partenariat

L'introduction de la clause du respect des droits de l'homme, des libertés fondamentales et de l'Etat de droit dans le règlement MEDA doit permettre, lorsqu'il existe effectivement une violation des droits de l'homme par un pays bénéficiaire, la suspension de l'aide[393]. Cette innovation ne va pas sans poser d'innombrables problèmes.

1. Une suspension de l'appui financier à la majorité qualifiée

L'article 16 du règlement MEDA reportait au 30 juin 1997, la détermination de la procédure définitive pour « l'adoption de mesures appropriées » concernant la suspension de l'aide. Ce report a été décidé lors de la 1691ème réunion du COREPER le 21 mars 1996[394], en raison de l'impossibilité pour les 15 Etats membres de dégager un consensus avant la fin de la Conférence intergouvernementale (CIG). La seule question encore en débat à cette réunion concernait la procédure de prise de décision pour la suspension éventuelle des mesures d'aide en cas de violation des droits de l'homme. Quatorze délégations se sont prononcées pour la procédure de droit commun : la suspension à la majorité

---

[392] Pour plus de détails sur la responsabilité internationale de l'Etat, voir Dominique CARREAU, Droit International, Pedone, 5ème édition, 645 p.

[393] Voire Fatiha TALAHITE, « le partenariat euro-méditerranéen vu du sud », Maghreb-Machrek, Paris, no. 153, juil. - sept. 1996, p.45.

[394] SI (96) 301, Confidentielle, Bruxelles le 22 mars 1996.

qualifiée. Seule la délégation anglaise, qui a avait par ailleurs accepté la majorité qualifiée dans le cadre du programme TACIS, a défendu la procédure d'exception que constitue le vote à l'unanimité.

L'article 16 du règlement MEDA a été modifié après la fin des travaux de la CIG par une proposition de règlement[395] qui dispose dans son article premier que « lorsqu'un élément essentiel pour la poursuite des mesures d'appui en faveur d'un partenaire méditerranéen fait défaut, le Conseil peut, sur propositions de la Commission, statuant à la majorité qualifiée, décider de mesures appropriées ».

L'extrême difficulté des délégations européennes pour atteindre un compromis sur ce point met en lumière la sensibilité du dossier MEDA en général, et de la clause démocratique en particulier. Ainsi, l'Ambassadeur néerlandais BLOT a souligné au cours des débats que « l'assistance financière au titre du règlement MEDA devra bénéficier à tous les pays bénéficiaires sans exception » et d'ajouter que « la solution retenue risque de devenir une formule permanente de suspension des mesures en cas de violation des droits de l'homme »[396].

Ces débats ont également mis en lumière des conceptions différentes entre Etats membres en matière de coopération avec les Etats tiers. Deux logiques se sont en fait affrontées avant d'atteindre le compromis de l'article 16 du règlement MEDA.

Les pays nordiques avaient une conception stricte de la conditionnalité. Selon eux, il fallait appliquer des critères objectifs - tels le multipartisme ou l'abolition de la peine de mort - permettant un déclenchement automatique des sanctions en cas de manquement par le pays bénéficiaire.

La Commission européenne et la France défendaient une position plus nuancée, celle d'une conditionnalité relative. La suspension de la coopération financière devait se faire de manière graduée et proportionnelle à la gravité des violations commises en matière de droits de l'homme. C'est cette dernière position qui a été adoptée par le Conseil dans sa résolution sur « les droits de l'homme, la démocratie et le développement ». Ainsi, le Conseil estime que « alors qu'en règle générale la priorité doit être donnée à une approche positive et constructive, en cas de violations graves et persistantes des droits de l'homme ou en cas d'interruption sérieuse des processus démocratiques, la Communauté et ses Etats membres, guidés par des critères objectifs et équitables, étudieront les mesures appropriées aux circonstances. De telles mesures, proportionnelles à la gravité du cas d'espèce, pourraient comporter des démarches confidentielles ou publiques, la modification du contenu des programmes de coopération ou des canaux utilisés, ou encore le report de signatures ou de décisions nécessaires à la mise en œuvre de la

[395] COM (97) 516 final, Bruxelles le 10.11.97.
[396] SI (96) 301, p.2, cit. *supra*.

coopération ou, au besoin, la suspension de la coopération avec les Etats concernés ».

Il existe toute une palette d'instruments à la disposition de l'Union pour faire pression sur les Etats tiers bénéficiaires de la coopération financière dans le cas de violation des droits de l'homme. De plus, la mise en application de la clause suspensive de l'article 3 du règlement MEDA n'est pas automatique, bien au contraire.

Il faut par ailleurs souligner le fait que l'Union s'est dotée d'un instrument comparable au niveau interne. Le traité d'Amsterdam introduit, et c'est là une nouveauté, une procédure de suspension d'un Etat membre en cas de violation des droits de l'homme.

2. Une suspension sélective, à l'image de la conditionnalité interne prévue par le traité d'Amsterdam

a) La conditionnalité des droits de l'homme au sein de l'Union

Désormais, la conditionnalité des droits de l'homme s'applique au sein même de l'Union. Le traité d'Amsterdam prévoit en effet une procédure d'exclusion pour les Etats membres qui ne respecteraient pas les droits de l'homme tels que reconnus par la CEDH. L'article 309§2 du traité d'Amsterdam introduit une clause suspensive, devant permettre de discipliner les nouveaux adhérents de l'Est. En vertu de cet article « lorsque l'existence d'une violation grave et persistante par un Etat membre de principes énoncés à l'article 6§1 (« L'Union est fondée sur les principes de la liberté, de la démocratie, du respect des droits de l'homme et des libertés fondamentales, ainsi que de l'Etat de droit, principes qui sont communs aux Etats membres »), du traité sur l'Union européenne a été constatée conformément à l'article 7§1 dudit traité, le Conseil, statuant à la majorité qualifiée, peut décider de suspendre certains des droits découlant de l'application du présent traité à l'Etat membre en question.

Ce faisant, le Conseil tient compte des conséquences éventuelles d'une telle suspension sur les droits et obligations des personnes physiques et morales. Les obligations qui incombent à l'Etat membre en question au titre du présent traité restent en tout état de cause contraignantes pour cet Etat. »

L'article 309 du traité d'Amsterdam est intéressant à plus d'un titre. Premièrement, il permet à l'Union de confirmer, sur le plan des principes au moins, son attachement aux droits de l'homme.

En second lieu, l'Union européenne se prémunit préventivement des critiques de néocolonialisme que pourraient lui adresser les Etats tiers. Elle se soumet donc à la clause suspensive du respect des droits de l'homme et des libertés fondamentales. En imposant cet élément essentiel à ses Etats membres ainsi qu'aux pays tiers, les critiques de néocolonialisme - souvent faites à la Commission européenne - n'auront plus la même force.

Troisièmement, l'inclusion d'une telle clause est un moyen de pression non négligeable sur les futurs nouveaux membres de l'Union. En théorie, leur adhésion n'aura pas le caractère de l'irréversibilité : dans l'hypothèse d'une violation flagrante des droits de l'homme ou des droits des minorités, les nouveaux adhérents de la zone PECO pourraient se voir infliger l'humiliation d'une suspension de « certains des droits découlant de l'application du présent traité (d'Amsterdam) »[397] : il peut s'agir d'une suspension du droit de vote au Conseil par exemple. Mais, il peut aussi s'agir d'une suspension des importants transferts financiers auxquels ont droit les nouveaux membres en période de transition.

Enfin, la procédure de l'article 309 est instructive sur le point de savoir comment une telle suspension de la coopération se déroulerait entre l'UE et un PTM. L'article 309 reprend en effet le cadre d'action tracé par la résolution du Conseil et des Etats membres réunis au sein du Conseil sur « les droits de l'homme, la démocratie et le développement ».

b) Une suspension sélective affectant le seul gouvernement

Le Conseil semble déterminé à épargner les populations en cas de suspension de la coopération financière : « la Communauté évitera, par sa réaction de pénaliser la population pour les actions du gouvernement. Plutôt que d'interrompre purement et simplement la coopération au développement, la Communauté et ses Etats membres ajusteront leurs activités de coopération en vue d'assurer que l'aide au développement bénéficie plus directement aux populations les plus pauvres du pays concerné, par exemple par l'intermédiaire de réseaux de type non gouvernemental ou informel, tout en prenant une certaine distance vis-à-vis de son gouvernement »[398].

L'article 309 Amsterdam s'inspire directement de ce code de conduite dans l'hypothèse d'une suspension d'un Etat membre, puisqu'il dispose dans son second alinéa que « ce faisant, le Conseil tient compte des conséquences éventuelles d'une telle suspension sur les droits et obligations des personnes physiques et morales ».

---

[397] Voir l'article 309§2 du traité d'Amsterdam.

[398] Voir le pont 7 de la Résolution, Bull. CE 11-1991, cit. *supra*.

Dans sa résolution sur « les droits de l'homme, la démocratie et le développement », le Conseil précise « qu'un tel ajustement passera par le choix des partenaires dans les projets et du type de programme de coopération En tout état de cause, l'aide humanitaire et l'aide d'urgence, qui profitent directement aux couches les plus vulnérables, seront maintenues ».

Ceci illustre parfaitement toute la philosophie du programme MEDA, à commencer par la liste des bénéficiaires qui sont l'Etat et les régions, mais aussi « les autorités locales, les organisations régionales, les organismes publics ou les opérateurs privés... »[399]. Il existe en fait une tentative de contournement des Etats bénéficiaires au profit des autres acteurs. Peut-être faut-il rappeler que le succès très relatif de la coopération décentralisée mise en œuvre par le biais des programmes MED est en partie dû au rejet culturel des pays bénéficiaires dotés de traditions administratives et politiques fortement centralisatrices. Cet aspect sensible pourrait se représenter à nouveau dans l'hypothèse d'une suspension de la coopération financière par l'Union européenne et la mise en application des solutions de contournement privilégiant les acteurs autres qu'étatiques.

§2. L'origine de la clause des droits de l'homme : la fin de la confrontation Est-Ouest

A. L'élaboration progressive d'une doctrine communautaire

L'inclusion de la clause des droits de l'homme dans les accords euro-méditerranéens d'association, ainsi que dans le règlement MEDA, trouve son origine dans une idée selon laquelle le développement économique et social ne peut avoir lieu sans la démocratie politique.

Le lien entre la démocratie et le développement a été institutionnalisé par l'article 5 de la convention de Lomé IV. C'est à cette occasion que la Communauté a inclus, dans un accord commercial régional, une référence aux droits fondamentaux de l'homme[400]. Ainsi, l'article 5§1 al 2 dispose que « la politique de développement et la coopération sont étroitement liées au respect et à la jouissance des droits et libertés fondamentales de l'homme »[401]. Cette clause n'avait rien de

[399] Voir l'article 1§2 du règlement MEDA, cit. *supra*.

[400] La Communauté n'en était pas à sa première tentative : une déclaration sur le respect des droits de l'homme a été introduite dans la Convention de Lomé III (1984)...en annexe ; voir sur ce point P. BUIRETTE-MAURAU, « Les difficultés d'internationalisation des droits de l'homme : à propos de la Convention de Lomé », RTDE, no. 3, juillet 1985, p. 463.

[401] JOCE, no. L 229 du 17.08.91, cit. *supra*.

contraignant car il n'existait à l'origine aucun mécanisme concret de suspension ou de sanction en cas de violation des droits de l'homme[402]. Par ailleurs, les nombreux droits énumérés à l'article 5[403], ont eu un effet inflationniste. C'est ainsi, que Frédéric SUDRE a noté que l'article 5 de la convention de Lomé apparaissait « comme une disposition balai »[404].

Il faut attendre la chute du mur de Berlin pour que se dégage, dès 1991, une doctrine européenne en la matière. C'est dans une communication de la Commission au Conseil sur « les droits de l'homme, la démocratie et la politique de coopération au développement »[405] que « la gardienne des traités » souhaite systématiser les interventions communautaires - ainsi que celles des Etats membres - au titre de la coopération au développement dans une politique extérieure commune de promotion de la démocratie, des droits de l'homme et de l'Etat de droit.

Le Parlement européen, champion des droits de l'homme, ne pouvait rester silencieux en la matière. Par une importante résolution « sur les droits de l'homme, la démocratie et le développement »[406], le PE affirme cette relation entre le développement et la démocratie. Ainsi, les euro-députés « considèrent que des avancées dans le sens du développement économique et de la satisfaction des besoins des peuples des pays en développement exigent des progrès dans le domaine des droits de l'homme et de la démocratie »[407] et demandent l'inclusion de l'esprit ou de la lettre de l'article 5 de la Convention de Lomé dans tous les accords de coopération et protocoles financiers. Enfin, le Parlement propose « d'associer étroitement la promotion de la démocratie aux processus de réformes économiques dans les pays en développement »[408]. Cette résolution du PE a été décrite par Catherine GOYBET comme formant « la pierre angulaire de la nouvelle approche de la Communauté dans sa politique de coopération »[409].

---

[402] Toutefois, un mécanisme de suspension a été ajouté lors de la révision à mi-parcours de la convention de Lomé IV.

[403] L'article 5§2 de la convention de Lomé cite les droits fondamentaux de la personne, les droits civils et politiques, les droits économiques, la lutte contre le système d'apartheid et la non-discrimination au bénéfice des travailleurs migrants, étudiants et autres étrangers.

[404] Voir Frédéric SUDRE, Droit international et européen des droits de l'homme, 3ème édition, PUF, Paris, 1997, pp. 87-88.

[405] Bull. CE 3-1991, p. 69.

[406] Voir JOCE, no. C 326 du 16.12.91.

[407] Voir le point 1 de la résolution, cit. *supra*.

[408] Voir le point 8 de la résolution, cit. *supra*.

[409] Voir Catherine GOYBET, « Aide au développement, démocratie et droits de l'homme : premier bilan », Revue du Marché commun et de l'Union européenne, no. 372, novembre 1993, pp. 775-777.

Le 28 novembre 1991, le Conseil approuve cette communication par une résolution sur « les droits de l'homme la démocratie et le développement »[410] et a consacré politiquement le lien entre les droits de l'homme et le développement. Ainsi, le Conseil estime que « les droits de l'homme et la démocratie s'inscrivent dans le cadre d'un ensemble plus vaste d'exigences permettant de parvenir à un développement équilibré et durable »[411].

B. L'application de la doctrine des droits de l'homme aux PTM dès 1990

1. Les changements institutionnels de l'Acte unique (1987)

Le contrôle en matière de respect des droits de l'homme - qui ne figure ni dans l'accord de coopération de 1976, ni dans les protocoles financiers bilatéraux - découle en fait du renforcement des prérogatives du Parlement européen suite aux modifications institutionnelles introduites part l'Acte unique en 1987.

Avant 1987, le Parlement européen intervenait dans la procédure d'adoption des actes communautaires par le bais de la procédure de consultation, puis, à partir de 1975, par la procédure de coopération. L'Acte unique a considérablement renforcé les pouvoirs du Parlement européen, notamment par l'institution de la procédure de l'avis conforme en matière de traités d'adhésion (art 237§2 CEE), d'accords d'association et de protocoles financiers. En vertu de l'article 238§2 CEE « ces accords (*d'association*) sont conclus par le Conseil, agissant à l'unanimité et après avis conforme du Parlement européen qui se prononce à la majorité absolue des membres qui le composent ». Cette procédure revient en fait a reconnaître au Parlement « un véritable droit de veto »[412], ce que cette institution n'a pas hésité à tester dès la première occasion.

---

[410] Bull. CE 11-1991, pp. 130-132.

[411] Voir le pt. 2 de la Résolution du Conseil et des Etats membres réunis au sein du Conseil sur les droits de l'homme, la démocratie et le développement, cit. *supra*.

[412] Voir Guy ISAAC, Droit communautaire général, Collection U, série « Droit », 5ème édition, Armand Colin/Masson, Paris, 1996, pp. 75-76.

2. L'application de la procédure de l'avis conforme par le Parlement européen aux relations avec les PTM

a) Le précédent israélien

Ainsi, le premier refus d'avis conforme[413] (9 mars 1988) par 143 oui, 205 non et 2 abstentions, a concerné trois protocoles bilatéraux (dont un financier portant sur 63 MECU) conclus entre la Communauté et Israël[414]. Le motif officiel de ce refus était le non-respect par Israël du bénéfice du régime communautaire préférentiel octroyé aux territoires de Cisjordanie et de Gaza. Bien entendu, ces considérations techniques furent aggravées par la dégradation des droits de l'homme dans les territoires (les premières manifestations de l'Intifada datent de décembre 1987). L'avis conforme fut enfin donné le 12 octobre 1988, soit 7 mois après. Entre temps, les autorités israéliennes avaient conclu un accord en vertu duquel les coopératives agricoles de Gaza pouvaient exporter directement leur production vers le territoire douanier communautaire, sans passer par le monopole d'exportation israélien.

Le précédent israélien démontre comment à partir de 1987 les pays tiers font en quelque sorte les frais de la lutte inter-institutionnelle. Cette expérience va malheureusement se reproduire à l'occasion de l'examen par le PE du 4ème protocole conclu entre la Communauté et le Maroc.

b) La crise entre la Communauté et le Maroc à propos du refus d'avis conforme

Le 15 janvier 1992, le Parlement européen a refusé de donner son avis conforme[415] pour non-respect des droits de l'homme, par 245 votes positifs, 129 votes négatifs et 14 abstentions, créant ainsi une crise ouverte entre la Communauté et le Maroc. Il s'en est fallu de peu (la majorité est à 260 voix) pour éviter le vote-sanction, toutefois les conséquences sur les relations entre les deux partenaires sont immédiates.

Considérant le vote-sanction des euro-députés comme une ingérence dans sa politique intérieure, le Maroc gèle les négociations relatives au renouvellement de l'accord de pêche devant expirer à la fin de février 1992, et renonce, par la voie

---

[413] Deux protocoles financiers conclus entre la Communauté et la Turquie ont été renvoyés en commission le 14 décembre 1987 pour non-respect des droits de l'homme.

[414] Voir Massimo SILVESTRO, « Les protocoles financiers CEE-Israël à l'examen du parlement européen », Revue du Marché Commun et de l'Union européenne, no. 348, juin 1991, pp. 462-464.

[415] Voir JOCE, no. C 39 du 17.02.92.

de son Ministre des Affaires étrangères, au bénéfice dudit protocole, renvoyant par la même occasion le Parlement devant les conséquences de sa décision.

Ce refus d'avis conforme a mis le Conseil des ministres dans l'embarras : il a demandé, en vain, au PE de revoir sa décision. Cette crise constituait en fait une menace pour l'inauguration d'une politique méditerranéenne qui se voulait « rénovée ». Par ailleurs, elle mettait crûment en lumière la dépendance espagnole vis-à-vis de l'accord de pêche conclu entre la Communauté et le Maroc. Enfin, la décision parlementaire apparaissait comme un acte anachronique, eu égard à l'évolution du Maroc en matière de droits de l'homme.

La proposition, par le Gouvernement espagnol (2 mars 1992), d'une révision du cadre des relations avec le Maghreb, constitue un premier signe d'apaisement. Cette idée aboutit à l'adoption par la Commission (30 avril 1992) d'une communication sur « l'avenir des relations entre la Communauté et le Maghreb »[416] qui ouvre la voie au « partenariat euro-maghrébin » basé sur le respect de l'individu, la démocratie politique, le progrès social, le développement économique... Cette communication constituera la première pierre du nouvel édifice qu'est le partenariat euro-méditerranéen. La partie marocaine a demandé un dépassement du cadre des relations - tel qu'il existait à l'époque - vers un système moins paternaliste et moraliste, en bref, plus créateur de richesse directe : c'est là que le concept de la création d'une zone de libre-échange entre les deux partenaires prend naissance. Les négociations sur la pêche ont été liées à l'état d'avancement des discussions sur les accords de troisième génération mettant en place une zone de libre-échange. C'est ainsi, que l'accord de pêche est prorogé du 25 avril 1992 (date d'expiration initialement prévue) au 15 mai 1992 (date de signature du second accord de pêche).

L'approbation parlementaire viendra le 28 octobre 1992, soit neuf mois après le refus d'avis conforme[417]. Cette crise a en fait permis d'amorcer une rénovation bienvenue de l'ensemble des relations entre les deux partenaires (et au-delà entre la Communauté et les pays tiers méditerranéens), en mettant en lumière le « rôle pilote »[418] du Maroc.

Dès 1987, donc, le Parlement européen entend lier l'aide communautaire au respect des principes des droits de l'homme par les pays bénéficiaires de l'argent public européen. C'est le point de départ d'une très importante évolution

---

[416] Voir SEC (92) 401 final.

[417] Voir le point 3.6 du Rapport de la Commission au Conseil et au Parlement européen sur « l'exécution de la coopération financière et technique avec les pays tiers méditerranéens ainsi que la coopération financière intéressant l'ensemble des pays tiers méditerranéens », COM (94) 384, 18.11.1994.

[418] Voir Michael SUTTON, « Euro-Maghreb Partnership : A New Form of Association ? », European Trends, cit. *supra*.

dont nous percevons à peine les premières manifestations aujourd'hui. C'est ainsi que ce principe est devenu une clause conditionnelle insérée dans tous les accords de partenariat entre la Communauté et les PTM.

La conclusion et l'entrée en vigueur des traités de Maastricht, puis d'Amsterdam permettent à la Communauté européenne d'étendre ses compétences au domaine des droits de l'homme, de l'Etat de droit et des libertés fondamentales. De plus, l'extension des pouvoirs parlementaires dans les domaines législatifs, budgétaires, et des droits de l'homme vont aller *crescendo* à chaque révision des traités constitutifs (Maastricht, Amsterdam).

C. L'extension des compétences de la Communauté européenne avec les traités de Maastricht et d'Amsterdam

1. Intégration de la CEDH et de la jurisprudence dans le droit positif communautaire

Jusqu'au traité de Maastricht, la Communauté n'était pas armée juridiquement pour inclure des clauses relatives aux droits de l'homme dans ses accords avec les pays tiers. Le traité de Rome, qui jette en 1957 les bases d'une Communauté économique *stricto sensu*, ne définit en effet pas de politique extérieure commune et ne fait aucune référence aux droits de l'homme. La jurisprudence de la CJCE en matière de droits fondamentaux[419] et de la Cour européenne des droits de l'homme[420] permettait d'avancer dans ce domaine. L'inclusion des droits de l'homme découle en fait de l'extension des compétences de l'Union à l'issue des travaux de la CIG.

En vertu de l'article F§2 du traité de Maastricht, « l'union respecte les droits fondamentaux, tels qu'ils sont garantis par la Convention européenne de sauvegarde des droits de l'homme et des libertés fondamentales, signé à Rome le 4

---

[419] A compter de la ratification de la CEDH par la France (3 mai 1974), la CJCE se réfère de plus en plus à cette dernière : voir pour une première application, CJCE, 28 octobre 1975, *Rutili*, Rec. 1219.
[420] Voir Jean-Pierre MARGUENAUD, « La Cour européenne des droits de l'homme », Coll. Connaissance du Droit, DALLOZ, 1996, pp.35-117.

novembre 1950, et tels qu'ils résultent des traditions constitutionnelles communes aux Etats membres, en tant que principes du droit communautaire ». Le traité de Maastricht intègre la construction prétorienne de la CJCE[421] dans le droit primaire, conférant ainsi aux droits de l'homme la première place au sein de la hiérarchie des normes communautaires. Soulignons que le traité de Maastricht, pas plus que celui d'Amsterdam, n'envisage l'adhésion de la Communauté à la CEDH[422].

Par ailleurs, il est fait référence à la CEDH dans le troisième pilier. L'article K2§1 du traité de Maastricht (§ supprimé dans Amsterdam) soumet le traitement des questions relatives à la politique d'asile et d'immigration ainsi qu'à la coopération judiciaire et douanière au respect de la CEDH - à laquelle il ajoute la convention relative au statut des réfugiés (28 juillet 1951).

2. Intégration des droits de l'homme dans une Politique extérieure et de sécurité commune (PESC)

En vertu de l'article J CE (supprimé dans Amsterdam) « il est institué une politique étrangère et de sécurité commune » dont les objectifs, énoncés à l'article J-1§2 (devenu art. 11 Amsterdam), sont « 1. la sauvegarde des valeurs communes, des intérêts fondamentaux et de l'indépendance de l'Union ; 2. le renforcement de la sécurité de l'Union et de ses Etats membres sous toutes ses formes ; 3. le maintien de la paix et le renforcement de la sécurité internationale, conformément aux principes de la Charte des Nations Unies, ainsi qu'aux principes de l'acte final d'Helsinki et aux objectifs de la Charte de paris ; 4. la promotion de la coopération internationale ; 5. le développement et le renforcement de la démocratie et de l'Etat de droit, ainsi que le respect des droits de l'homme et des libertés fondamentales ».

Ainsi, le second pilier (PESC) institué par le traité de Maastricht constitue désormais un instrument juridique de promotion de la démocratie, de l'Etat de droit et du respect des droits de l'homme et des libertés fondamentales, qui va permettre à l'Union, ainsi qu'à ses Etats membres, d'agir d'un commun accord lorsque les droits de l'homme sont bafoués par un ou plusieurs Etats tiers.

---

[421] Voir pour les arrêts de principes de la CJCE en matière de droits fondamentaux : CJCE, 12 novembre 1969, *Stauder*, Rec. 419 ; CJCE, 17 décembre 1970, *International Handelsgesellshaft*, Rec., p. 1125 ; CJCE, 14 mai 1974, *Nold*, Rec., p. 491.

[422] Voir sur ce point Patrick WACHSMANN, « L'avis 2/94 de la Cour de justice relatif à l'adhésion de la Communauté européenne à la Convention de sauvegarde des droits de l'homme et des libertés fondamentales », RTDE, 32 (3), juill.-sept. 1996, pp. 467-491. Voir également du même auteur, « Le traité d'Amsterdam : les droits de l'homme », RTDE, 33 (4), oct-déc. 1997, 883-902.

C'est ainsi, que le 3ème considérant du règlement MEDA dispose « qu'il est nécessaire de poursuivre les efforts visant à faire de la Méditerranée une région de stabilité politique et de sécurité et que la politique méditerranéenne de la Communauté doit contribuer à la politique générale du développement et de la consolidation de la démocratie et de l'Etat de droit, ainsi qu'à l'objectif du respect des droits de l'homme et des libertés fondamentales et de la promotion des relations de bon voisinage dans le cadre du droit international, du respect de l'intégrité territoriale et des territoires extérieurs des Etats membres et des pays tiers méditerranéens ».

3. La confirmation de la montée en puissance du Parlement européen : MEDA Démocartie

La croisade entreprise par le PE contre ce qu'il appelle le « déficit démocratique » commence en fait dès les années 70... et continue encore aujourd'hui. L'Assemblée européenne ne cesse en effet d'accroître ses pouvoirs à chaque révision des traités constitutifs. Ce mouvement de fond, est l'un des principaux facteurs à l'origine de la conditionnalité politique du respect des droits de l'homme, que cela soit au sein ou en dehors de l'Union.

a) Une lutte de longue haleine contre « le déficit démocratique » de l'Union

L'accroissement des pouvoirs parlementaires est une tendance qui n'a cessé de s'affirmer depuis les année 70, du moins en ce qui concerne ses compétences budgétaires [423]. Dès 1977, le PE faisait adopter par son Président ainsi que ceux du Conseil et de la Commission, une « déclaration commune sur les droits fondamentaux ». L'extension de ses compétences législatives par l'Acte unique va lui permettre d'introduire la conditionnalité des droits de l'homme dans les relations avec les pays tiers (art. 238§2). Les révisions institutionnelles introduites vont accroître les pouvoirs parlementaires dans les domaines législatifs et des droits de l'homme. Ainsi, le traité de Maastricht introduit la codécision (art. 189 B), l'extension du droit de pétition à tous les résidents d'un Etat membre (art. 138 D); l'institution du médiateur (art. 138 E), et la constitution de commissions d'enquête (art. 138 C). Dans la même voie, le traité d'Amsterdam prévoit une extension du domaine d'application de la procédure de codécision (art 225) ainsi qu'un droit d'accès aux documents de la troïka par les citoyens ou les simples résidents.

---

[423] Voir *supra,* chap. II, section I, B. , 1., « Une lutte de pouvoirs entre le Parlement européen et le Conseil en matière budgétaire ».

b) La création d'une ligne budgétaire distincte « MEDA Démocratie »

L'importance de la clause des droits de l'homme et des libertés fondamentales au sein du règlement MEDA, est mise en lumière par l'inclusion, à la demande du Parlement européen, d'une ligne budgétaire supplémentaire : MEDA Démocratie.

La création de cette nouvelle ligne budgétaire conforte la thèse selon laquelle les changements intervenus dans la coopération financière entre l'Union européenne et les PTM répondent à un nouvel équilibre des pouvoirs entre les institutions européennes au profit du Parlement.

MEDA Démocratie couvre quatre domaines d'intervention : les droits politiques (démocratie, état de droit...), les droits civils (liberté d'expression, liberté de réunion et d'association, autres...), les droits socio-économiques (appuis aux syndicats) et la protection de groupes cibles ou des minorités (intégration des femmes dans la vie politique, enfants, réfugiés, minorités, victimes de la torture et prisonniers).

MEDA Démocratie a permis de financer 62 projets pour un total de 9 MECU en 1996. 90% de l'enveloppe a bénéficié au Machrek contre 10% au Maghreb. Le Maroc a reçu 400 000 ECU pour financer deux projets[424] en 1996 contre un montant total de 3 MECU pour 11 projets en 1997, ce qui dénote un intérêt croissant pour cette ligne de crédit. Ce montant a profité à trois associations, deux ministères et un syndicat[425].

Cette condition politique du respect des droits de l'homme, de la démocratie et de l'Etat de droit est la conséquence logique de l'évolution de la situation interne et internationale. L'évolution interne confirme une montée en puissance du Parlement européen dans sa quête de reconnaissance en tant qu'institution à part entière. Cette institution, qui lutte contre « le déficit démocratique » au sein de l'Union, a toujours œuvré pour un accroissement de ces pouvoirs. Notons à ce propos que l'affaiblissement, puis la démission en bloc de la

---

[424] L'Economiste, jeudi 10 avril 1997, p. 21.

[425] Les associations Alternatives (université d'hiver sur la démocratie et le développement), Afak (programme radiophonique d'éducation pour le développement et la citoyenneté), Association Démocratique des femmes du Maroc (formation civique); les ministères de la Justice (actions dans le domaine sanitaire et socioprofessionnel en milieu carcéral) et des droits de l'homme (promotion des droits de l'homme et de l'enfant) ; un syndicat, la CDT (cinq séminaires de formation des formateurs syndicaux et un séminaire sur la presse syndicale), L'Economiste, jeudi 12 février 1998, p. 37.

Commission SANTER en mars 1999[426], suite à des allégations de collusion, fraude et népotisme, est une confirmation historique de cet état de fait.

De plus, il semblerait que l'arrivée de nouveaux membres en 1995, à culture plus démocratique[427], ait grandement favorisé l'introduction d'une certaine dose de moralisme scandinave dans la conduite (plus rigoureuse et plus transparente) des « affaires européennes » sur les plans internes et internationaux (en l'occurrence en matière de coopération au développement avec les pays tiers).

L'évolution de la situation internationale, depuis 1989, a elle aussi une importance fondamentale. A un système bipolaire issu de la seconde guerre mondiale, succède aujourd'hui un contexte mondial marqué par la prééminence des Etats Unis, contestés il est vrai par la Chine. L'heure est à la rigueur, par le biais notamment des programmes d'ajustement sous contrôle des organismes financiers internationaux, et les alliés nombreux ; rien ne justifie donc que les violations massives des droits de l'homme soient passées sous silence. Dans ce nouveau contexte international, les alliés politiques sont nombreux - beaucoup plus qu'au temps de la guerre froide - et l'argent se fait plus rare.

Cela prouve aussi, et c'est peut-être là limite de la portée de ce type de clause, que les droits de l'homme sont un instrument politique, donc, controversés.

§3. Droits de l'homme et aide financière : un lien controversé

A. Un instrument de politique internationale des Etats

L'invocation par un Etat ou une Organisation internationale, d'une violation des droits de l'homme par un autre Etat, est généralement perçue (par l'Etat en question) au mieux, comme une ingérence dans les affaires intérieures, au pire comme une tentative de déstabilisation du régime.

Les Etats ont tendance à répondre aux critiques portant sur le non-respect des droits de l'homme qu'ils sont souverains et que, par conséquent, toute critique de la part d'un Etat ou groupe d'Etats s'apparente à de l'ingérence. Il faut en effet

[426] The Economist, « The crisis in Brussels : Europe has to scratch its head », March 20th-26th 1999, pp. 19-29.

[427] Les pays nordiques sont à l'origine de l'article 255 du traité d'Amsterdam qui institue un droit d'accès aux documents émanant de la Commission, du Conseil ou du Parlement, pour tout citoyen ou résident de l'Union.

rappeler à ce propos, que l'article 2§1 de la Charte des Nations Unies dispose que « l'Organisation (des Nations Unies) est fondée sur le principe de l'égalité souveraine de tous ses Etats membres ».

Les droits de l'homme, en tant que droit international, constituent en fait un domaine extrêmement sensible[428], objet de nombreuses manipulations de part et d'autre. Il existe en effet une ambiguïté propre aux droits de l'homme. La publicité négative faite à tel ou tel pays concernant sa conduite en matière de respect des droits de l'homme peut se révéler très nocive pour ces mêmes droits de l'homme qu'elle est censée promouvoir. Cette ambiguïté est soulignée par Frédéric SUDRE lorsqu'il souligne « l'ambivalence des droits de l'homme (qui) explique le décalage existant tout particulièrement au plan de l'organisation universelle entre les objectifs proclamés par les Etats (le respect des droits de l'homme) et les objectifs réellement poursuivis par leur politique étrangère »[429].

Par leur nature, les droits de l'homme sont à l'évidence un élément d'une importance fondamentale, et ce dans toute société peu importe les différences culturelles[430]. Les droits de l'homme sont en effet attachés à la qualité d'être humain ; ainsi, il existe des droits individuels intangibles, susceptibles d'aucune dérogation :

1) le droit à la vie ;
2) le droit de ne pas être torturé ni de subir de traitements inhumains ou dégradants ;
3) l'interdiction de l'esclavage et de la servitude ;
4) la non-rétroactivité de la loi pénale.

Ces droits sont reconnus par le Pacte international des droits civils et politiques et la CEDH en tant que droits intangibles. En dehors de ce « noyau dur », les droits de l'homme sont des droits conditionnels, donc susceptibles de contrôle de la part de l'Etat[431].

Mais, l'utilisation des droits de l'homme en tant qu'instrument de politique internationale, c'est-à-dire comme vecteur d'offensive idéologique, pose de graves problèmes pratiques, éthiques et politiques. Dans certains cas, cette

---

[428] Voir The Economist, « A survey of Human-rights law/The world is watching », December 5th-11th 1998, après la p. 70.

[429] Voir Frédéric SUDRE, Droit international et européen des droits de l'homme, pp. 35-53, cit. *supra*

[430] Pour une argumentation sur la relativité en matière de droits de l'homme, voir Samuel P. HUNTINGTON, Le choc des civilisations, cit. *supra*.

[431] Voir sur ce point Frédéric SUDRE, Droit international et européen des droits de l'homme, pp. 135-253, cit. *supra*.

instrumentalisation des droits de l'homme aurait tendance à desservir ces droits. Ainsi, lorsque des dirigeants politiques occidentaux se rendent en Chine en vue d'obtenir l'ouverture d'un marché de plus d'un milliard de consommateurs, ils ont l'habitude « d'évoquer », avec leurs homologues chinois, la question des droits de l'homme par le biais de la remise d'une liste de prisonniers politiques. Il est de coutume, que l'équipe en place à Pékin fasse arrêter et condamner des « dissidents » au moment de la remise de cette fameuse liste.

B. Parallèle avec l'inclusion d'une « clause sociale » dans le cadre de l'OMC

Il est possible de faire un parallèle avec le débat - qui a resurgi lors des négociations sur le cycle d'Uruguay[432] sous la pression des Etats Unis, de la France et des Confédérations internationales des syndicats libres[433] - sur l'inclusion ou non d'une clause sociale dans les négociations sur la libéralisation du commerce mondial. Quel rapport existe-t-il entre le commerce mondial et le respect des normes sociales ? Et s'il existe effectivement un rapport ne serait ce pas un instrument pour mettre à l'index des Etats dont le seul avantage comparatif consiste en de faibles coûts salariaux ? Empêcher ces pays d'exporter au prétexte - certes louable - qu'ils ne respectent pas les standards minimaux en matière de droit du travail, et qu'ils font par la même occasion de la concurrence déloyale aux pays qui eux respectent ces standards, permet-il de rendre ces standards réellement effectifs ? Ou au contraire un enfant qui ne travaille plus pour gagner sa vie - et souvent celle de sa famille - retrouve-t-il automatiquement le chemin de l'école ?[434]

Le débat sur la « clause sociale » a porté sur l'inclusion dans l'accord OMC de certains droits fondamentaux - déjà garantis par les conventions OIT- tels que l'abolition du travail forcé[435], l'interdiction de l'exploitation commerciale du

---

[432] Dès les origines du GATT, le souci de respecter un minimum de normes dans le domaine du travail était présent. Ainsi, la Charte de la Havane de 1948 prévoyait, en son chapitre II intitulé « l'emploi et l'activité économique », le respect de normes de travail équitables. On connaît la suite, seule la partie IV entrera en vigueur sous la forme du GATT.

[433] Voir, « Les droits internationaux des travailleurs et le commerce : le besoin d'un dialogue », Confédération internationale des syndicats libres, in cours de DEA Droit international économique/les institutions économiques internationales, M. Rainer GEIGER, janvier 1995.

[434] The Economist, « Suffer the little children's goods », 14th August 1993, pp. 18-20. Les rédacteurs de cet article soutiennent que : « un enfant qui ne travaillerait plus dans une industrie exportatrice, irait soit dans une industrie qui produit pour le marché local, ou pire, vers la mendicité, la prostitution infantile ou vers toute autre « opportunité » ouverte aux enfants des plus démunis... ».

[435] Voir les Conventions no. 29 et 105.

travail des enfants[436], l'absence de discrimination dans l'emploi et l'égalité de rémunération pour un travail de valeur égal[437], et le droit à la liberté syndicale et à la négociation collective[438]. L'approche retenue lors des discussions sur la clause sociale mettait en lumière l'ambiguïté de la problématique entre, d'une part, une approche de protection des droits de l'homme (au travail) et, d'autre part, une approche commerciale internationale (« dumping » social)[439]. Pour les uns, il s'agit de définir des normes fondamentales intangibles (dans le domaine du travail), tandis que pour les autres, l'introduction d'un tel instrument au sein de l'OMC devrait permettre l'application de mesures de sauvegarde à l'égard des importations des pays dont l'un des seuls avantages comparatifs est le faible coût de main d'œuvre salariale.

Nous nous trouvons bien là, dans une hypothèse similaire à celle de la clause suspensive des droits de l'homme du règlement MEDA et de l'accord euro-méditerranéen d'association. Les droits fondamentaux en matière de travail constituent, et cela nous paraît indiscutable sur le principe, des objectifs vers lesquels devrait tendre toute société, et ce, quel que soit son degré de développement. L'amélioration des conditions de travailleurs des NPI, des PED ou des PMA est un objectif louable et respectable. Ce qui est plus gênant, c'est l'instrumentalisation des droits fondamentaux du travail dans les relations interétatiques : cela revient à imposer des mesures protectionnistes à des pays qui vivent de l'exportation, au risque de les appauvrir encore plus. Ce qui n'est pas la meilleure solution, loin s'en faut, pour promouvoir et garantir ces droits.

Dans le même ordre d'idée, un Etat qui se voit infliger une suspension de la coopération financière au motif qu'il ne respecte pas les droits de l'homme et les libertés fondamentales devient-il plus démocratique ? Ou au contraire n'a-t-il pas tendance - au moins dans un premier temps - à se draper dans sa souveraineté au risque de s'isoler dangereusement sur la scène internationale ? Bien entendu, il peut adopter tout un arsenal législatif et réglementaire garantissant la démocratie et l'Etat de droit, mais les droits de l'homme, comme les droits fondamentaux en matière de travail, ne se consolident effectivement qu'avec l'accroissement réel du niveau de vie.

---

[436] Voir la Convention no. 138.
[437] Voir les Conventions no. 111 et 100.
[438] Voir les Conventions no. 87 et 98.
[439] Voir Dominique CARREAU, Patrick JUILLARD, Droit International Economique,1998, pp. 192-199.

Pour conclure sur la conditionnalité politique de la coopération financière, nous pensons que « l'ajustement démocratique »[440] impulsé par le programme MEDA est un pas important dans l'optique d'une relation d'association portant sur le domaine politique (il existe dans ce domaine, rappelons le, un dialogue régulier), économicofinancier et socioculturel.

Toutefois, cette clause au contenu politique et idéologique extrêmement fort, ne devrait être actionnée que dans des cas d'extrême gravité. Il ne faudrait pas, par exemple, que cet « élément essentiel » du partenariat soit une épée de Damoclès sur la tête de régimes politiques en proie à de nombreuses difficultés sociales ainsi qu'à une virulente contestation interne de type religieux. A ce propos, rappelons qu'il existe des choix de civilisation à la base de tout contrat, et l'adhésion marocaine au processus de Barcelone ainsi qu'à l'accord euro-méditerranéen d'association en est un. L'application aveugle d'un « couperet droit de l'homme » pourrait remettre à terme les difficiles équilibres auxquels sont parvenus aujourd'hui de nombreux PTM.

Il ne faudrait pas que les institutions européennes, et surtout le Parlement qui poursuit sa quête légitime de reconnaissance, oublient cette réalité à l'avenir.

Aux conditions politiques étudiées ci-dessus, MEDA ajoute des conditions macro-économiques. Désormais, l'appui européen est conditionné par les progrès accomplis dans le cadre des réformes des structures économiques et sociales.

Section II. Les conditions macro-économiques : les réformes dans le cadre de l'ajustement structurel

La seconde condition posée par le règlement MEDA est d'ordre macro-économique. La coopération financière entre l'Union européenne et le Maroc (et les autres PTM) est conditionnée par le résultat : l'allocation des fonds doit se faire dans le cadre plus large de l'ajustement structurel entrepris par le pays bénéficiaire. Le critère des progrès accomplis dans la réforme est donc déterminant dans l'orientation de l'appui communautaire.

§1. Les critères de sélection des projets MEDA

Il s'agit pour la Commission européenne de mettre en œuvre une batterie de critères pour sélectionner les projets qui permettront d'atteindre les objectifs

---

[440] Terme utilisé par le Parlement européen au point 8 de sa résolution du 22 novembre 1991, cit. *supra*.

généraux du partenariat, à savoir contribuer à des initiatives d'intérêt commun dans la stabilité politique, la démocratie, la mise en œuvre d'une zone de libre-échange, le développement économique et social, et la dimension humaine et culturelle.

En vertu de l'article 5 du règlement MEDA, « les mesures à financer (...) font l'objet d'une sélection » qui repose sur cinq critères d'inégale importance :

1. les priorités des bénéficiaires ;
2. l'évolution de leurs besoins ;
3. leur capacité d'absorption de l'enveloppe financière attribuée ;
4. les progrès accomplis dans les réformes structurelles ;
5. l'évaluation de la capacité de ces mesures à atteindre les objectifs poursuivis par l'appui communautaire.

Les priorités des bénéficiaires et l'évolution de leurs besoins, sont deux critères qui découlent du dialogue économique régulier entre les Gouvernements des PTM et l'Union européenne. Concrètement, le pays bénéficiaire établit un programme indicatif avec la Commission dans lequel sont définies les priorités en matière économique et sociale, et, posées les prévisions des besoins du pays. Les orientations des programmes économiques sont donc arrêtées d'un commun accord avec les partenaires méditerranéens, et sont « adoptées par le Conseil statuant à la majorité qualifiée, sur proposition de la Commission » en vertu de l'article 9§1 du règlement MEDA. La Commission transmet sa programmation financière d'ensemble. Celle-ci est constituée du montant de tous les programmes indicatifs confondus (bilatéraux et régionaux) et de la répartition par pays bénéficiaires et secteurs prioritaires.

La capacité d'absorption financière, les progrès accomplis en matière de réformes socio-économiques et l'évaluation de la capacité de ces mesures à atteindre les objectifs poursuivis par l'appui communautaire sont les critères les plus contraignants. Ils constituent en fait le cœur de la conditionnalité macro-économique de la coopération financière. Il s'agit là de la véritable conditionnalité macro-économique du programme MEDA qui donne à l'Union européenne le pouvoir de contrôler l'affectation des crédits ainsi que le résultat obtenu.

Le critère de la capacité d'absorption est une « prime à la bonne gestion »[441]. Ce critère introduit un certain degré de compétition[442] entre les

---

[441] Entretien avec M. Louis-Luc CAMIER, Commission européenne, Bruxelles le 26.01.96.

[442] Voir L'Economiste du jeudi 27 décembre 1996 dans lequel Lucio GUERRATO, Chef de la Délégation de l'Union européenne à Rabat, précise que « l'appel des fonds MEDA reste une course contre la montre où le premier arrivé est le premier servi ».

bénéficiaires : les pays qui n'auront pas absorbé toute l'enveloppe qui leur a été allouée verront ce surplus bénéficier à ceux qui ont une meilleure capacité d'absorption et donc une meilleure gestion des crédits et des dons.

Le critère des progrès accomplis sur la voie des réformes place l'ajustement au cœur du système MEDA. Le Conseil a donné des précisions à la Commission sur la flexibilité de l'instrument MEDA qui doit pouvoir s'adapter « en fonction des leçons tirées de son application et de l'évolution des besoins et de priorités des partenaires (...). En particulier, il convient de garder un degré de souplesse suffisant afin d'adapter les aides financières au rythme des réformes et aux progrès accomplis dans la voie de la stabilisation macro-économique ».

Il s'agit de mesures d'accompagnement financières et techniques à la réforme des structures économiques et sociales. MEDA s'écarte du schéma classique de l'aide au développement ; l'objectif final étant d'assurer la stabilité et la prospérité de la région méditerranéenne, il est donc nécessaire de réformer les structures économiques, sociales et administratives[443]. Tout processus de réformes rencontre de fortes résistances de la part de ceux qui sont directement ou potentiellement menacés par la perte des privilèges. Quid des pays qui ne s'engageraient pas sur la voie des réformes, ou qui s'y engageraient de manière peu convaincante ? Ainsi, dans le cadre de ses relations avec les PECO, la Commission européenne a privé la Pologne de 34 MECU au titre du programme PHARE[444], en raison d une préparation technique insuffisante de 14 projets. Ce précédent polonais, justifié par des raisons « techniques », doit être pris très au sérieux du côté méditerranéen. Il est clair que l'Union européenne entend donner tout son sens au critère des progrès accomplis sur la voie des réformes. Et ces progrès commencent par des projets bien ficelés !

Enfin, le cinquième critère est un test de proportionnalité, qui permet de corriger les choix à la lumière des principes et objectifs du règlement et de l'accord d'association. L'introduction d'un critère de proportionnalité entre les objectifs poursuivis et les moyens mis en œuvre permet d'introduire de la souplesse dans la mise en oeuvre effective de la coopération financière.

Avec l'ajustement démocratique, introduit par la clause des droits de l'homme et des libertés fondamentales, l'ajustement structurel apparaît comme la grande nouveauté de la coopération financière introduite par MEDA.

---

443 Voir plus précisément le 6ème considérant du règlement MEDA : « considérant qu'il est donc nécessaire de soutenir les efforts entrepris ou à entreprendre par les partenaires méditerranéens en vue de réformer leurs structures économiques, sociales et administratives ».

444 Le Monde, « Bruxelles lance un avertissement avec frais à la Pologne », mardi 16 juin 1998, p. 18.

§2. Le programme indicatif bilatéral entre l'Union européenne et le Maroc

La programmation indicative permet de définir les secteurs prioritaires d'intervention, les principaux objectifs, les lignes directrices, les éléments d'évaluation de ces actions, et les montants indicatifs globaux et par secteurs. Ces programmes sont arrêtés en fonction des besoins du pays bénéficiaire, de sa capacité d'absorption, des progrès accomplis dans la voie des réformes structurelles, et des priorités fixées avec l'Union européenne.

Les programmes indicatifs, qui ont pour fonction première de renforcer l'efficacité de la planification ainsi que de la mise en œuvre, sont établis pour une durée de trois ans modifiable chaque année. Ils sont élaborés avec la BEI, en tenant compte du dialogue économique régulier entre l'Union européenne et les PTM. En effet, les programmes doivent tenir compte des caractéristiques de chaque économie.[445] Dans sa décision du 6 décembre 1996, le Conseil indique à la Commission qu'il faut tenir compte, lors de l'établissement des priorités, de deux paramètres que sont l'état de développement socio-économique de chaque pays et la capacité de ses institutions.

Pour les PTM, la programmation doit permettre une meilleure lisibilité en permettant de connaître, d'une part, le montant de l'enveloppe disponible sur trois années, et, d'autre part, les projets qui bénéficieront de l'appui communautaire. Ceci oblige les pays bénéficiaires à recourir à une sorte de plan de développement triennal. Cette programmation par secteur est « un facteur positif, qui améliore la lisibilité ainsi que la cohérence de l'ensemble des actions »[446].

Conformément aux indications du Conseil, le programme indicatif bilatéral entre le Maroc et l'Union européenne reprend les deux axes principaux d'intervention que sont l'appui à l'équilibre socio-économique et l'appui à la transition économique.

1. L'aide à la transition économique (dans un contexte de mise en œuvre de la zone de libre-échange) doit avoir lieu sous deux formes :

- un appui direct au budget de l'Etat marocain, pour permettre à ce dernier de mener une politique de stabilisation macro-économique et de réformes structurelles ;
- des mesures d'appui à la mise à niveau des entreprises marocaines pour faire face à l'établissement progressif du libre-échange;

---

[445] Voir le point 7 i) de la Décision, cit. *supra*.

[446] Entretien avec M. Abdeljalil SAUBRY, Conseiller économique à la Représentation du Royaume du Maroc auprès de la Commission européenne, Bruxelles le 23.10.96.

2. l'amélioration de l'équilibre socio-économique se concrétise par des mesures d'appui dans les domaines de base comme la santé, l'éducation, l'eau potable, et le développement du monde rural.

A titre comparatif, l'aide en faveur des deux autres pays du Maghreb devra s'effectuer selon les mêmes axes directeurs évoqués ci-dessus. Seules les rubriques diffèrent. Ainsi pour la Tunisie, l'aide à la transition économique se traduira par un appui budgétaire aux réformes économiques, des aides à la modernisation des infrastructures et un encouragement aux investissements internes. Les appuis au monde rural et à la création de micro-entreprises seront les priorités de la partie sociale.

En Algérie, priorité sera donnée au Programme d'ajustement structurel, à la création de PME, à la modernisation industrielle et à la réforme du système financier tandis que le volet social devra se traduire par des appuis aux besoins fondamentaux tels que l'emploi, le social et le logement.

Le montant indicatif de la programmation sur la période 1996-1998 porte sur un montant de 450 MECU[447], soit environ 5 milliards de DH. A cette somme devrait s'ajouter un montant équivalent, sous forme de prêts de la BEI.

A. L'ajustement des structures économiques : l'appui au processus de transition économique

L'appui à la transition économique doit porter sur un montant indicatif de 216 MECU pour la période 1996-1998 (soit 48% des fonds programmés). L'objectif de cet appui est de favoriser la transition économique la plus douce possible, en vue de l'établissement d'une zone de libre-échange. Deux axes d'intervention ont été sélectionnés par la Commission européenne : l'appui aux programmes d'ajustement structurel (sous la forme d'un appui direct au budget marocain) et l'appui à la transition économique.

---

[447] Voir le Communiqué de Presse de la Délégation de l'Union européenne au Royaume du Maroc à l'occasion de la visite du Vice-Président de la Commission européenne Manuel MARIN, Rabat le 05.04.96.

1. L'appui à l'ajustement structurel : l'aide budgétaire directe

L'appui à l'ajustement structurel n'est pas une innovation du programme MEDA. Le principe d'une aide à l'ajustement structurel a été introduit pour la première fois par l'article 23§2 al. 3 de la convention de Lomé IV[448]. C'est à l'occasion de la Politique méditerranéenne rénovée[449] que la Communauté transpose son expérience ACP aux pays tiers méditerranéens. Toutefois, le programme MEDA constitue un changement de nature en matière d'appui à l'ajustement. A un appui sous forme d'aide aux importations (sous la PMR) se substitue désormais un appui direct au budget.

L'objectif de cet appui est de rétablir « les grands équilibres financiers et créer un environnement propice à l'accélération de la croissance » et de juguler « les effets négatifs que le processus d'ajustement structurel peut avoir sur le plan social et de l'emploi, notamment sur les groupes défavorisés de la population »[450].

a) Un appui soumis aux critères d'éligibilité

Pour bénéficier d'une facilité d'ajustement structurel (FAS), l'Etat doit remplir deux critères, dits d'éligibilité. Il doit, d'une part, être en cours de programme d'ajustement structurel du FMI et/ou de la Banque Mondiale. L'appui à l'ajustement structurel est conçu avec le Gouvernement marocain, puis mis en œuvre en coordination avec le FMI et la Banque Mondiale conformément au règlement MEDA. L'article 4§1 du dit règlement dispose en effet que « la Commission encourage la coordination et la coopération avec les institutions financières internationales, les programmes de coopération des Nations Unies et les autres donateurs ».

L'Etat doit, d'autre part, remplir des conditions d'ordre macro-économique, telles que le niveau d'endettement et des charges du service de la dette, la situation de la balance des paiements, les disponibilités de devises, la situation budgétaire et monétaire. Ces critères - indiqués à l'annexe II du Règlement MEDA- sont en fait une transposition de l'article 3§2 du Règlement

---

[448] Voir Philippe HUGON, « La coopération commerciale financière et monétaire et l'appui de l'Union européenne aux ACP : quelle perspective ? », in Géo-économie de la coopération européenne/De Yaoundé à Barcelone, Coll. Economies en Développement Editions Maisonneuve & Larose, Paris, janvier 1999, pp. 31-48.
[449] Voir l'article 3 du Règlement CEE no. 1762/92, cit. *supra*.
[450] Voir l'annexe II/I/b) du Règlement MEDA, cit. *supra*.

CEE no. 1762/92 qui a introduit l'appui à l'ajustement structurel pour les pays méditerranéens.

Cet appui étant conditionné par ces critères d'éligibilité, seul un nombre restreint de PTM en bénéficie réellement. Ainsi, l'Algérie, le Maroc, la Jordanie et la Tunisie ont bénéficié de la facilité au titre du programme MEDA (tableau ci-dessous).

b) Un appui à déboursement rapide

Une des caractéristiques principales de la FAS est le déboursement rapide afin d'apporter un appui immédiat à la balance des paiements du pays bénéficiaire. Toutefois, cette caractéristique de « déboursement rapide » n'exonère pas le pays bénéficiaire de mettre en œuvre des réformes dans le domaine de sa politique économique.

Cette conditionnalité se traduit dans la pratique par un déboursement par tranche, donc, moins rapide que prévu. Car la libération de la tranche suivante n'a lieu que dans l'hypothèse où l'Etat bénéficiaire remplit les conditions de réformes de sa politique économique. Ainsi, la FAS dont a bénéficié le Maroc au titre du programme MEDA, pour un montant total de 120 MECU, a été répartie en trois tranches de 30, 40, et 50 MECU (tableau ci-dessus). La libération de la première tranche de 30 MECU en 1997 a été conditionnée par l'élaboration, par le Ministère des Finances et des Investissements Extérieurs, d'un programme d'actions concernant la stratégie à moyen terme, le développement des ressources humaines, les finances publiques, le secteur financier, le secteur privé et la politique de change. Cette FAS a été approuvée par la Commission en 1996[451], or, seule la première tranche a été payée à la fin 1997. A titre de comparaison, la Tunisie et la Jordanie qui ont été plus rapides dans la réforme de leurs politiques économique, ont bénéficié à ce titre d'un déboursement complet du programme (100 MECU chacun) à la fin 1997.

[451] Voir Rapid, la base de données en ligne du Service du porte-parole de la Commission européenne, édition du 10.12.96, « La Commission approuve la Facilité d'Ajustement Structurel pour le Maroc-120 MECU », *http ://www.cc.cec/rapid/doc9.htm*

Tableau : L'appui à l'ajustement structurel dans le programme MEDA

	Année d'adoption	Montant en MECU	Situation fin 1997
Maroc	1996	120	1ère tranche 30 MECU payée en 1997.
Algérie	1996	125*	Dialogue sur les mesures à prendre en cours. 1ère tranche non déboursée.
Jordanie	1996	100	Programme terminé : 1ère tranche de 60 MECU payée en 1996 ; 2ème tranche de 40 MECU payée en 1997.
Tunisie	1996	100	Programme terminé : 1ère tranche de 40 MECU payée en 1996 ; 2ème tranche de 60 MECU en 1997.

*dont 95 MECU provenant des protocoles financiers bilatéraux.
Source : Mise en œuvre du programme MEDA/Rapport 1996-1997, COM (1998) 524 final, cit. *supra.*

Sous la PMR, les devises étaient transférées au pays bénéficiaire afin qu'il puisse importer des marchandises. La condition préalable était de remplir les conditions de décaissement. MEDA constitue une simplification de l'ancien système : les fonds ne servent plus à financer des programmes d'importations, mais sont directement transférés au budget de l'Etat bénéficiaire. Ceci a été rendu possible par les progrès des PTM sur la voie de la libre convertibilité monétaire. Le Maroc connaît une situation de libre convertibilité partielle depuis 1993.

L'ajustement structurel entrepris par le Maroc doit se poursuivre dans l'optique de la zone de libre-échange qui constitue elle-même le volet économique de l'ajustement, puisqu'elle devrait permettre à terme de libéraliser les échanges extérieurs et de déréguler l'ensemble de l'économie. Cet ajustement est la condition *sine qua non* d'un retour à la croissance économique mais il n'est pas, loin s'en faut, suffisant. C'est pour cela qu'il existe un second axe d'intervention de l'Union dans le domaine de la transition économique.

2. L'appui à la mise à niveau des entreprises

a) Un appui dans le cadre de l'ajustement économique qu'est la ZLE

En vertu de l'annexe II/1/a) du Règlement MEDA, cet appui porte sur la création d'emplois et le développement du secteur privé en particulier l'amélioration de l'environnement des entreprises et le soutien des petites et moyennes entreprises, la promotion de l'investissement et la mise à niveau des infrastructures économiques. L'appui à la mise à niveau des entreprises doit permettre, à terme, au tissu industriel marocain de supporter le choc de la déprotection du marché domestique dans le cadre de la libéralisation des échanges commerciaux.

Nous retrouvons là une des préoccupations majeures de la Commission européenne en matière d'ajustement. L'ajustement structurel appliqué depuis la décennie 80 par de nombreux pays privilégie les seuls critères macro-économiques *stricto sensu* au détriment du développement économique, d'où les effets très controversés de ces programmes sur la croissance économique (surtout en ce qui concerne les pays africains les plus pauvres).

C'est donc dans une optique globalisante, que l'approche européenne de l'ajustement prend en compte le développement économique des pays engagés dans de tels programmes. La philosophie MEDA est en fait entièrement tournée vers l'approche communautaire de l'ajustement. Rétablir les équilibres macro-économiques du Maroc en laissant de côté le volet économique en général, et surtout le monde de l'entreprise en particulier, serait faire preuve d'une incohérence complète.

b) Le contenu de cet appui

Ce programme d'appui à l'entreprise privée a été arrêté sur la base des discussions entre les partenaires économiques concernés, le Gouvernement marocain et la Commission européenne[452]. Ces diverses consultations ont abouti à un programme composé d'une dizaine d'actions[453] devant être mises en œuvre dans le cadre du financement sur la période 1996-1998.

---

[452] Cette concertation est un processus permanent entre les partenaires privés, le Gouvernement marocain, la BEI (qui possède un statut d'observateur) et la Commission européenne dans le cadre du Comité de mise à niveau.

[453] Document de la Délégation de l'Union européenne au Royaume du Maroc, « Maroc Union européenne/ Programme d'appui au secteur privé », Rabat le 4 décembre 1996.

i) Micro entreprises et mécanismes de garantie

Pour que le processus de mise à niveau soit mené à son terme, il est impératif pour les PME marocaines de pouvoir bénéficier de financements bancaires. C'est dans cette optique que la contrainte des mécanismes de garantie fera l'objet d'un traitement particulier au travers d'une enveloppe de 30 MECU.

ii) Les micro-crédits

Cet appui de 10 MECU à la micro-entreprise doit permettre une assistance technique ainsi qu'un accès au financement.

iii) La normalisation et la qualité

Ce projet (15 MECU) doit permettre au Maroc de se doter d'un système de certification aux normes européennes (normes ISO par exemple). La normalisation/qualité est un problème de première importance pour l'entreprise marocaine, car c'est une composante de la compétitivité. Priorité est donc donnée à la création d'instituts indépendants de normalisation et de centres techniques habilités à fournir un diagnostic aux entreprises[454]. Quatre centres techniques (industries métalliques, mécaniques et électriques, la construction, l'alimentaire et le textile) sont en cours de réalisation[455].

iv) Les appuis techniques aux associations professionnelles

Cette action portant sur une enveloppe de 5 MECU a pour objectif l'amélioration des services fournis par les associations professionnelles aux entreprises.

v) Les zones industrielles

Le projet relatif aux zones industrielles est nouveau par rapport au programme indicatif arrêté initialement. Il remplace les appuis techniques à la

---

[454] Entretien avec M. Abdellah NEJJAR, Directeur de la Normalisation et de la Qualité au Ministère du Commerce, de l'Industrie et de l'Artisanat, Rabat le 24. 08.96.

[455] La Vie Economique, vendredi 5 décembre 1997, p. 32.

- Sur les normes en général, voir L'Economiste, « Les Cahiers du Management/Dossier Qualité », jeudi 4 décembre 1997.

promotion des investissements et à la promotion des exportations[456]. Ce projet d'infrastructures industrielles, qui porte sur 12 MECU, devrait concerner quatre zones : Tanger et Nador pour la région Nord, El Jadida et Nouasseur pour la région du Centre.

vi) Le centre Euro Maroc entreprise

Cette action est programmée hors ligne budgétaire MEDA. Le Centre Euro Maroc Entreprise dispose d'une enveloppe de 23 MECU, dont 6,4 MECU en frais de fonctionnement (contre 15,5 en fonds opérationnels). L'Union européenne devrait assurer le financement intégral du Centre pour une durée de cinq ans. Euro Maroc Entreprise devra fournir des services aux entreprises dans les domaines du diagnostic préalable, du plan de développement, du plan financier et de la mise en relation avec les organismes financiers, de la recherche de partenaires, et de développement d'associations d'entreprises.

vii) Les capitaux à risques

Le capital risque est un instrument de financement des entreprises. Il est géré par la BEI qui accorde 45 MECU sur la période 1996-1998.

viii) La formation professionnelle

Ce projet concerne la formation technique ainsi que la formation professionnelle pour un budget total de 38 MECU. Cette action a pour objectif la mise à niveau de la formation en vue de préparer les jeunes au marché du travail.

La stabilisation à court terme des PAS ne doit pas nuire au développement social. Or c'est précisément ce qui s'est passé dans tous les pays sous ajustement depuis la décennie 80. L'approche communautaire en matière d'ajustement intègre aussi l'aspect social, car l'application des programmes d'ajustement structurel se fait toujours au détriment des dépenses publiques. La première phase (la seconde, étant l'ajustement à proprement parlé), dite de la stabilisation, met en œuvre des politiques de réduction de la demande qui se traduisent par des réductions drastiques des dépenses publiques aggravées par un alourdissement de la fiscalité.

C'est dans cette logique que le second axe d'intervention du programme MEDA est dédié à l'appui à un meilleur équilibre socio-économique.

---

[456] Entretien avec M. SKALLI, Assistant à la Délégation de l'Union européenne au Maroc, Rabat le 16.05.1997.

B. L'ajustement des structures sociales : l'appui à un meilleur équilibre socio-économique

1. La correction des aspects négatifs des programmes d'ajustement structurel

La fin des années 80 est marquée par une mauvaise conjoncture économique dans les PTM : une dette extérieure globale de 200 milliards de $ US, un déficit budgétaire chronique, une croissance faible, un niveau de chômage élevé et un niveau de l'épargne domestique insuffisant. Face à cette situation, une majorité de pays de la zone a engagé des programmes d'ajustement structurel sous l'égide de la Banque Mondiale et du FMI. Le Maroc n'échappe pas à la règle et se retrouve dès 1983 en cessation des paiements[457]. Il faut tout de même attendre une décennie pour que la Communauté mette en œuvre un instrument d'appui officiel à l'ajustement structurel dans les PTM. Le principe de l'appui à l'ajustement a été introduit par la PMR. C'est ainsi que le règlement no. 1762/92 du Conseil[458], fixait les modalités et les règles de gestion de l'appui à l'ajustement pour les pays tiers méditerranéens.

Dans leur mise en œuvre, ces programmes d'appui devaient être adaptés à la situation du pays bénéficiaire ainsi qu'aux conditions économiques et sociales. Ils devaient par ailleurs pallier les effets indésirables des programmes d'ajustement structurel (PAS) sur les groupes sociaux les plus défavorisés au niveau de l'emploi. Enfin, la flexibilité de l'aide, devait permettre un déboursement rapide de l'appui afin d'atténuer les effets les plus néfastes découlant de la mise en œuvre des PAS. Concrètement, l'intervention communautaire s'est faite sous forme d'opérations d'assistance technique dans le domaine macro-économique en rapport avec le PAS, ou bien sous forme de programmes d'importation ou de créations d'emplois. Les fonds de contrepartie générés par les programmes d'importation permettent de financer des mesures ayant pour objectif la création d'emplois de façon à atténuer les incidences défavorables de la mise en œuvre des PAS. Ces mesures ont été insuffisantes !

---

[457] Sur la question du rééchelonnement de la dette marocaine entre 1938 et 1993, voir Bichara KHADER, « le Partenariat Euro-Méditerranéen », in Etudes Internationales, Tunis, no. 57, 4/95, pp.5-67.

[458] JOCE, no. L 181 du 01.07.92.

C'est dans cette optique que le programme MEDA prévoit un volet social. Ce volet s'applique aux secteurs - fondamentaux ! - ayant souffert de la mise en œuvre des programmes d'ajustement structurel des institutions financières internationales : l'éducation, la santé, l'habitat et le monde rural.

Comme pour l'appui à un meilleur équilibre économique, l'appui dans le domaine social au titre de MEDA part du postulat suivant : les PAS des institutions financières de Bretton Woods ont privilégié le seul domaine économique et financier au détriment du secteur social. En effet, la phase de stabilisation s'est traduite par un gel des salaires et des recrutements dans la fonction publique, ainsi qu'une importante réduction (voire un arrêt pur et simple dans certains cas) des programmes d'investissement publics dans tous les domaines sociaux (santé, éducation, infrastructures). Il est donc fondamental de poursuivre le processus d'ajustement structurel, tout en essayant d'en corriger les faiblesses, synonymes de sous développement. C'est dans cette optique que le second thème est dédié à l'équilibre social. Ainsi, l'article 2§2 du règlement MEDA dispose que « ces mesures d'appui sont mises en œuvre en tenant compte de l'objectif de stabilité et de prospérité à long terme ». Il faut donc pouvoir marier deux objectifs. Celui du développement économique et social sur le long terme celui, et celui de l'ajustement structurel sur le court terme.

2. le contenu de cet appui

En vertu de l'annexe II/2 du Règlement MEDA, l'appui à l'équilibre social comprend la lutte contre la pauvreté en général, l'amélioration des services sociaux dans de nombreux domaines - tels de la santé, le planning familial, l'approvisionnement en eau, l'habitat ou encore l'assainissement - l'amélioration des conditions de vie urbaine, le développement intégré du monde rural, la participation de la société civile et des populations à la conception et la mise en œuvre du développement, et l'assistance technique afin de réduire l'immigration clandestine. Cette sélection de thèmes, opérée d'un commun accord avec le Gouvernement marocain, entérine en fait l'approche de l'Union européenne en matière d'ajustement structurel.

Concrètement, l'appui à l'équilibre socio-économique porte sur un montant de 234 MECU pour la période 1996-1998, soit environ 52% des fonds programmées. Ces interventions communautaires se traduisent en différents projets concernant le milieu rural (l'approvisionnement en eau potable, les routes et pistes rurales, le développement rural intégré), l'éducation, la santé, la jeunesse et la société civile.

i) L'eau potable en milieu rural

Cette action de 40 MECU consiste à réduire la fracture entre les villes et les campagnes en matière d'accès à l'eau potable (14% de la population rurale accède à l'eau potable contre 82% en milieu urbain)[459]. Elle s'inscrit dans le cadre d'un programme marocain « d'approvisionnement groupé en eau potable des populations rurales ». Priorité est donnée à la production ainsi qu'à la fourniture de l'eau potable pour les régions du sud du Tensift (300 villages et 180 000 habitants concernés) et du Nord (170 villages et 103 000 habitants).

ii) Les routes et les pistes rurales

Ce projet de 30 MECU consiste à désenclaver les zones rurales du Nord par des actions au niveau des infrastructures (routes et pistes) dans le but d'améliorer les conditions de vie des populations locales.

iii) Développement rural intégré/gestion des ressources naturelles

Ce programme d'un montant de 28,4 MECU se subdivise en plusieurs actions concernant la protection de l'écosystème dans le but d'améliorer le niveau et le mode de vie des populations rurales des provinces du Nord.

iv) L'éducation de base

L'appui communautaire accompagne la politique marocaine de réformes dans le secteur de l'éducation en milieu rural (réhabilitation/construction d'école, amélioration du taux de scolarisation). L'enveloppe initiale allouée à ce projet a été fixée a 50 MECU, puis revue à la baisse pour se stabiliser à 30 MECU[460].

vi) La santé de base

Cet appui de 20 MECU doit permettre d'orienter les actions en matière de santé en direction des populations les plus défavorisées. Cette action s'intègre dans la politique marocaine de décentralisation de la gestion des services publics de santé.

---

[459] Rapid-Edition of 06.12.96, « MEDA : Ecu 140 millions for projects in Egypt and Morocco », *http ://www.cc.cec/rapid/doc7.htm*

[460] Entretien avec M. SKALLI, Assistant à la Délégation de l'Union européenne au Royaume du Maroc, Rabat le 16.05.97.

vii) Jeunesse et sports

Cette action (6 MECU) a pour objectif l'intégration économique et sociale des jeunes ruraux et urbains par l'amélioration de l'accès aux activités sportives.

viii) ONG développement

Cet appui de 4 MECU bénéficie à la société civile symbolisée par les ONG qui oeuvrent dans le cadre du développement.

ix) Programmation pour l'année 1999 : priorité au Nord du Maroc

La programmation MEDA 1999 appuie l'action prioritaire du Gouvernement marocain dans les provinces du Nord. Ainsi, 127 MECU ont été programmés sur 6 projets : Rocade méditerranéenne (80 MECU), pêche côtière artisanale méditerranéenne (12 MECU), développement intégré des zones forestières du Nord (20 MECU), appui au plan national de cartographie géologique (5 MECU) appuis aux secteurs de l'emploi, du plan et de la culture (9 MECU), création d'un fond d'études (1 MECU).

L'ajustement des structures sociales du programme MEDA est le seul domaine qui se rapproche de ce qui a existé en matière de coopération au développement de type classique. Les paiements de ces appuis sont généralement déboursés beaucoup plus lentement (période de 4 à 6 ans) que ceux concernant l'ajustement économique (période de 2 à 3 ans). Cette lenteur observée, s'explique notamment par des raisons de procédure. La mise en œuvre de ces projets nécessite le lancement d'appels d'offre concernant les marchés de travaux, de fourniture et de services en rapport avec les dits projets.

La conditionnalité signifie que l'appui financier européen s'effectue désormais dans le cadre de l'ajustement structurel. Oui à l'ajustement, mais en prenant compte la dimension économique, sociale et démocratique du développement.

Cette programmation indicative, sur laquelle est basée l'intégralité de la répartition des appuis financiers communautaires doit se traduire, dans une seconde étape, en mise en œuvre effective des projets. Il faut donc faire le lien entre la programmation bilatérale MEDA et la gestion pratique des projets MEDA. C'est par le biais d'une convention-cadre bilatérale que s'effectue la mise en œuvre et le suivi de chaque projet MEDA. La seule exception à ce système concerne la facilité d'ajustement structurel qui constitue une aide directe au budget de l'Etat.

CONCLUSION DE LA PARTIE III. Les faiblesses de la coopération financière MEDA

§1. Les ratés du lancement du programme

A. L'adoption tardive du règlement communautaire MEDA

La procédure d'adoption du règlement MEDA a été l'occasion d'intenses marchandages politico-diplomatiques au sein des différentes institutions européennes. Ainsi, le différend territorial entre la Turquie et la Grèce[461], à propos de la question chypriote, a permis à cette dernière de bloquer le dossier MEDA de décembre 1995 à juillet 1996[462]. La Commission européenne avait transmis la proposition de règlement au Conseil le 8 juin 1995. Le dossier MEDA a donc pris, dès le début, une tournure extrêmement politique. L'adoption d'une déclaration commune relative à la souveraineté et l'intégrité territoriale des Etats membres et de la Turquie et la proposition de soumettre le différend territorial à la CIJ a permis de mettre fin à l'opposition grecque[463].

Par ailleurs, l'inclusion d'une clause « démocratique » a entraîné un retard important. De nombreux amendements ont été apportés au projet de règlement par le Parlement européen à ce propos, et sur le fait de savoir si l'adoption d'un code de conduite concernant la Turquie était la solution appropriée. Toujours en rapport avec cette clause controversée, la procédure de prise de décision relative à la suspension éventuelle de la coopération financière MEDA en cas de violation des droits de l'homme a fait l'objet de nombreuses réunions du Comité des Représentants Permanents (COREPER)[464].

---

[461] Pour un développement sur les origines de cette affaire, voir Panos TSAKALOYANNIS, « The European Community and the Greek-Turkish dispute », Journal of Common Market Studies, Vol. XIX, no. 1, September 1980, pp. 35-54.
[462] Entretien avec Mme Laurence AUER, Programmation et coopération économique, DG IB-Relations extérieurs, Commission européenne, le 13.01.98.
[463] Jean-Claude GAUTRON, « La politique de l'Union européenne », RAE, no. 4, 1996, pp. 315-323.
[464] Note à l'attention des Membres de la Commission, « 1691ème réunion du COREPER relative à la Politique Méditerranéenne : Règlement MEDA », SI (96) 301, Bruxelles le 21 mars 1996.

B. Le déficit de communication autour du programme MEDA

MEDA correspond à une nouvelle philosophie de la coopération. Dans cette nouvelle optique, les bénéficiaires ne peuvent plus se permettre de rester passifs et de profiter d'une aide garantie. Une certaine passivité des bénéficiaires privés a été mise en lumière par le nouveau concept introduit par le règlement MEDA. Cette attitude du secteur privé a été dénoncée par le Chef de la Délégation de l'Union européenne à Rabat, M. Lucien GUERRATO, qui a invité « les entreprises à sortir de leur attitude d'attentisme (...) et prendre l'initiative et utiliser les instruments »[465]. Ainsi, lors du 2ème sommet euro-méditerranéen des chefs d'entreprises, M. Marc PIERINI, Chef d'Unité à la DG IB de la Commission, a rappelé qu'il s'agissait « d'un partenariat stratégique, d'une aide d'appoint...Ce n'est pas le quantitatif qui prime mais le qualitatif. L'Europe veut accompagner mais pas aider massivement. La balle est du côté marocain.... »[466].

Ce nouveau type de partenariat se veut qualitatif et libérateur des énergies des acteurs publics et privés bénéficiaires. Le secteur privé, concerné par la mise à niveau de l'économie, doit pouvoir être capable de diagnostiquer ses propres carences et faiblesses de façon à quantifier ses besoins. Une fois connus avec précision, ils doivent faire l'objet d'une demande clairement établie dans le cadre des priorités définies par le programme, car seuls les projets viables seront retenus : il s'agit de mesures d'appui aux réformes des structures économiques et sociales.

Il existe donc - au moins dans les premiers temps du lancement du programme - un déficit de communication autour de MEDA. Ce déficit culturel est lié au fait que ce nouveau type de partenariat se trouve dans une phase de lancement. Cette menace qui pèse sur la réussite du programme devrait disparaître lorsque le partenariat aura pris un rythme de croisière.

Par ailleurs, dès le début, le programme MEDA a pris une tournure politique, ce qui n'a pas atténué ce déficit de communication. Aux nombreux débats interinstitutionnels (PE, Commission et Conseil) cachant souvent des batailles de pouvoir, se sont ajoutées les oppositions grecques (affichées), voire allemandes (plus discrètes), concernant l'épineux dossier turc.

-Note à l'attention des Membres de la Commission, « 1706ème réunion du COREPER du 10 juillet 1996 relative à la Préparation du Conseil « Affaires générales » des 15-16 juillet 1996 », Bruxelles, le 11 juillet 1996.

[465] L'Economiste, « L'aide est là, à vous de l'utiliser », jeudi 6 juin 1996, p. 35.

[466] L'Economiste, « L'UE refuse d'être le Père Noël », jeudi 12 décembre 1996, p. 16.

C. Le manque d'effectifs des services de la Commission et le recours à l'expertise externe

Le nombre de fonctionnaires responsables de la gestion du programme MEDA est faible. En effet, seuls 63 agents[467] des services de la Commission étaient affectés en janvier 1997 à la Direction Méditerranée de la Commission européenne pour gérer 900 MECU, ce qui est très insuffisant[468]. Le nombre de fonctionnaires européens - toutes catégories confondues - en poste à la Délégation de l'Union européenne à Rabat était également insuffisant (inférieur à 10).

La DG IB connaît une situation de blocage au niveau des recrutements de personnel, en raison notamment d'une politique budgétaire restrictive. Il n'existe pas de crédits correspondants à la création de postes statutaires, ce qui rend impossible tout nouveau recrutement de fonctionnaires ou d'agents de la Communauté. Le recrutement des experts nationaux détachés (END) est également impossible pour les mêmes raisons.

Face à cette situation de gel des recrutements, la Commission a décidé de lancer une opération de recrutement externe appelée « MEDA Teams »[469]. Il s'agit pour la Commission de lancer un appel d'offre pour constituer des équipes d'experts reconnus dans le domaine de la coopération euro-méditerranéenne. Le nombre de ces experts devrait être de « 39 personnes pour le siège et de 54 pour les délégations »[470]. Le programme MEDA prévoit la possibilité de dépenses d'assistance technique pouvant atteindre 3% des crédits annuels au titre du dit programme, ce qui correspond, dans une optique maximaliste, à 15 MECU sur la période 1996-1998.

---

[467] Il existe différentes catégories de personnels des Communautés : I) les fonctionnaires et II) les contractuels. Cette seconde catégorie se compose : des 1) temporaires, 2) auxiliaires, 3) conseillers spéciaux, et 4) agents locaux. Depuis 1988, la Commission emploi également des experts nationaux détachés (END). Pour des développements sur les régimes juridiques de ces catégories, voir Guy ISAAC, Droit communautaire général, pp. 91-94, cit. *supra*.

[468] Entretien avec Mme Laurence AUER, Chargée de la Méditerranée, DG IB, Commission européenne, le 31.01.97.

[469] Intervention de M. Fernando CARDESA, Chef de l'Unité Questions juridiques, passation des marchés et contrats, DG IB Commission européenne, au cours de la réunion Programme MEDA Teams à la Représentation Permanente de la France auprès de l'Union européenne, Bruxelles, le 13 février 1997.

[470] COM (1998) 524 final, cit. *supra*.

§2. Les aspects financiers

A. Une enveloppe financière jugée faible

Une majorité d'acteurs du Sud concernée par la coopération financière avec l'Union européenne dénoncent la faiblesse quantitative de l'enveloppe MEDA. Entrepreneurs, officiels, mais aussi chercheurs et médias[471] estiment à l'unanimité que les 450 MECU sur la période 1996-1998 sont insuffisants par rapport à l'ampleur des réformes induites par le fait même de bénéficier dudit programme. Que penser d'une telle position ?

A l'appui de cette affirmation, la comparaison avec, d'une part, les PECO et, d'autre part, le Portugal, est une constante. Le programme PHARE[472] prévoit en effet un appui d'un montant de 5 593 MECU sur la même période pour les PECO, ce qui représente une aide deux fois et demi-supérieure[473]. Par ailleurs, certains officiels, tel le Ministre des Finances de l'époque, pensent que « les aides de l'Union européenne pour l'intégration des pays membres sont 41 fois supérieures à celles accordées à l'ensemble des pays de la rive sud de la Méditerranée[474] (...) ». Dans le même ordre d'idées, le patronat marocain juge l'enveloppe MEDA trop faible : « les 75 MECU que l'UE nous promet sur trois ans n'a rien à voir avec les 3 milliards de dollars annuellement accordés au Portugal, à la veille de son intégration à l'Europe »[475].

Juridiquement, l'argumentation est un peu courte ! Il n'est pas inutile de rappeler que le Portugal a reçu des appuis financiers, certes importants, mais en période de pré-adhésion, de façon à pouvoir intégrer la totalité de l'acquis communautaire depuis 1957.

---

[471] Les titres dans la presse marocaine sont assez évocateurs de cette tendance générale :
- Al Bayane, « Un appui financier qui reste modeste », 06.04.96 ;
- L'Economiste, « L'UE refuse d'être le père Noël », jeudi 12 décembre 1996, p. 16 ;
- L'Economiste, « La nébuleuse du privé, l'avarice de l'UE », jeudi 26 décembre 1996, p.27 ;
- La Vie Economique, « L'Europe ne veut pas accorder un blanc seing à ses partenaires du Sud », vendredi 21 mars 1997, p. 23 ;
- La Vie Economique, « Blocages entre le Maroc et l'UE », vendredi 27 décembre 1996, p. 29.

[472] Règlement no. 3906/89, JOCE, no L 357 du 23.12.89 modifié par le Règlement no. 1366/95, JOCE, no. L 133 du 17.06.1995.

[473] Fouad ZAÏM, « Un engagement européen à la mesure des défis ? », in Euro-Méditerranée-Une région à construire, p. 163.

[474] Propos tenus par Monsieur Mohamed KABBAJ, Ministre des Finances du Royaume du Maroc, rapportés par La Vie Economique, vendredi 27 décembre 1997.

[475] « L'Europe ne veut plus accorder un blanc seing à ses partenaires du Sud », L'Economiste, vendredi 21 mars 1997.

Le même problème se pose concernant les PECO. Il s'agit de partenaires qui, de par leur importance stratégique (la récente adhésion de la Hongrie, de la Pologne ainsi que de la République Tchèque à l'OTAN est significative à cet égard), économique et culturelle, ont vocation à adhérer à l'Union européenne. Le programme PHARE a d'ailleurs été modifié pour devenir un instrument financier de pré-adhésion[476] (modification des structures organisationnelles, amélioration du processus de programmation, création d'une nouvelle structure de suivi et optimisation de la gestion financière). L'extension de l'Union à l'Est, qui a été lancée officiellement lors du sommet de Luxembourg, le 13 décembre 1997, concernera dans un premier temps la Pologne, la Hongrie, la République tchèque, l'Estonie, la Slovénie et Chypre[477]. Les aides financières dans le cadre du programme PHARE étaient plus élevées que celles à destination des PTM, car les PECO étaient candidats à l'adhésion. C'est chose faite aujourd'hui et ils se retrouvent en situation de pré-adhésion.

Le Maroc, quant à lui, bénéficie - pour l'instant - d'un statut de membre associé sans vocation à adhérer. Rappelons que l'article O du traité de Maastricht (modifié dans son premier § par 49 nouveau)[478] dispose que « tout Etat européen peut demander à devenir membre de l'Union ». Comparé aux autres PTM, le Maroc s'est vu alloué une part importante de l'enveloppe MEDA. Le montant de référence financière du programme est de 3 424,5 MECU pour la période 1995-1999 pour les 12 PTM. Sur cette somme totale, 450 MECU ont été attribués au Maroc sur une période de 3 ans. Pour l'année 1997, le Maroc s'est vu attribuer 234 MECU contre 91 pour la Tunisie et 50 pour l'Algérie.

Ce montant de 450 MECU est donné à titre indicatif. La somme totale allouée au Maroc avoisinera en fait le milliard d'ECU car il faut également prendre en compte les prêts sur les ressources de la BEI. C'est en quelque sorte un montant minimal. Rien n'empêche le Maroc de jouer la concurrence, bien au contraire. Le but étant d'accroître sa part dans le programme MEDA par rapport aux autres pays bénéficiaires. Pour cela, il faut avoir une bonne capacité d'absorption et faire des avancées significatives dans le domaine des réformes structurelles. Certes, ces deux conditions ne sont pas faciles à remplir : avoir une bonne capacité d'absorption nécessite de savoir quantifier ses besoins et monter des projets dans le cadre tracé par les objectifs du programme MEDA. A ce propos, le Maroc a obtenu une rallonge sur la programmation 1999 pour les provinces du Nord.

---

[476] Voire Bull. UE 7/8-1996 p. 127.

[477] « L'Union européenne va s'élargir à l'Est », Le Monde, mardi 16 décembre 1997, p. 4.

[478] Tout Etat européen *qui respecte les principes énoncés à l'article 6§1,* peut demander à devenir membre.

Toutefois, on peut affirmer que l'ampleur des réformes en cours nécessite, un programme MEDA II (2000-2005) beaucoup plus ambitieux sur le plan quantitatif.

B. L'exclusion des appuis dans le domaine macro-financier : un traitement timide de la question fondamentale de l'endettement

MEDA est un programme d'appui aux réformes socio-économiques. La dimension monétaire est donc totalement exclue de la coopération financière et technique entre le Maroc et l'Union européenne. Comme l'écrit si justement Eberhard RHEIN[479], la dimension monétaire des relations entre l'Union européenne et la zone méditerranéenne s'est limitée à l'inscription des principes de convertibilité des paiements courants, et de circulation des capitaux[480].

Le problème de la dette semble avoir été totalement absent des préoccupations des négociateurs européens, contrairement aux demandes insistantes des PTM et du Maroc[481]. Dans son document « L'avenir des relations entre la Communauté et le Maghreb »[482], la Commission a reconnu que la charge de la dette représente un « obstacle fondamental à l'assainissement financier et à la relance de l'économie ». Le service total de la dette marocaine, toujours selon le même document, représentait 32% des exportations de biens et services pour l'année 1989. La Commission reconnaît que « le service excessif de la dette » absorbe une partie importante des devises, ce qui menace les importations essentielles et, plus largement, le développement des pays maghrébins.

La position de principe communautaire est énoncée dans ce document : la Commission n'exclut pas de nouvelles interventions dans le cadre d'une action internationale pilotée par le FMI, mais celles-ci devront rester exceptionnelles et « comporter une stricte conditionnalité de politique financière de la part du pays bénéficiaire ».

---

[479] « Le pari euro-méditerranéen/Quelques réflexions sur la mise en place d'une zone de libre-échange euro-méditerranéenne », Euro-Méditerranée/Une région à construire, pp. 23-36, cit. *supra*.

[480] Les articles 33 et 34 sont en fait des engagements à autoriser les paiements courants et à libéraliser la circulation des capitaux, voir *supra*.

[481] Depuis la signature de l'accord d'association entre le Maroc et l'Union, une partie non négligeable de la dette a été reconvertie en investissements (30%). C'est le cas, notamment de la partie française de la dette et, dans une moindre mesure, espagnole.

[482] Voir SEC (92) 401, 30 avril 1992, p. 7, cit. *supra*.

De son côté, le Conseil Economique et Social européen a reconnu l'importance du poids de la dette des pays méditerranéens et le poids de celle-ci sur le développement. Dans son « Supplément d'avis sur la politique méditerranéenne de la Communauté », le CES souligne le fait que « la dimension acquise par le problème de la dette est alarmante »[483] : ainsi, la dette publique marocaine représentait le tiers du budget de l'Etat en 1989. Le Comité suggère à la Commission d'intervenir de manière plus vigoureuse par une action de réduction de la dette. Une coordination des politiques bilatérales des Etats membres, renforcée par une action de lobbying au sein des instances internationales financières (FMI...), devrait être une condition préalable. Concrètement, l'Union devrait promouvoir un plan de règlement de la dette des PTM en quatre actions principales : 1) réduction et réaménagement de la dette en fonction de la situation économique et financière des bénéficiaires (réduction des créances officielles, créances bancaires) ; 2) réformes des structures économiques et financières ; 3) augmentation des opportunités d'exportation dans l'optique d'un allégement du service de la dette sur la balance des paiements ; 4) appui à la croissance dans l'optique de rendre la charge de la dette supportable par les finances publiques nationales.

Cette position de la Communauté, quant au problème de la dette du Maroc - et des PTM en général - est vivement critiquée par la majorité des auteurs. Ainsi, Bichara KHADER[484] soutient que le programme MEDA « n'aurait qu'un impact très limité en dehors d'une politique généreuse et audacieuse sur le front de l'endettement », et de réclamer un plan en 5 points basé sur : 1) le réaménagement de la dette des PTM, 2) l'annulation de la part d'origine multilatérale ou garantie par les Etats membres, 3) la reconversion d'une partie en monnaie locale, 4) la conversion d'une autre partie en participation d'actions industrielles, et 5) la création d'un fonds de recyclage de la dette.

Dans le même ordre d'idées, Larabi JAIDI et Fouad ZAIM[485] soulignent le fait que « le service de la dette constitue une composante de plus en plus importante des budgets publics » ce qui a des répercussions directes dans les domaines du développement et de la stabilité du pays. Les deux auteurs proposent un règlement de la question selon trois axes complémentaires : 1) lancer des actions de coordination entre Etats membres ainsi qu'au sein des instances financières, 2) promouvoir un plan de règlement international de la dette, et 3)

---

[483] Supplément d'avis sur « la politique méditerranéenne de la Communauté européenne », CES (90) 512, 02.05.90, pp. 6-11.
[484] Voir Bichara KHADER, « Aspects de la dimension financière du partenariat euro-méditerranéen », in Euro-Méditerranée - Une région à construire, pp. 171-179, cit. *supra*.
[485] Voir L. JAIDI et F. ZAIM, « L'Union européenne et la Méditerranée, une nouvelle génération d'accords ? », in L'Annuaire de la Méditerranée, GERM-PUBLISUD, Edition 1996, pp. 96-128.

apporter un appui dans le domaine des techniques financières (échange sur les marchés secondaires, transformation en obligations...).

Le traitement de la dette est une compétence des Etats membres. Il semble donc que ce problème sera géré de manière bilatérale entre le Maroc et l'Etat membre créancier, ou dans le cadre du Club de Paris et de Londres. L'intervention de l'Union ne pourra avoir lieu que de manière exceptionnelle et en accord avec les institutions financières internationales.

Le programme MEDA appuie l'ouverture économique du Maroc. A ce titre, il concourt au traitement de la dette de manière indirecte. Toutefois, l'idée d'une réduction des créances n'a pas été retenue.

CONCLUSION GENERALE : PROPOSITIONS DE THESE

La présente étude a permis de dégager certaines conclusions qui constituent les opinions défendues dans cette thèse. Ce sont ces opinions que l'on se propose de rappeler, sous la forme synthétique de propositions de thèse.

1) L'établissement d'une zone de libre-échange ne va pas avoir d'incidences commerciales bénéfiques immédiates. L'accord d'association, qui s'efforce de mettre en œuvre le principe de la protection tarifaire unique, programme l'ouverture progressive de l'économie marocaine tout en maintenant les verrous traditionnels du marché communautaire. A la disparition plus ou moins annoncée des entreprises les plus fragiles du tissu industriel marocain, s'ajoutera notamment la perte des rentrées fiscales induites par la baisse programmée des droits de douane et taxes d'effet équivalent. La libre circulation des marchandises envisagée ne concerne que les produits originaires, les autres se voient appliquer le tarif douanier *erga omnes*. L'accord d'association constitue à cet égard une belle occasion manquée ! Toutefois, la ZLE permet au Maroc de sécuriser l'accès au marché communautaire, tout en contrôlant le processus d'ouverture. Elle permet également la consolidation des acquis du programme d'ajustement structurel (1983-1993). Enfin, le libre-échange est un vecteur de réformes (douloureuses, mais indispensables), entreprises au nom de l'association politique avec l'Union européenne (qui dans le même temps sécurise son approvisionnement en énergie).
2) Les véritables enjeux du libre-échange ne sont pas commerciaux. L'établissement progressif d'un cadre réglementaire attractif (règles de concurrence, principales libertés fondamentales de circulation, processus d'intégration sub-régionale), devrait permettre d'attirer les IDE. Le Maroc s'appuie sur le régionalisme économique que constitue le bloc commercial UE/PTM/PECO pour négocier une meilleure intégration du marché international. La création de cette zone est un véritable appel à la communauté des investisseurs internationaux : elle doit permettre de négocier parallèlement l'internationalisation de son économie. Pour l'UE, le maintien d'une politique de diversification de ses débouchés commerciaux est vital. Les réformes qu'implique la

création de cette zone, sont autant de garanties que le Maroc entend utiliser comme un nouveau statut international.

3) Le règlement MEDA ne constitue pas la contrepartie financière à l'ouverture des économies du Maroc et des autres PTM. C'est un instrument qui doit accompagner les réformes de ces économies.
4) La communautarisation de l'appui européen, et son corollaire, l'application du principe de l'annualité budgétaire, marque une nette rupture avec l'ère de la rente instituée par les protocoles financiers bilatéraux. Le nouveau système introduit plus de transparence au niveau de la programmation financière bilatéral et de la gestion des projets MEDA. Il introduit également plus de concurrence entre les PTM pour la répartition des fonds MEDA et pour l'attribution des marchés publics MEDA.
5) La conditionnalité macro-économique place les réformes au cœur de l'appui MEDA. La poursuite de l'appui MEDA (au processus de transition économique ainsi qu'à un meilleur équilibre socio-économique) est conditionné par des critères, dont les plus importants sont la capacité d'absorption et les progrès accomplis dans les réformes.
6) La conditionnalité démocratique n'est pas une innovation du partenariat euro-méditerranéen. C'est son introduction formelle sous forme d'élément essentiel qui constitue une nouveauté. Cette clause est motivée par les changements institutionnels internes à l'Union, et par l'évolution géopolitique en Europe de l'Est.
7) L'Union européenne et le Maroc ont conclu une intégration active : le volet économique et financier est un élément constitutif d'un projet politique. Ce projet s'inspire du pari européen de 1957 : bâtir une communauté économique européenne pour ne plus avoir à détruire les nations d'Europe. Faire de l'Euro-méditerranée une vaste zone de paix et de prospérité par le biais du libre-échange : telle est la finalité du partenariat. Cette alliance poursuit des objectifs de type sécuritaire : garantir à l'Union européenne une plus grande sécurité à sa frontière sud (qui est par la même occasion la frontière sud de l'OTAN) en échange d'un investissement plus soutenu dans le développement économique, social et politique de ses voisins. Le dialogue politique est là pour nous rappeler cet aspect spécifique du partenariat euro-méditerranéen.
8) Cette composante politique du partenariat donne au projet euro-méditerranéen une dimension nouvelle, qui dépasse la logique libre-échangiste observée dans les autres intégrations économiques type ALENA (Mexique/Etats Unis/Canada). Elle laisse présager une

évolution de plus en plus intégrationniste. Dans cette optique, le Maroc sera de plus en plus amené à jouer un rôle pilote

9) Toutefois, cette nouvelle politique n'est pas exempte de faiblesses qu'il faut penser à atténuer. Dans cette optique, peut-être envisagé :

   1) L'intégration du secteur agricole dans la zone de libre-échange : le maintien de la PAC dans son état actuel a des répercussions dommageables sur le bien-être du Maroc et des autres PTM ;
   2) L'octroi de règles d'origines flexibles permettant un cumul total ;
   3) La création d'une banque pour la Méditerranée, à l'image de la BERD pour les PACO. Une institution financière permettrait de garantir les investissements productifs dans la région et de jouer ainsi le rôle de caution aux investisseurs potentiels. Car les prêts BENI ne seront pas, loin s'en faut, suffisants pour combler les besoins de financement de la région ;
   4) l'utilisation d'instruments financiers plus adaptés aux marchés méditerranéens en complément du programme MEDA qui n'est en fin de compte qu'un instrument « d'appui aux réformes » des structures économiques et sociales ;
   5) l'assouplissement des dispositions sur la libre circulation des personnes[486]. Tout d'abord, la position européenne restrictive dans ce domaine porte atteinte aux libertés d'établissement et de prestation de services prévues par l'accord d'association. Ensuite, le volet social, culturel et humain ne peut sérieusement se résumer, dans une optique de partenariat, à des dispositions sur la réadmission ;

Sur un plan politique, il faudrait :

   6) éviter que la clause démocratique ne soit l'otage du débat interinstitutionnel interne à l'UE. Cette clause ne doit pas constituer une offensive idéologique européenne, mais plutôt refléter un choix de

[486] Voir l'annexe de l'avis du CES sur la « Création d'une zone de libre-échange et flux migratoires », Bruxelles le 25.09.96, CES 596/96 final

civilisation, assumé de part et d'autre, dans l'optique de l'association ;

7) éviter que la politique méditerranéenne ne soit une politique réactive. Elle doit anticiper et résoudre les nombreux problèmes de cette région. Espérons que l'européanisation (déjà !) programmée des Balkans ne se fasse pas au détriment de la Méditerranée ;
8) dissocier le processus de Barcelone du processus de paix au Proche Orient. Cette ambiguïté originelle doit être levée. Les deux processus doivent être séparés l'un de l'autre, afin que les aléas de l'un ne portent pas un coup d'arrêt fatal à la poursuite de l'autre[487]. Dans ce cadre, l'Union européenne, dont la sécurité est assurée par l'OTAN (Conflit du Kosovo), joue un rôle complémentaire de celui des Etats Unis ;
9) proposer et défendre l'idée d'une union douanière entre le Maroc et l'Union européenne dans le cadre de la sécurité européenne et atlantique.

[487] COM (97) 715 final.

ANNEXES

Annexe 1. Régime applicable à l'importation dans la Communauté des produits agricoles marocains.

Annexe 2. Régime applicable à l'importation au Maroc des produits agricoles communautaires.

Annexe 1. Régime applicable à l'importation dans la Communauté des produits agricoles marocains.

Annexe 1.1. Les produits frais à valeur ajoutée

Annexe 1.1.1. L'exonération des droits de douane

a) Sans contingents tarifaires : cette première catégorie est composée de produits de l'élevage, certains légumes et fruits frais, produits transformés.

b) Avec contingents tarifaires : ces produits (poivrons, choux, agrumes) peuvent être placés sous contingents tarifaires dans l'hypothèse de dépassement des quantités de référence.

Annexe 1.1.2. Réduction de droits de douane

Les fruits séchés, agrumes transformés bénéficient d'importantes réductions de droits de droits de douane entre 40 et 80%.

Annexe 1.2. Produits sensibles bénéficiant de l'exonération des droits de douane

Annexe 1.2.1.Avec prix d'entrée conventionnel réduit dans la limite

1. Les agrumes : les oranges bénéficient d'un contingent de 340 000 t./an. L'art. 4 du protocole n° 1 fixe le prix d'entrée conventionnel à 275 ECU/t. sur la période 1er décembre-31 mai.

2. Autres légumes : les contingents tarifaires alloués au Maroc pour cette catégorie (courgettes, concombres, artichauts) doivent augmenter de 3% par an en quatre tranches égales de janvier 1997 à janvier 2000.

Annexe 1.2.2. Dans la limite des contingents tarifaires et non soumis au prix d'entrée.

1.2.1 Produits transformés

Les vins bénéficient d'une réduction de 100% dans la limite d'un contingent global de 151 200 hl. Au-delà d'un contingent de 95200 hl, les vins frais bénéficient d'une réduction de droits de 80%, tandis que les vins d'appellation d'origine ne bénéficient d'aucune réduction au-delà d'un contingent de 56 000 hl.

Les jus d'orange bénéficient d'une réduction de droits de douane de 100% dans la limite d'un contingent tarifaire de 33 607 t. Au-delà de ce contingent, le taux de réduction est de 70%. Ce contingent est augmenté de quatre tranches égales de 3% l'an de janvier 1997 à janvier 2000.

1.2.2. Les légumes frais

La pomme de terre bénéficie d'une réduction de droit de 100% dans la limite d'un contingent tarifaire de 120 000 t. pour un calendrier allant du 1er décembre au 31 avril. La réduction qui s'applique au-delà de ce contingent est de 40%.

Annexe 2. Régime applicable à l'importation au Maroc des produits agricoles communautaires.

Annexe 2.1. Les produits sensibles

Les huiles et graisses animales ou végétales bénéficient de droits de douane maxima de 215%dans la limite d'un contingent de 44 000 t., pour les huiles brutes et de colza, à 100 t. pour les huiles autres que brutes.
Les céréales bénéficient de droits de douane maxima élevés variant entre 144% (froment) dans la limite de 456 000 t. à 177% (riz) dans la limite de 500 t.
les sucres bénéficient d'un droit de douane maximum de 168%dans la limite d'un contingent de 20 000 t.

Annexe 2.2. Autres produits

a) Droits de douane maxima compris entre 100 et 50% : il s'agit des produits de la laiterie qui bénéficient de droits de douane maxima de 87% pour un contingent tarifaire de 3 200 hl.

b) Droits de douane maxima inférieurs à 50% : les viandes et abats comestibles bénéficient de droits de douane maxima de 45% pour un contingent variable suivant le type (3800 et 500 t.). Le niveau des droits de douane est ramené à 35%pour différents produits tels les tabacs et succédanés de tabacs (contingent de 500 t.), les sons et remoulages (350 t.)

BIBLIOGRAPHIE

I. OUVRAGES

OUVRAGES GENERAUX

1. Paul BALTA, Le grand Maghreb Des indépendances à l'an 2000, La Découverte/essais, Paris, 1990, 326 p.

2. D. CARREAU, T. FLORY, P. JUILLARD, Droit International Economique, LGDJ, Paris, 3ème édition, 1990, 725 p.

3. D. CARREAU, P. JUILLARD, Droit International Economique, LGDJ, Paris, 4ème édition, 1998, 720 p.

4. René DAVID, L'arbitrage dans le commerce international, Economica, coll. Etudes juridiques comparatives, Paris, 1981, 609 p.

5. Hélène DELORME et Denis CLERC, Un nouveau GATT ? Les échanges mondiaux après l'Uruguay Round, Editions Complexe, Bruxelles, 1994, 153 p.

6. Philippe FOUCHARD, Emmanuel GAILLARD, Berthold GOLDMAN, Traité de l'arbitrage commercial international, Editions Litec, Paris, 1996, 1225 p.

7. Emmanuel GAILLARD, Dominique CARREAU, William L. LEE, Le Marché unique européen, Pédone, Paris, 1989, 286 p

8. GATT, Résultats des négociations commerciales multilatérales du cycle d'Uruguay/Textes juridiques, Secrétariat du GATT, Genève, 1994, 591 p.

9. Christian GAVALDA et Gilbert PARLEANI, Droit des Affaires de l'Union européenne, Editions Litec, 2ème édition, Paris, 1998, 464 p.

10. GOLDMAN, A. LYON-CAEN, L. VOGEL, Droit Commercial Européen, 5ème édition, Précis Dalloz, Paris, 1994, 835 p.

11. Samuel P. HUNTINGTON, Le Choc des civilisations, Editions Odile Jacob, Paris, 1997, 402 p.

12. Bichara KHADER, Le Grand Maghreb et l'Europe/Enjeux et perspectives, Publisud - Quorum - Cermac, Paris - Ottignies, 1992, 264 p.

13. Laurent LUCCHINI et Michel VOELCKEL, Droit de la mer/La mer et son droit, les espaces maritimes, tome 1, Pédone, Paris, 1990, 640 p.

14. Jean-Louis MIEGE, Le Maroc, Coll. Que sais-je?, 7éme édition, PUF, Paris, 1986, 128 p.

15. Jean-Claude SANTUCCI (études réunies par), Le Maroc Actuel : Une modernisation au miroir de la tradition ? Editions du CNRS, Paris, 1992, 438 p.

16. Frédéric SUDRE, Droit international et européen des droits de l'homme, 3ème édition, PUF, Paris, 1997, 422 p.

17. SHAPIRA, G. LE TALLEC, J.B. BLAISE : Droit Européen des Affaires, 3éme édition, PUF, Coll. Thémis, Paris, 1992, 859 p.

OUVRAGES SPECIALISES

1. Annales Marocaines d'Economie : GATT-MAROC/Enjeux et implications, no. spécial, avril 1994, 175 p.

2. L'Annuaire de la Méditerranée, GERM/Rabat-PUBLISUD/Paris, Edition 1996, 338 p.

3. L'Annuaire de la Méditerranée, GERM/Rabat-PUBLISUD/Paris, Edition 1997, 468 p.

4. Association des Economistes Marocains, « Quel avenir pour le secteur de la pêche au Maroc ? », série Tables rondes de l'AEM, Mai 1997, 91 pp.

5. Mohamed BEN EL HASSAN ALAOUI, La coopération entre l'Union européenne et les pays du Maghreb, Nathan références internationales, Paris, 1994, 237 p.

6. Gilbert BENHAYOUN, Maurice CATIN, Henri REGNAULT (sous la direction de), L'Europe et la Méditerranée : Intégration économique et libre-échange, Collection Emploi, Industrie et Territoire, L'Harmattan, Paris, 1997, 191 p.

7. Isabelle BENSIDOUN, Agnès CHEVALLIER, Europe-Méditerranée : Le pari de l'ouverture, Coll. CEPII, Economica, Paris, 1996, 176 p.

8. Philippe BERAUD, Jean-Louis PERRAULT et Omar SY (sous la direction de), Géo-économie de la coopération européenne. De Yaoundé à Barcelone..., Coll. Economies en Développement Editions Maisonneuve & Larose, Paris, janvier 1999, 259 p.

9. Robert BISTOLFI (sous la direction de) : Euro-Méditerranée : Une région à construire, PUBLISUD, Paris, 1995, 342 p.

10. Cahiers du GEMDEV, « Vers une zone de libre-échange Europe-Maghreb », no. 22, Paris, oct. 1994, 114 p.

11. Club Financier Méditerranéen, Actes du Colloque GATT-Europe-Méditerrané, novembre 1995, 235 p.

12. Confluences Méditerranée, L'Europe et la Méditerranée, L'Harmattan, Paris, no. 7 Eté 1993, 175 p.

13. Confluences Méditerranée, Le Maghreb face à la mondialisation, L'Harmattan, Paris, no. 21, Printemps 1997, 152 p.

14. Willy DIMEGLIO, Pour un partenariat industriel avec le Maghreb et les PECO, coll. des Rapports officiels, la Documentation Française, Paris, 1995, 119 p.

15. La Documentation française, L'Union européenne élargie/Les traités de Rome et de Maastricht (Textes comparés), Paris, 1er trimestre 1995, 347 p.

16. La Documentation française, Les traités de Rome, Maastricht et Amsterdam/Le traité sur l'Union européenne et le traité instituant la Communauté européenne modifiés par le traité d'Amsterdam (Textes comparés), Paris, 2ème trimestre 1998, 320 p.

17. Guy ISAAC, Droit communautaire général, Collection U, série « Droit », 5ème édition, éditions Armand Colin/Masson, Paris, 1996, 328 p.

18. Dominique JACOMET, Les textiles, Economica, Paris, 1992, 104 p.

19. Philippe MANIN, Les Communautés Européenne, L'Union européenne, Pédone, Paris, 3ème édition, 1997, 467 p.

20. Yves-Henri NOUAILHAT (textes réunis par), Le Maroc et l'Europe, enquêtes et documents, Ouest Editions, Nantes, 1995, 144 p.

21. Fathallah OUALALOU, Après Barcelone le Maghreb est nécessaire, l'Harmattan, Paris, 1996, 355p.

22. Revue des Affaires européennes, « La politique méditerranéenne de l'Union européenne », no. 4, déc. 1996.

23. Jean-Louis REIFFERS (sous la direction de), La Méditerranée aux portes de l'an 2000, Economica, Paris, 1997, 395 p.

24. Revue du Tiers Monde, L'Europe et le Tiers Monde, tome XXXIV, no. 136, octobre - décembre 1993.

II. THESES/MEMOIRES

1. Ihab BANABILA, L'aide développée par l'Union européenne en faveur des pays d'Europe Centrale et Orientale et le processus d'intégration européenne, Thèse de Doctorat en Droit sous la direction de Monsieur le Professeur Frédéric SUDRE, Université de Montpellier I, 1997.

2. Isabelle FAURE, Les relations commerciales Maroc - CEE, Mémoire de DEA en Droit sous la direction de Monsieur le Professeur Thiébaut FLORY, Université de Paris I, 1993.

3. Adam MEKAOUI, Les incidences des Accords du Cycle d'Uruguay sur les relations commerciales Maroc - Union Européenne, Mémoire de DEA en Droit sous la direction de Monsieur le Professeur Thiébaut FLORY, Université de Paris I, 1995.

4. Saïd AQRI, Les relations entre le Maroc et la Communauté Economique Européenne : Evolution et Perspectives, Thèse de Doctorat en Droit sous la direction de Madame le Professeur Aleth MANIN, Université de Paris I, 1994.

III. ARTICLES

1. Pierre-Sateh AGATE, « Coopération CEE-UMA : alternative ou morcellement ? », Annuaire e l'Afrique du Nord, Editions du CNRS, tome XXIX, 1990, pp. 113-125.

2. Gilbert APOLLIS, « L'Europe bleue élargie », RMC, Paris, no. 300, sept.-oct. 1986, pp. 449-462.

3. Abderrazak ATTIA, « L'Europe et l'enjeu méditerranéen », Etudes Internationales, Tunis, no. 54 1/95, pp. 26-33.

4. Fathi B'CHIR, « Rattrapage pour le Maroc ou amorce d'une nouvelle politique euro-maghrébine », Marchés Tropicaux, Paris, Année 49, no. 2461, 8 janvier 1993, pp. 74-77.

5. Hatem BEN SALEM, « Maghreb-CEE-Pays de l'Est : fatalité de la trilogie ou consécration du trilatérisme? », RMC, Paris, juin 1991, pp. 451-461

6. BENSIDOUN et A. CHEVALLIER, « Les échanges commerciaux euro-méditerranéens », Economie Internationale, no. 58, 2eme trimestre 1994, pp. 111-130.

7. Louis BLIN et Benoît PARISCOT, « Les relations économiques entre la CEE et le Maghreb », Annuaire de l'Afrique du Nord, Editions du CNRS, Tome XXIX, 1990, p. 57.

8. Margaret BLUNDEN, « Insecurity on Europe's Southern Flank », Survival, London, vol. 36, no. 2, Summer 1994, pp. 134-148.

9. Dierk BOOS, « La politique commune de la pêche : quelques aspects juridiques », RMC, Paris, no. 269, août-sept. 1983, pp. 404-415.

10. Sadek BOUSSENA, « L'Energie, le Maghreb et l'Europe », Revue de l'énergie, Paris, Année 46, no. 466, mars 1995, pp. 143-149.

11. Jean-François BRAKELAND et Vanessa TURNER, « Les mesures de sauvegarde dans le commerce international des marchandises : une perspectives

communautaire », RMC et de l'UE, Paris, no. 410, juill.-août 1997, pp. 454-469.

12. Bruno de CALLIES de SALIES, « Europe-Maghreb : de la coopération au partenariat », Défense Nationale, Paris, Année 50, no. 6, juin 1994, pp. 125-139.

13. Danielle CHARLES-LE BIHAN, « La politique commune de la pêche : la troisième génération de normes », RTDE, Paris, 1988, pp. 481-517.

14. Danielle CHARLES-LE BIHAN, « Intégration agricole des PECO et les perspectives d'évolution de la PAC : les mutations d'une politique sectorielle », Revue de Droit Rural, Paris, no. 243, mai 1996, pp. 201-207

15. Daniel COLARD, « La Conférence de Barcelone et le partenariat euro-méditerranéen », Défense Nationale, Paris, no. 2, février 1996, pp. 109-118.

16. Colette COVA, « Une nouvelle politique méditerranéenne », RMC, Paris, no.337, mai 1990, pp.349-350.

17. Christian DEBLOCK et Dorval BRUNELLE, « Une intégration régionale stratégique : le cas nord-américain », Revue Etudes internationales, vol. XXIV, no. 3, sept. 1993, pp. 595-629.

18. Sophie DUFOUR, « La libéralisation des échanges mondiaux et le respect des règles fondamentales en matière sociale : un lien controversé », Revue Etudes internationales, vol. XXVI, no. 2, juin 1995, pp. 275-289.

19. Catherine FLAESH-MOUGIN, « Les accords externes de la CEE », RTDE, Paris, no.1, janv.-mars 1990, pp. 85-126.

20. Thiébaut FLORY, « Remarques à propos du nouveau système commercial mondial issu des Accords du Cycle d'Uruguay », J.D.I. 4, 1995, pp. 877-891.

21. Lionel FONTAGNE et Nicolas PERIDY, « Uruguay Round et PVD, le cas de l'Afrique du Nord », Revue Economique, Volume 46, no. 3, mars 1995, pp.703-715.

22. Catherine GOYBET, « Aide au développement, démocratie et droits de l'homme : premier bilan », RMC et de l'UE, Paris, no. 372, nov. 1993, pp. 775-777.

23. Catherine GOYBET, « Les zones de libre-échange : nouveau sujet de tension entre les quinze ? », RMC, Paris, no. 395, février 1996, pp. 77-8

24. Saïd HAMDOUNI, « Les tentatives d'intégration des pays du Maghreb face à l'élargissement de la Communauté économique européenne », Revue Etudes internationales, vol. XXIII, no. 2, juin 1992, p. 319-348.

25. Hassan HARRAGA, « Les dimensions de l'espace commercial et financier du Maghreb après les accords de Maastricht » Revue internationale des Sciences Administratives, Bruxelles, no. 4, 1995, pp. 701-727.

26. Saïd IHRAI, « L'accord de pêche Maroc/Union européenne du 26 février 1996 », Annuaire du droit de la mer 1997, Pédone, Paris, tome II, 1998, pp.51-64.

27. Bichara KHADER, « Le Partenariat Euro-Méditerranéen », Etudes Internationales, Tunis, no. 57, 4/95, p.5-67.

28. Paul KRUGMAN, « L'émergence des zones régionales de libre-échange : justifications économiques et politiques », Problèmes économiques, no. 2.289, 2 septembre 1992, pp. 18-27.

29. Paul KRUGMAN, « Le véritable impact de l'ALENA », Problèmes économiques, no. 2.383, 6 juillet 1994, pp. 26-29.

30. Erwan LANNON, « La déclaration interministérielle de Barcelone, acte fondateur du partenariat euro-méditerranéen », RMC et de l'UE, Paris, no. 398, mai 1996, pp. 358-368.

31. Françoise de LA SERRE, « L'élargissement aux PECO : quelle différenciation ? », RMC et de l'UE, Paris, no. 402, nov. 1996, pp. 642-647.

32. Ahmed MAHIOU, « Le Maghreb et la CEE, entre la crainte et l'espoir », Annuaire de l'Afrique du Nord, Tome XXIX, Editions du CNRS, 1990, pp. 27-37.

33. Salah MEZDOUR, « Les relations économiques Maghreb-CEE : suggestions pour une nouvelle politique », RMC, Paris, no. 357, avril 1992, p. 300.

34. Salah MEZDOUR, « Opportunité théorique d'une zone de libre-échange Maghreb-UE », RMC et de l'UE, Paris, no. 399, juin 1996, pp. 458-461.

35. Francesco PERRONI, « Le processus de paix au Proche Orient et l'Union européenne », RMC et de l'UE, Paris, no. 413, déc. 1997, pp. 656-661.

36. Catherine REGNIER-HELDMAIER, « La distinction DO-DNO instrument de lutte pour le pouvoir budgétaire », RMC et de l'UE, Paris, no. 375, février 1994, pp. 94-102.

37. Eberhard RHEIN, « The New Euro-Mediterranean Partnership », Trans-Atlantic Workshop on Regionalism, Ebenhausen, ER/cs-articles\eumedp, July 4-6, 1996, 15 p.

38. Eberhard RHEIN, « Instability in the Mediterranean/How can Europe improve its response ? », Talk at Wilton Park, s.r., Sept. 12, 1996, 12 p.

39. Nadji SAFIR, « Questions migratoires, sécurité et coopération en Méditerranée occidentales », Revue Etudes internationales, vol. XXIV, no. 1, mars 1993.

40. Dorothée SCHMID, « Les programmes MED : une expérience européenne de coopération décentralisée en Méditerranée », Maghreb-Machrek, Paris, no. 153, juil.-sept, p 61.

41. Daniel SOLANO, « Dossier Medpartenariat Maroc », Marchés Tropicaux, Paris, 5 mai 1995, pp. 929-943.

42. Massimo SILVESTRO, « Le Parlement européen et les droits de l'homme », RMC et de l'UE, Paris, no. 394, janvier 1996, pp.36-39.

43. Michael SUTTON, « Euro-Maghreb Partnership : A new form of association ? », European Trends, The Economist Intelligence Unit, London, no. 3, 1992, pp. 61-67.

44. Fatiha TALAHITE, « Le partenariat euro-méditerranéen vu du Sud », Maghreb-Machrek, Paris, no.153, juill.-sept. 1996, pp. 45-59

45. Larbi TALHA, « Une zone de libre-échange entre le Maghreb et l'Europe : un projet par défaut ?», Etudes Internationales, Tunis, no. spécial, Les relations Maghreb/Union européenne : Vers une nouvelle politique euro-maghrébine, Actes séminaire, Tunis, 24, 25 et 26 nov. 1994, no. 55, 2/95, p. 39-51.

IV. DOCUMENTS OFFICIELS

DOCUMENTS DES COMMUNAUTES EUROPEENNES

Commission européenne

1. Communication de la Commission européenne, « Vers une politique méditerranéenne rénovée », Bruxelles, le 17.11.89, SEC (89) final.

2. Communication de la Commission au Conseil, « Vers une politique méditerranéenne rénovée/Propositions pour la période 1992-96 », Bruxelles, le 01.06.90, SEC (90) 812 final.

3. Communication de la Commission au Conseil et au Parlement Européen, « L'avenir des relations entre la Communauté et le Maghreb », 30.04.92, SEC (92) 401.

4. Communication de la Commission, « L'avenir des relations et de la coopération entre la Communauté et le Moyen Orient », Bruxelles, le 08.09.93, COM (93) 375 final.

5. « La Commission propose l'établissement d'un partenariat euro-méditerranéen », Bruxelles, le 19.10.94, P/94/56.

6. Communication de la Commission au Conseil et au Parlement européen, « Renforcement de la politique méditerranéenne de l'Union européenne : établissement d'un partenariat euro-méditerranéen », Bruxelles, le 19.10.94, COM (94) 427 final.

7. Rapport de la Commission au Conseil et au Parlement européen sur l'exécution de la coopération financière et technique dans les pays tiers méditerranéens ainsi que de la coopération financière intéressant l'ensemble des pays tiers méditerranéens, Bruxelles, le 18.11.94, COM (94) 384 final.

8. Communication de la Commission au Conseil « concernant l'unification des règles d'origine dans le commerce préférentiel entre la Communauté, les pays d'Europe centrale et orientale et les pays de l'AELE », Bruxelles, le 30.11.94, SEC (94) 1897 final.

9. Communication de la Commission au Conseil et au Parlement européen, « Renforcement de la politique méditerranéenne de l'Union européenne : proposition pour la mise en oeuvre d'un partenariat euro-méditerranéen », Bruxelles, le 08.03.95, COM (95) 72 final.

10. « Méditerranée : la Commission approuve le règlement MEDA », Bruxelles, le 09.06.95, IP/95/594.

11. Note de la Commission européenne (DG I B), « Programme MEDA : modalités de mise en œuvre », Bruxelles, le 20.11.95, MP.

12. « La conférence de Barcelone et les accords euro-méditerranéens d'association », Bruxelles, le 23.11.95, MEMO/95/156.

13. Proposition de Règlement (CE) du Conseil concernant la conclusion de l'accord de coopération en matière de pêches maritimes entre la Communauté européenne et le Royaume du Maroc (présentée par la Commission), Bruxelles, le 28.11.95, COM (95) 608 final.

14. Conférence euro-méditerranéenne de Barcelone (27-28 novembre 1995) - Déclaration et Programme de travail, Bruxelles, le 04.12.95, EURO-MED 1/95.

15. Proposition de Décision du Conseil et de la Commission relative à la conclusion de l'accord euro-méditerranéen établissant une association entre les Communautés européennes et leurs Etats membres et le Royaume du Maroc (présentée par la Commission), Bruxelles, le 20.12.95. COM (95) 740 final.

16. Rapport de la Commission au Conseil et au Parlement européen sur l'exécution de la coopération financière et technique avec les pays méditerranéens 1994, Bruxelles, le 02.05.96, COM(96) 151 final.

17. Communication de la Commission au Conseil et au Parlement européen, « Accords de pêche/Situation actuelle et perspectives », Bruxelles, le 30.10.1996, COM (96) 488 final.

18. Communication de la Commission au Conseil et au Parlement européen, « Etat du partenariat euro-méditerranéen et préparation de la seconde conférence des ministres des affaires étrangères », Bruxelles le 19.02.97, COM (97) 68

19. Rapport de la Commission au Conseil et au Parlement européen sur la coopération avec les partenaires méditerranéens 1995, Bruxelles, le 18.07.1997, COM (97) 371 final.

20. Communication de la Commission sur la gestion des régimes tarifaires préférentiels, Bruxelles, le 23.07.1997, COM (97) 402 final.

21. Rapport de la Commission au Conseil, « Etude d'impact des concessions pour les pays tiers méditerranéens », Bruxelles, le 01.10.97, COM (97) 477 final.

22. Communication de la Commission, « Rôle de l'union européenne dans le processus de paix et assistance future au Proche Orient », Bruxelles, le 16.01.98, COM (97) 715 final.

23. Communication de la Commission, « Le cumul euro-méditerranéen de l'origine », Bruxelles, le 19.05.1998, SEC (1998) 739 final.

24. « Mise en œuvre du programme MEDA/ Rapport 1996-1997 » (présenté par la Commission), Bruxelles, le 14.09.98, COM (1998) 524 final.

Délégation de la Commission européenne auprès du Royaume du Maroc

1. Délégation de la Commission européenne au Royaume du Maroc, « Maroc/Union européenne : les instruments de soutien aux entreprises », 25.10.94.

2. Délégation de la Commission européenne au Royaume du Maroc, « Partenariat UE/MAROC », Communiqué de Presse du 05.04.1996.

3. Délégation de Commission européenne au Royaume du Maroc, « Maroc/Union européenne : bilan 1979-1996 », édition no. 5, Rabat le, 01.06.96, 20 p.

4. Délégation de la Commission européenne au Royaume du Maroc, « Maroc-Union européennes : Programme d'appui au secteur privé », Rabat, le 04.12.96, 9 p.

5. Délégation de la Commission européenne au Royaume du Maroc, « Le Maroc et l'Union européenne », Rabat, 1997, 32 p.

Conseil

1. Règlement (CEE) no. 2211/78 du Conseil du 26.09.78 portant conclusion de l'accord de coopération entre la Communauté économique européenne et le Royaume du Maroc, JOCE, no. L 264 du 27.09.78.

2. Règlement (CEE) no. 2054/88 du Conseil du 23.05.88 concernant la conclusion de l'accord sur les relations en matière de pêches entre la Communauté économique européenne et le Royaume du Maroc, et arrêtant des dispositions pour son application, JOCE, no. L 181 du 12.07.88.

3. Décision du Conseil du 30.06.88 concernant la conclusion du protocole relatif à la coopération financière et technique entre la Communauté économique européenne et le Royaume du Maroc, JOCE, no. L 224 du 13.08.88.

4. Règlement (CEE) no. 1762/92 du Conseil du 29.06.92 concernant l'application des protocoles relatifs à 1 coopération financière et technique conclus par la Communauté avec les pays tiers méditerranéens, JOCE, no. L 181 du 01.07.92.

5. Règlement (CEE) no. 1763/92 du Conseil du 29.06.92 relatif à la coopération financière intéressant l'ensemble des pays tiers méditerranéens, JOCE, no. L 181 01.07.92.

6. Décision du Conseil du 16.11.92 concernant la conclusion du protocole relatif à la coopération financière et technique entre la Communauté économique européenne et le Royaume du Maroc, JOCE, no. L 352 du 01.12.92.

7. Règlement (CEE) no. 3954/92 du Conseil du 19.12.92 concernant la conclusion de l'accord sur les relations en matière de pêches maritimes entre la Communauté économique européenne et le Royaume du Maroc, et arrêtant des dispositions pour son application, JOCE, no. L 407/3 du 31.12.92.

8. Règlement (CE) no. 1488/96 du Conseil du 23.07.96 relatif à des mesures financières et techniques (MEDA) à la réforme des structures économiques et sociales dans le cadre du partenariat euro-méditerranéen, JOCE, no. L 189 du 30.07.96.

9. Décision du Conseil du 06.12.96 concernant l'adoption d'orientations pour les programmes indicatifs relatifs à des mesures d'accompagnement financières et techniques de la réforme des structures économiques et sociales dans le cadre du partenariat euro-méditerranéen (MEDA), JOCE, no. L 325 du 14.12.96.

Parlement européen

Résolutions

1. Résolution sur les droits de l'homme la démocratie et le développement, JOCE, no C 326 du 16.12.91.

2. Résolution sur le rapport spécial 1/96 de la Cour des comptes relatif aux programmes MED accompagné des réponses de la Commission, JOCE, no. C 286 du 22.09.97.

Débats

1. Débats du Parlement européen, no. 4-470/278, du 16.11.95.

2. Débats du Parlement européen, no. 4-472/226, du 13.12.95.

3. Débats du Parlement européen, no. 4-472/226, du 13.12.95.

4. Débats du Parlement européen, no. 4-480/87, du 16.04.96.

5. Débats du Parlement européen, no. 4-483/12, du 05.06.96.

6. Débats du Parlement européen, no. 4-484/190, du 19.06.96.

7. Débats du Parlement européen, no. 4-492/73, du 10.12.96.

8. Débats du Parlement européen, no. 4-492/152 du 11.12.96.

9. Débats du Parlement européen, no. 4-498/132, du 09.04.97.

Conseil économique et social

1. Supplément d'avis du Conseil économique et social sur la politique méditerranéenne de la Communauté européenne, Bruxelles, le 26.04.1990, CES (90) 512.

2. Second Supplément d'avis du Conseil économique et social, « Politique méditerranéenne de la Communauté » Bruxelles, le 27.11.91, CES (91)1388.

3. Avis du Conseil économique et social, « Coopération économique avec les pays du Maghreb », Bruxelles, le 24.09.1992, CES (92) 1041.

4. Avis du Conseil économique et social sur l'aménagement du territoire et la coopération interrégionale en Méditerranée, Bruxelles, le 30.03.95.

5. Avis du Conseil économique et social sur le partenariat euro-méditerranéen, Bruxelles le 14.09.95, CES (95) 974.

6. Avis du Conseil économique et social sur la création d'une zone de libre-échange et flux migratoires (Rapport élaboré dans le cadre du sommet économique et social euro-méditerranéen de Paris-21 et 22 novembre 1996), Bruxelles, le 26.09.96, CES (96) 596.

Cour des Comptes

1. Rapport spécial no. 1/96 relatif aux programmes MED accompagné des réponses de la Commission, JOCE, no. C 240 du 19.08.96.

DOCUMENTS DU ROYAUME DU MAROC

1. « Mémorandum Marocain : Nouvel Accord Maroc-Union européenne », Rabat, le 14 février 1994, s.r.

2. Ministère de l'Agriculture et de la Mise en Valeur Agricole, « Plate-forme pour une stratégie agricole », Rabat, décembre 1994.s.r

3. Ministère de l'Agriculture et de la Mise en Valeur Agricole, « Résultats des négociations accord d'association Maroc-UE : volet agricole », Rabat, 1995,s.r

4. Ministère de l'Agriculture et de la Mise en Valeur Agricole, « Accord Euro-Méditérranéen Maroc-Union européenne : agriculture », Rabat, mai 1995, s.r

5. Ministère du Commerce de l'Industrie et de l'Artisanat, « Situation des industries de transformation », Rabat, décembre 1995, s.r.

6. Ministère du Commerce de l'Industrie et de l'Artisanat, « Stratégie de développement industriel à moyen terme 1996-2000 », Rabat, mars 1996, s.r.

7. Ministère du Commerce de l'Industrie et de l'Artisanat, « Accord Euro-Méditerranéen Maroc-UE : Mesures d'accompagnement du volet industriel », Rabat, s.d, s.r.

8. Ministère des Pêches Maritimes et de la Marine Marchande, « La Mer en chiffres 1995 », s.d, s.r.

9. Ministère des Pêches et de la Marine Marchande, « Stratégie de développement du secteur des pêches maritimes horizon 2000 », s.d, s.r.

10. Ministère de la Pêche et de la Marine Marchande, « Industries de transformation des produits de la mer », s.d., s.r.

11. Commission européenne/Ministère des Pêches et de la Marine Marchande, « Partenariat Casablanca 1997, Industries de la Pêche », Foire Internationale de Casablanca les 26 et 27 mai 1997.

DOCUMENTS DE LA BANQUE MONDIALE

1. Document PNUD/Banque Mondiale, « Le Maroc à l'horizon 2000 : une économie ouverte et compétitive », Programme d'Expansion du Commerce, Etude de Pays no. 7, 1992.

2. Thomas F. Rutherford, E.E. Rutstršm et David Tarr, « Morocco's Free Trade Agreement with the European Community: A Quantitative Assessment », Working Papers, Banque Mondiale, Washington, sept. 1993, WPS 1173.

3. Document IFC/Banque Mondiale, « MAROC/Une stratégie de promotion des investissements étrangers pour le Maroc : cibles et vecteurs », novembre 1994.

4. Rapport de la Banque Mondiale, « Stratégie d'assistance au Maroc », Washington, le 15 septembre 1995.

5. Document de la Banque Mondiale, « Kingdom of Morocco/Country Economic Memorandum : Towards Higher Growth and Employment », vol. I et II, 15.09.95, Rapport No. 14155-MOR.

6. E. Mick Riordan, « Morocco in the global Economy 1995-2010 », Banque Mondiale, decembre 1995.

VI. ENTRETIENS

1. Entretien avec M. Rafael GELABERT, Chargé des relations avec le Maghreb, DG IB-Relations extérieurs, Commission Européenne, Bruxelles, le 25.01.96.

2. Entretien avec M. Louis-Luc CAMIER, Desk Maroc, DG IB-Relations extérieurs, Commission Européenne, Bruxelles, le 26.01.96.

3. Entretien avec M. Ronald GALLIMORD, Conseiller Economique et Financier à la Délégation de l'Union Européenne au Maroc, Rabat, le15.05.96.

4. Entretien avec M. Driss JETTOU, Ministre du Commerce, de l'Industrie et de l'Artisanat, Rabat, le 23.09.96.

5. Entretien avec M. Abdallah NEJJAR, Directeur de la Normalisation et de la Qualité au Ministère du Commerce, de l'Industrie et de l'Artisanat, Rabat, le 24.09.96.

6. Entretien avec M. Ali GHANNAM, Directeur de la Production Industrielle au Ministère du Commerce, de l'Industrie et de l'Artisanat, Rabat, le 24.09.96.

7. Entretien avec M. Albert SASSON, Directeur de la Planification Agricole, Ministère de l'Agriculture et de la Mise en Valeur Agricole, Rabat, le 24.09.96.

8. Entretiens avec M. Abdeljalil SAUBRY, Conseiller économique à la Représentation marocaine auprès des Communautés européennes, Bruxelles, les 15 et 23.10.96, 26.11.96. et 06.01.99.

9. Entretien avec Mme. Jacqueline SAUVAGE, Chargée de la prévention et de la répression des fraudes, DG XXI, Douane et Fiscalité indirecte, Commission européenne, Bruxelles, les 14.11.96. et 07.01.99.

10. Entretien avec M. Jose Maria PLAZA SANCHEZ, Chargé des affaires méditerranéennes concernant l'Agriculture, DG IV-Agriculture, Commission européenne, Bruxelles, les 18.11.96. et 06.01.99.

11. Entretien avec Mme. Eduarda DUARTE de SOUSA, Administrateur chargé de la Pêche, DG XIV-Pêche, Commission européenne, Bruxelles, le 20.11.96.

12. Entretien avec M. BOUTALLEB, Représentant de la Confédération Générale des Entreprises du Maroc (CGEM), Bruxelles, le 09.12.96.

13. Entretien avec M. Giovanni ACCARDO, Chargé des affaires concernant le Textile-habillement, DG III- Industrie, Bruxelles, le 18.12.96.

14. Entretiens avec Mme. Laurence AUER, Programmation et coopération économique, DG IB-Relations extérieurs, Commission européenne, Bruxelles, les 31.01.97 et 13.01.98.

15. Entretien avec M. Nicolas CENDROWICZ, Administrateur chargé des Transports, DG-VII-Transports, Commission européenne, Bruxelles, le 12.02.97.

16. Entretien avec M. Christian MASSET, Conseiller à la Représentation Permanente de la France auprès de l'Union européenne, Bruxelles, le 27.02.97.

17. Entretien avec M. SKALLI, Assistant de M. Ronald GALLIMORD Conseiller Economique et Financier, Délégation de l'Union européenne au Maroc, Rabat, le 16.05.1997.

18. Entretien avec M. Louis CHARLES, chargé de la gestion de l'accord de coopération en matière de pêche, Délégation de l'Union européenne au Maroc, Rabat, le 16 05 1997.

19. Entretien avec M. Olivier RADELET, Attaché commercial à la Représentation Permanente de la France auprès de l'Union Européenne, Bruxelles, le 09.07.97.

20. Entretien avec M. Jacques DELORS, ancien Président de la Commission européenne, Colloque sur L'Europe et la Monnaie, Université Paris I Panthéon-Sorbonne, Paris, le 29.11.97.

21. Entretien avec M. Jacques GIRAUDON, chargé des programmes MED, DG IB-Relations extérieurs, Commission européenne, Bruxelles, le 09.01.98.

22. Entretien avec M. Panayiotis PASSADEOS, Desk Maroc, DG IB-Relations extérieurs, Commission européenne, Bruxelles, le 09.01.98.

23. Entretien avec M. Giovanni C. MATTIACCI, Conseiller chargé de la pêche, Délégation de l'Union européenne au Maroc, Rabat, le 08.09.98.

24. Entretien avec M. Hamid JAOUI, Expert en ressources environnementales, MEDA TEAM Maroc, Délégation de l'Union européenne au Maroc, Rabat, le 08.09.98.

25. Entretien avec M. Roberto CESARI, Responsable du Desk Maroc/Mauritanie, DG XIV, Pêche, Commission européenne, Bruxelles, le 11.01.99.

26. Entretien (téléphonique) avec M. SABONI, Conseiller financier à la Représentation marocaine auprès des Communautés européennes/ Négociateur de la convention cadre entre la Communauté et le Maroc, Bruxelles, le 01.04.99.

INDEX ALPHABETIQUE

TABLE DES MATIERES

573390 - Août 2014
Achevé d'imprimer par

1livre.com
du rêve à la réalité !

Made in the USA
Las Vegas, NV
12 April 2026

45216123R00177